物流仓储系统存取及调度优化方法研究

熊军华◎著

中国水利水电出版社
www.waterpub.com.cn
·北京·

内 容 提 要

物流仓储系统是现代物流技术领域内的一种新型仓储方式。本书重点对药房自动化仓储系统的结构设计、程序设计与数据库管理、物流仓储系统储位优化方法及调度优化方法进行了详尽的阐述。

本书内容丰富、经典实用，先进性、可靠性、示范性强，具有重点突出、易于掌握等特点，可作为高校物流专业的教材。

图书在版编目(CIP)数据

物流仓储系统存取及调度优化方法研究/熊军华著. —北京：中国水利水电出版社，2017.7 （2024.10重印）

ISBN 978-7-5170-5604-1

Ⅰ.①物… Ⅱ.①熊… Ⅲ.①物流－仓库管理－研究 Ⅳ.①F253

中国版本图书馆 CIP 数据核字(2017)第 167437 号

书　　名	**物流仓储系统存取及调度优化方法研究** WULIU CANGCHU XITONG CUNQU JI DIAODU YOUHUA FANGFA YANJIU
作　　者	熊军华　著
出版发行	中国水利水电出版社 (北京市海淀区玉渊潭南路 1 号 D 座 100038) 网址：www.waterpub.com.cn E-mail：sales@waterpub.com.cn 电话：(010)68367658(营销中心)
经　　售	北京科水图书销售中心(零售) 电话：(010)88383994、63202643、68545874 全国各地新华书店和相关出版物销售网点
排　　版	北京亚吉飞数码科技有限公司
印　　刷	三河市天润建兴印务有限公司
规　　格	170mm×240mm　16 开本　11.75 印张　211 千字
版　　次	2018 年 1 月第 1 版　2024 年 10 月第 4 次印刷
印　　数	0001—2000 册
定　　价	64.00 元

前 言

物流仓储系统是现代物流技术领域内的一种新型仓储方式。自动化药房、单元式立体仓库和立体车库等都属于物流仓储系统，虽然由于存储的物品种类不同，在形态上会有所差异，但其本质是相同的。因此对这些系统的存取及调度规划优化方法的研究会在一定程度上丰富物流仓储系统的优化理论，且具有实际意义。

药房自动化仓储系统是自动化仓储系统的重要分支，其设计与研发符合物流系统智能化的发展要求。通过合理规划和调度，药房自动化仓储系统能够提升药房的储药量、药品周转率和发药准确率，降低物流成本。课题开发研制了适合中国医院的药房自动化仓储系统，包括适合盒装药品的快速出药系统和适合异型包装药品的智能存取系统，对系统机械结构设计、程序设计与数据库管理进行了研究。

本书重点对快速出药系统和智能存取系统的储位优化、存取及调度优化等进行了深入研究。另外，还研究了单元式立体仓库的货位优化和立体车库的存取及调度优化。

本书主要内容如下：

(1)药房自动化仓储系统的结构优化。针对之前快速出药系统的不足，改进了直角坐标机器人驱动弹仓式上药机械手以实现高精度定位控制；优化了一对一电磁翻板式出药机构，增加了楔形块构件，实现了对盒装药品和瓶装药品同时出药，丰富了药品的品种。针对之前单回转体智能存取系统的不足，提出了多回转体组合滚筒药柜的设计方案。设计了药房自动化仓储系统控制系统结构，并对快速出药系统、智能存取系统主要控制设备进行了选型。

(2)药房自动化仓储系统的程序设计与数据库管理完善。完善了药房自动化仓储系统管理软件、监控软件和控制软件。设计了药房自动化仓储系统底层数据库系统，包括数据表和触发器等。设计了模拟医院信息系统(Hospital Information System，HIS)，以期实现与各种 HIS 系统的无缝连接。通过设计管理软件包括出药模块、上药模块、查询模块等，实现了系统的高效运行。程序中加入了储位优化算法、存取及调度优化算法、盘库管理，实现了系统的自动快速运行和过程监控，保障了系统准确、可靠地运行。

(3)物流仓储系统储位优化方法研究。首先建立了单元式立体仓库的货位优化模型，并利用混沌粒子群算法进行求解。之后利用数据挖掘技术及物流仓储规划理论和方法，构建了快速出药系统和智能存取系统储位模型。提出了改进的自适应混沌粒子群算法对快速出药系统储位模型进行求解。实验结果表明，本书所提方法提高药品存储空间利用率14%，在有限的空间内达到药品的最大化存储，同时有效提高了药品的存取速度。采用基于事务和项目压缩的改进AprioriTid算法对数据库中历史处方的药品数据进行关联规则挖掘，事务压缩量达到21.8%以上，项目压缩量达到8.2%，并应用到智能存取系统药品储位排布，通过实际运行实验得出，缩短智能存取系统中药品的出库拣选时间45%左右。

(4)物流仓储系统存取及调度优化方法研究。首先，研究了立体车库存取及调度优化方法，提出了改进混沌粒子群算法对车辆存取及调度规划问题求解，获得良好效果。其次，研究了快速出药系统入/出库存取作业调度优化问题，将其归结为NP难题(Non Polynomial Problem，非多项式难题)——有能力约束的车辆路径调度问题(Capacitated Vehicle Routing Problem，CVRP)。建立了快速出药系统药品入/出库调度规划的数学模型，利用改进混沌粒子群算法对该问题进行研究，通过实验并与其他算法的对比分析，验证了所提方法能提高药品入/出库效率，缩短了存取时间。再次，建立了组合智能存取系统药品出库调度规划的数学模型，提出了改进的遗传-混沌粒子群混合算法对问题进行研究，并与前人采用的传统遗传算法、改进粒子群算法、模拟退火算法进行性能比较，实验验证了所采用的优化方法比传统遗传算法提高运行效率5.87%。最后，进行了药房自动化仓储系统自动盘点子系统的设计与优化。同时引入了多传感器数据融合算法，利用综合平均融合算法将药房入/出库数据与激光测距所获得数据进行融合，确定库存的真实数据，从而实现药房自动化仓储系统库存自动盘点。

目录

第1章　绪　　论

1.1　研究背景和研究意义

物流仓储系统是一种新型仓储方式，是集物料搬运和仓储科学为一体的综合科学技术工程，能节约劳动力、降低物流费用，且作业迅速准确、效率高，因此正在发挥着日益重要的作用[1,2]。目前，物流仓储系统在加工制造业、交通运输业、现代物流系统、服务业以及市政建设等领域受到越来越广泛的应用[3]。自动化药房、自动化立体仓库和立体车库等（如图1—图4所示）都属于物流仓储系统，只是由于存储的物品种类不同，因此在形态上会有所差异，但其本质是相同的。

图1　艾隆公司早期快速出药系统

图2　组合智能存取系统

现代物流技术的发展特征为：信息化、网络化、机器人化。该技术结合了先进的控制技术，保持了高度的柔性、可靠性及生产效率。同时计算机网络化管理、人工智能及多媒体技术的应用使物流仓储系统向着智能化、集成化、信息化的方向发展[4]。近年来，国内外学者纷纷对立体仓库的各种规划配置、立体车库的调度优化以及自动化药房的货位优化等进行研究[5-7]，物流仓储系统优化问题成为研究的热点。

图 3　联想集团自动化立体仓库

图 4　堆垛式立体车库

现代物流是以物流技术、信息技术和管理科学为支撑的。实践表明，在生产过程中，仅有 5%的时间用于产品加工和制造，其余时间则用于装卸、存储、检测、包装、运输，而存储和运输占生产成本的 40%左右[8,9]。因此根据用户需求目标，建立合理的系统模型，优化物流仓储系统的存取方式和调度策略，可以在不增加硬件成本的前提下解决系统的优化问题，提高系统的运行效率，降低物流费用。随着现代物流技术及装备技术的不断发展，对物流仓储系统优化问题的复杂程度和求解精度的要求不断提高，需要有针对性地对系统建立新的模型来求解，并不断探索新的高效实用的存取及调度优化方法。

1.2　物流仓储系统优化方法的研究现状

物流仓储系统主要部分组成有：储存系统、输送系统、存取系统、控制和管理系统[10]。储存系统主要由货架系统组成，是物流仓储系统的基础。输送系统是货架与物品入/出库的连接系统。输送机是连续地或间歇地运送物品的搬运机械，完成物品的搬运、装卸与分拣等工作。仓储系统物品的存取方法，与物品的周转效率及物流仓储系统的整体结构设计方案都密切相关。现代化的物流仓储系统一般采用分布式控制，即由中央控制计算机、管理计算机和由直接控制堆垛机、入/出库输送机等现场设备的控制器组成的控制系统。

目前，应用现代智能优化方法对物流仓储系统的优化问题进行研究是增强管理水平、提高作业效率的重要手段和途径[11]。比如，采用合理的优化方法和系统模型来解决医院门诊药房的物流仓储系统的优化问题，可提高药品的存储效率和入/出库效率、降低物流费用、提高医院的服务和管理水平、缩短病人的就诊时间等，同时从根本上提高了医院的运行效率，将为其带来巨大的经济效益和社会效益。医院药房的存储系统中的药品如何获得最佳存储位置，会影响货架系统的稳定性、可靠性及药品的存取效率，因此研究药品间的关联特性及用药时间等特性，及时对药品的储位做出动态调整是非常必要的。同时，对不同物流仓储系统，如单元式自动化立体仓库、立体车库等的优化方法进行研究，会在一定程度上丰富物流仓储系统的优化理论，具有理论及实际意义。

1.2.1 物流仓储系统储位优化方法研究应用现状

物流仓储系统库区储位优化问题是提高系统出入库存取及调度作业效率的核心问题之一。目前在现有的物流环境下，储位优化要考虑的原则很多。储位优化分为静态和动态两部分，静态储位优化一般应考虑如下分配原则[12,13]：货架承载均匀；加快周转，先入先出[14]；提高可靠性，分巷道存放；提高效率，就近入/出库[15]；产品相关性[16,17]。

需要注意的是：在不同时期，货品的需求品种、数量和频率可能会有较大变化，货品的入/出库频率及相对轻重情况也会发生变化，而存取不同货位上的货品所走路径和所花时间是不同的，因此货品的货位应根据货架的稳定性、货品的需求率变化和入/出库频率等因素，定期进行倒库作业，以保证货位分布处在较为合理的状态，这对保障快速供应起着重要的作用[18]。

目前国内外学者对于储位分配问题的研究已经取得了很多成果。Van den Berg 和 Zijm [19]将库区储位分配问题的研究方法主要分为三种：基于类的分类法，随机分类法和分区分类法。Park 等[20]将库区储位分为二级库区：高周转率库区和低周转率库区，其中高周转率库区靠近入/出库口，低周转率库区位置距入/出库口较远。Hsieh 和 Tsai[21]提出了面向 BOM (Bill Of Materials)基于分类的库位分配方法；Thonemann 和 Brandeau[22]应用周转率和分类进行库位分配到随机环境中；Mansuri 等[23]提出了动态存储的计算方法；Poulos 等[24]提出了用遗传算法来解决自动化仓储补货存储物品的分配问题；Muppani 和 Adil[25]以 AS/RS(Automatic Storage Retrieval System，自动化仓储系统)存储空间最小和拣选作业花费最少为目标，构建了非线性整数规划模型，并用分枝定界法求解。Bartholdi 与 Platzman[26]对旋转式货架拣选路径提出了两种启发式算法，从而得到旋转式货架的优化拣选路径，然而没有对固定式货架储位分配问题进行启发式算法的求解。

国内学者对储位分配问题的研究成果也很多。常发亮等[27]采用分层序列法解决倒库货位的配置问题；严云中等[28]在分析堆垛机运行效率的各种因素基础上，推导出立体仓库库位号与堆跺机运作效率之间的关系，提出了库位号优化的思想；刘金平等[29]提出了基于存储特征码的库位分配方法；文献[30]和[31]提出了遗传算法解决货位分配调度策略问题；银光球等[32,33]在对现有自动化立体仓库存储模式的研究基础上，提出了库位优化的思想，采用货物存放最低能量原则，建立了库位优化的数学模型，根据该库位优化模型存储货物，可节省物资入/出库过程的能量消耗，降低立体仓库的运行成本。别文群和李拥军[34]在固定货区优化的基础上提出了将Pareto最优解与遗传算法相结合的方法，解决了大型立体仓库货位优化问题。但本书研究的对象之一，自动化立体药库是一个小型的立体仓库，不适合使用货区优化的方法分成更小的货区进行储位分配。赵雪峰[35]等利用遗传算法对自动化药房系统的货位规划进行了分析，得到了很好的结果。

上述文献采用的是传统的运筹学方法，仅能解决小规模的问题，而对于类似医院自动化药房这样的拥有数以千计的储位的物流仓储系统，仍采用这些方法研究势必出现组合爆炸，因此探索新的方法解决此类物流仓储系统的储位优化问题显得尤为急迫。

1.2.2 物流仓储系统调度优化方法研究应用现状

在实际的物流仓储系统运行中，无论对固定货架系统还是旋转货架系统，常常要求对批量物品进行存取及调度，因此对物流仓储系统存取及调度优化方法的研究尤为重要。

拣选作业是存取及调度操作的主要工作方式之一。操作机如何选择合理的路线及拣选顺序以减少存取及调度时间，这就是调度规划或路径规划问题。上述两种问题虽然在称呼上不同，但并没有严格的区别，因此以后本书中有时会不加区分而称为调度规划问题。对该问题的研究就是寻找最优化多任务操作控制策略。对于固定货架系统，van den Berg[36]和Hu等[37]分别提出了启发式算法选择堆垛机最佳驻留位置，进而减少对固定货架拣选作业时间；Wen等[38]分析了堆垛机的速度对拣选时间的影响；Chang等[39]研究了用线性规划方法解决单堆垛机完成多巷道拣选任务的预先驻留位置问题；宁春林等[40]提出了采用最大最小蚁群算法进行研究；田国会等[41]采用改进自适应遗传算法，搜索局部最优解所构成的子空间，加快了搜索效率、提高了解的质量；田伟等[42]应用改进的LK(Lin- Kernighan)算法进行了求解。以上成果采用了不同的方法研究了固定货架存取及调度操作，所构建的数学模型较为简单。对于旋转货架系统，有学者对分层水平旋转货架存取路径优化问题提出了改进的模拟退火算法[43]、遗传算法[44,45]、Petri 网方法[46]等方法。目前对旋转货架存取及调度优化问题的研究，在建立模型时对实际系统运行时的约束条件几乎没有考虑，同时在解的质量和运行时间方面也存在缺陷，因此研究此类调度优化问题时，必须改进数学模型的构建方法，寻找较为有效的优化控制算法，使优化后的控制策略应用在自动化仓储系统中能具有实际的指导意义。

国内外学者对物流仓储系统调度方面的研究取得了很多成果，这些成果大大提高了设备资源的利用率[47-50]。Joon-Mook[51]对在线调度系统进行了研究，应用遗传算法和计算机模拟优化库存计划控制、入/出库机器调度规则及存储设计策略等；Gintner 等[52]提出了固定部分变量的启发式方法解决大规模公共汽车调度问题，以减少运送成本。田国会[53]用面向对象的 Petri 网模型和时态逻辑方法研究输送系统调度问题；刘昌锋等[54]提出了一种改进遗传算法求解邮包自动化仓库在线调度问题，并仿真评判调度方法的优劣；师向丽等[55]提出了一种简化的仓储模型，将入/出库操作解析为任务号相关联的设备，然后根据设备任务执行算法完成操作；徐香玲等[56]通过归纳 AS/RS 作业调度和货位分配原则，探讨了专家系统在 AS/RS 调度中应用的可行性。分析以上研究结果，物流系统的调度方法的研究不够深入，因此对物流仓储系统的存储—输送分系统调度问题优化的理论研究及解决方法需要进一步深入和完善。

1.3 多目标最优化问题国内外研究现状

物流仓储系统存取和调度规划问题属于多目标优化问题（Multi-objective Optimization Problem，MOP）。多目标最优化也称为多标准优化，多绩效或向量优化问题[57]，其本质是大多数情况下各目标相互冲突，同时使多个目标均达到最优是不可能的，即只能在各目标之间进行协调权衡，使所有目标函数尽可能达到最优。最优解在 MOP 中是不存在的，它是包含所有 Pareto 最优解的一个集合。对于实际问题，要根据实际情况从大量的 Pareto 最优解中选择一些来使用。对 MOP 的定义如下[58]：

定义 1：一般地，MOP 由 n 个决策变量、M 个目标函数和 K 种约束条件组成，则最优化目标为：

$$\max y = f(x) = [f_1(x), f_2(x), \cdots, f_M(x)] \tag{1.1}$$

s.t.

$$g_i(x)\leqslant 0, i=1,2,\cdots,p$$
$$h_i(x)=0, i=1,2,\cdots,q \tag{1.2}$$

式中，$x=(x_1,x_2,\cdots,x_n)\in D$ 为决策向量；$y=(f_1,f_2\cdots,f_M)\in Y$ 为目标向量；D 表示决策向量形成的决策空间；Y 表示目标向量形成的目标空间[59]。

定义 2：(1)Pareto 支配：解 x^0 支配 $x^1(x^0\succ x^1)$，当且仅当

$$f_i(x^0)\geqslant f_i(x^1), i=1,2,\cdots,M$$
$$f_i(x^0)>f_i(x^1), \exists i\in\{1,2,\cdots,M\} \tag{1.3}$$

(2)Pareto 最优：x^0 是 Pareto 最优的当且仅当 $\neg\exists x^1: x^1\succ x^0$。

(3)Pareto 最优集：所有 Pareto 最优解的集合 $P_s=\{x^0\mid\neg\exists x^1\succ x^0\}$。

(4)Pareto 最优前端：所有 Pareto 最优解对应的目标函数值所形成的区域 P_F：

$$P_F=\{f(x)=(f_1(x),f_2(x),\cdots,f_M(x))\mid x\in P_s\} \tag{1.4}$$

定义 3：ε⁻支配关系是传统的 Pareto 支配关系的弱化，其具有多种概念形式，这里采用加的 ε 形式，且 $\varepsilon_i>0$ 对 $\forall i\in\{1,\cdots,M\}$，其定义如下：

(1)ε⁻支配：设 x^1 ε⁻支配 $x^2(x^1\succ_\varepsilon x^2)$当且仅当

$$f(x^1)-\varepsilon_i\leqslant f(x^2), \forall i\in\{1,\cdots,M\}\text{且}\exists i, f(x^1)-\varepsilon_i<f(x^2) \tag{1.5}$$

(2)ε⁻近似 Pareto 集：集合 F_ε 称为 F 的 ε⁻成为的近似 Pareto 集，当且仅当对任意 $x\in F$ 都存在 $\exists x'\in F_\varepsilon$，使得 $x'\succ_\varepsilon x$。

(3)ε⁻Pareto 解集：集合 F^ε 称为 F 集合的 ε⁻Pareto 解集，当且仅当 F^ε 为集合 F 的 ε⁻近似 Pareto 集且 $F^\varepsilon\subseteq P_s$。

F^ε 和 F^a 分别作为集合 F 的 ε⁻Pareto 解集和 ε⁻Pareto 最优解集近似，都不是唯一的。而一些靠近 Pareto 前端不是 Pareto 最优解但是满足 ε⁻支配关系的个体却都有可能包含在其中。

一般认为多目标最优问题最早由法国经济学家 Pareto[60]在 1896 年提出，他从政治经济学的角度，把很多不易比较的目标归纳成多目标最优化问题。对于多目标最优问题的主要研究有：Neumann 和 Morgenstern[61]从对策论的角度，提出多个决策者之间彼此又相互矛盾的多目标决策问题；1951 年，Kuhn 和 Tucker[62]第一次提出了 Pareto 最优解的概念，并研究了此解的充分与必要条件；1958 年，Johnsen[63]系统地提出了关于多目标决策问题的研究报告，成为研究多目标问题最早的专著。到目前为止，已有超过 30 个数值计算技术用于解决该类问题。

智能优化算法(Intelligent Optimization Algorithm)是一种借鉴和利用自然界中的自然现象或生物体的各种原理和机理而开发的，并具有自适应环境能力的计算方法[64]。由于实际工程问题具有复杂性、约束性、非线

性、多极小和建模困难等特点，寻求一种适合于大规模并行且具有智能特征的算法，已成为一个主要研究目标和方向。对于多目标优化问题，如何获得最优解一直都是学术界和工程界关注的焦点问题。其中基于遗传算法GA (Genetic Algorithm)的多目标进化算法[65,66] (Muti-objective Evolutionary Algorithm, MOEA)、基于粒子群的多目标粒子群算法[67-70] (Muti-objective Particle Swarm Optimization Algorithm, MOPSO)以及基于群集智能的多目标蚂蚁群算法[71]等在多目标优化领域都得到成功应用。随着人工智能AI(Artificial Intelligence)技术的迅速发展，智能优化算法在很多领域都得到了应用，而人工智能的应用必将推动物流仓储系统向智能自动化方向发展。

进化算法由于其搜索解的一个最大特点是群体搜索，解决了传统的多目标算法并行化困难的问题，可有效利用Pareto最优解计算，因此进化算法为多目标优化问题的求解提供了有力的工具。1985年Schaffer提出了第一个多目标进化算法，即基于向量评估的遗传算法[72] (Vector Evaluated Genetic Algorithms, VEGA)。1990年后不同的多目标进化算法相继提出，如多目标遗传算法(Multiobjective Genetic Algorithm, MOGA)[73]、非劣分层遗传算法(Nondominated Sorting Genetic Algorithms, NSGA)[74]、小生境遗传算法(Niched Pareto Genetic Algorithm, NPGA)[75]，以及PAES(Pareto Archived Evolution Strategy)[76]，SPEA (Strength Pareto Evolutionary Approach)[77]、NSGA-II[78]、SPEA2[79]等算法。进化多目标算法最开始采用各种方法将多目标问题转化为单目标问题，后来逐步采用了Pareto解的概念，极大地提高了算法的求解精度。但由于进化算法本身属于随机搜索算法，收敛速度不能保证，且进化多目标优化算法仍需将多个需同时优化的目标转化为相应的评价适应值，运算量仍然很大[80]。

很多学者试图将其他优化算法应用于多目标优化领域，粒子群算法就是其中一种。Kennedy和Eberhart[81-83]于1995年提出的粒子群优化算法属于群智能进化算法，其优势在于简单、易于实现，既适合科学研究，又适合工程应用，其消息传递机制与进化算法不同。通过设计多目标粒子群算法可解决多目标进化算法的收敛速度慢、易于陷入局部最优的问题。目前，多目标粒子群算法研究的主要工作是模仿多目标进化算法的策略设计新的多目标粒子群算法。较有影响的研究主要有：Li Xiaodong[84]的MOPSO (Multiobjective Particle Swarm Optimization)采用NSGA2算法的相应策略；Pulido和Cocllo[85]的采用簇技术来保证算法的有效性；Fieldsend等[86]的采用了新的数据结构来存储每代的精英；Bartz-Beielstein等[87]用实验分析了多目标粒子群算法优化的归档机制；Mostaghim和Teich[88]总结了多目标粒子群优化；Angeline[89]提出了杂交粒子群优化算法；Shi 和 Eberhart[90]提出了带惯性因子的粒子群优化算法，随后又给出了模糊自适应粒子群优化算法[91]；Cler[92]提出了带约束因子的粒子群优化算法；Lovberg[93]给出了具有繁殖和子种群的粒子群优化算法；Higasshi 和 Iba[94]给出了具有高斯变异的粒子群优化算法；为使粒子群优化算法更易跳出局部极值点，Van den Bergh 和 Engelbrecht[95,96]提出了协同粒子群优化算法；1997 年[97]、2004 年[98]分别提出了离散粒子群优化算法；魏武和郭燕[99]提出了基于拥挤距离的动态粒子群算法等等。

上述算法都对粒子群优化算法进行了改进，不同程度地提高了算法的收敛速度和精度，但效果并不十分理想。混沌(Chaos)是自然界中一种常见的非线性现象。利用混沌变量的随机性、遍历性及内在的规律性可以进行优化搜索[100-102]。混沌优化基本思想是首先对粒子群体中的最优粒子进行混沌寻优，然后把寻优的结果随机替换粒子群体中的一个粒子。这种处理改善了粒子群优化算法摆脱局部极值的能力，提高了算法的收敛速度和精度。文献[103]提出若粒子与种群最优解的距离小于门限值，进行混沌搜索，搜索到较优解则取代当前粒子。混沌粒子群算法提出后，利用混沌策略与粒子群算法的结合已有不少尝试：Xiang Tao 等[104]提出了将分段线性混沌映射结合到粒子群(Piecewise Linear Chaotic Particle Swarm Optimization, PWLCPSO)算法，取代了经典的 logistic 混沌模型；Alatas 等[105]利用混沌序列产生传统粒子群算法中的参数，提出了一种逃离局部最优解的新思路；Coelho 等[106]采用 Henon 混沌映射序列和隐式过滤本地搜索策略来增加收敛速度和搜索精度，可以过滤低幅振荡，快速接近较优解。Zhang Yudong 等[107]将人工免疫系统(Artificial Immune System, AIS)、混沌算子、粒子群优化算法结合起来提出了一种混沌免疫粒子群(Chaotic Immune Particle Swarm Optimization, CIPSO)算法，来解决多目标路径优化问题。

1.4 自动化药房系统研究现状

目前，我国药品流通模式中存在诸多问题，如药品供给效率低，药品流通成本高，无法追踪溯源，导致药品安全无法得到保障等[108-110]。医院药房直接向患者提供服务，药品的供应和管理模式长期处于 20 世纪 40 年代供应型药房模式的落后阶段。其主要原因是：没有实行科学的库存和货位管理；药品存储分散，存储空间利用率低，导致药品的管理工作量极大；手工进行药品和处方识别，效率低，差错率高，无法有效保障药品安全；目前医院虽然有信息管理系统，但没有配套的药品物流管理设备。因此，药品配送流程合理化、药品调配自动化和药品管理信息化是急需解决的关键问题。如何提高医院用药安全、完成医院药品的整体吞吐流程，提高药品的发放效率和准确率，提高医院药房的服务质量，降低药剂师的劳动强度是医院面临的一个严重问题。

医院药房药品仓储的自动化革新将是医院药房新的发展方向[111]，医院药房实现自动化、数字化和物联网管理是药房发展的趋势[112]。药品仓储的自动化程度影响着药品在医院流通的各个环节，包括药品采购、药品领入与管理、药品损耗控制等，这些环节都与药房直接相关。药房自动化还将影响药房的服务方式和医院的管理模式，为医院的竞争和发展增添生机和活力。从医院整体角度看，自动化药房可深化医院管理体系，提升医院的品牌服务，创造社会效益。

基于物联网概念而设计药房自动化仓储系统是集信息、自动化管理和密集存储于一体的集成系统，整合了药品调配和管理所需要的供应链模式、信息数据交换、自动控制、分布式传感器网络和电子标签等技术资源，是一种以供应链集成管理为基础、以药学服务为特征的现代化药事服务的有效手段。药房自动化仓储系统综合运用了机器人、计算机、自动控制、网络通信、运筹规划和物联网等技术，通过密集存储系统、自动上药系统、矩阵式并行出药系统、入/出库存取及调度系统以及计算机控制管理系统等，实现了储药、上药和出药的自动化。药房自动化仓储系统使药剂师从繁重的简单重复劳动中解放出来，转变为真正的药学服务人员，且提高了药品存储效率，实现了药品的密集存储、快速配送、准确调剂和高效管理。药房自动化仓储系统是药房现代化的标志之一，也是医院服务理念和工作理念革新的一个重要标志。

20世纪90年代，在现代药品管理思想的指导下[113-115]，德国、美国、日本等发达国家就已经开始了药房自动化方面的研究，并研制出了适合本国医院药房的各种自动化设备。随着计算机技术、信息技术、自动控制技术的发展，国外的医院药品信息化管理得到了迅速发展，各种药品物流仓储系统不断涌现，许多成熟的产品已推向了市场。其中具有代表性的有德国ROWA公司、世界著名物流系统供应商Swisslog集团、荷兰RoboPharma公司、法国APOTEKA公司以及日本株式会社汤山制作所[116]。

21世纪初，我国开始了药房自动化方面的研究。2004年，由深圳三九集团承担的国家863计划项目“智能化药房”通过了验收，该药房主要针对三九集团医药生产的中药饮片和胶囊设计制造[117,118]。2006年大庆三维科技有限责任公司参照日本TOSHO公司的全自动单剂量锭剂分包机开发出了全自动药品单剂量分包机系统。2006年上半年，北京航空航天大学机器人研究所与苏州艾隆科技有限公司，参照德国ROWA公司的设计方案，合作完成了机械手式自动化药房样机的研制工作[119-121]。2008年快速发药系统在张家港人民医院的使用，彻底将执业药师从繁重的体力劳动中解脱出来，专门用来行使用药咨询的职能，同时该系统以其强大的储药空间来减少医院成本，加之人性化的设计，为和谐药房做出了巨大的贡献。

据统计，截至2014年7月底，我国医疗卫生机构数达98.1万个[122]，其中医院2.5万个，三级医院1600多个，三级三甲医院近1000家，仅有200家左右医院使用了自动化药房系统，因此自动化药房系统具有非常大的市场。近年来，在国内使用的自动化药房设备多为国外进口，存在衔接不顺的现象，且国内大部分医院难以接受国外设备价格昂贵，其耗材需长期依赖进口的情况。因此，研制适于我国国情的药房自动化仓储系统成为医院的迫切需要。

综上所述，作为自动化仓储系统的重要分支，药房自动化仓储系统的设计研发符合物流系统智能化的发展要求。通过合理规划和调度，药房自动化仓储系统能够提升药房的储药量、药品周转率和发药准确率，降低物流成本，使医院药房更加适应中国人口基数大、人均医疗资源有限的国情，具有积极的现实意义和广阔的发展空间，对中国医院药房改革的具体实现方案具有指导意义。

1.5 数据挖掘技术研究现状

数据挖掘是一个交叉新兴学科，介于统计学、模式识别、人工智能、机器学习、数据库技术以及高性能并行计算等领域[123-125]，与其他学科的关系如图5所示。

知识发现(Knowledge Discovery in Database, KDD)被认为是从数据中发现有用知识的过程。KDD过程如图6所示[126]。数据挖掘(Data Mining, DM)是KDD过程中的一个特定步骤，它用专门算法从数据中抽取模式(Patterns)。数据挖掘就是从大量的、复杂的、有噪声的、模糊的、随机的、不完全的数据中，提取隐含在其中的、人们事先不知道的、但又是潜在有用的信息和知识的过程[127]。

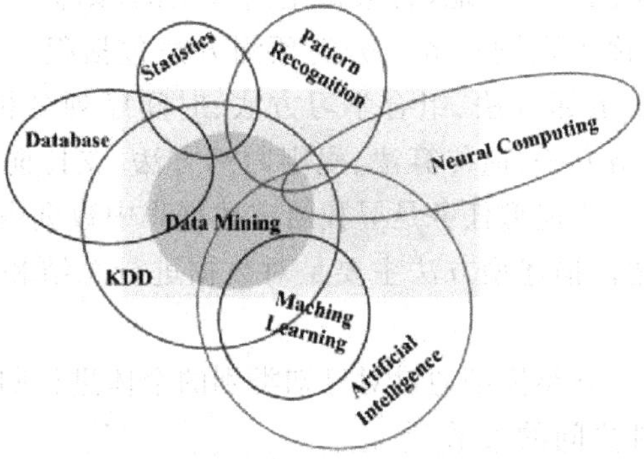

图5 数据挖掘与其他学科的关系

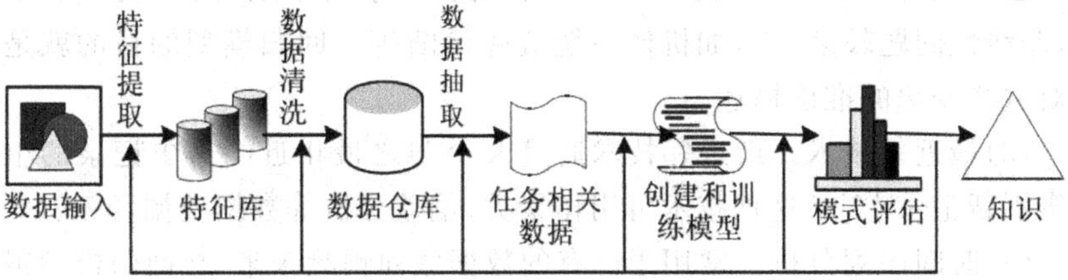

图6 KDD过程示意图

数据挖掘的任务是从大量的数据中发现知识。知识是人类认识的成果和结晶，包括经验知识和理论知识[128]。从工程角度，知识就是信息，有助于解决问题、有格式、可复用。数据挖掘发现的知识通常有以下形式：概念(Concepts)、规则(Rules)、模式(Patterns)、约束(Constraints)、规律(Regularities)、可视化(Visualizations)等。数据挖掘一般需要经历：数据准备、数据开采、结果表达和解释等三个主要阶段[129]。

(1)数据准备。数据准备是否做好会直接影响到数据挖掘的效率、准确度以及最终模式的有效性，因此数据准备是数据挖掘中的一个重要步骤。数据准备共有三个步骤：数据集成、数据选择、数据预处理。

(2)数据开采。选定某个特定的数据挖掘算法(如分类、关联、回归、聚类等)，用于搜索数据中的模式。这是数据挖掘过程中最关键的阶段，也是技术难点。

(3)结果表达和解释。根据最终用户的决策目的对提取的信息进行分析、过滤，把其中最有价值的信息区分出来，并通过决策支持工具提交给决策者。若令决策者不满意，需重复以上数据挖掘过程。

若按照功能划分，数据挖掘方法包括预测型(Predictive)和描述型(Description)两种[130]。目前，针对每种方法均有大量的算法来求解[131]。预测型挖掘任务是从观测数据出发寻找规律，利用这些规律对未来数据或无法观测的数据进行预测。一般地，若数据是离散型的，则称为分类任务；若数据是连续型的，则称为预测任务。分类预测方法包括很多算法，如分类分析、回归分析、K-最近邻方法、组合学习方法、时间序列分析、偏差模式、决策树方法、神经网络方法、遗传算法、规则归纳方法、支持向量机、粗糙集方法、贝叶斯方法等。描述型任务是寻找给定数据集中数据内部的固有联系，形成概要性的描述。描述型方法主要是对数据进行总结和划分，如聚类方法、关联分析等。

(1)分类分析。分类模型通过对已知类别的个体进行归纳，找出各类别与个体的特征属性之间的关系[132]。

(2)回归分析。用历史数据预测未来趋势。针对简单情况，可用标准统计方法，如线性回归等。但现实中由于受多因素的影响，问题变得非常复杂，非线性问题较多[133]，如机械系统故障诊断等。回归模型的目的就是找出对这些变化的准确描述。

(3)最近邻技术。最近邻技术通过 k 个与之最相近的历史记录的组合来辨别新记录[134]。这种技术可用作聚类、偏差分析等数据挖掘任务。

(4)时间序列分析。常用于已有的数据序列预测未来，与回归模型很相似，但时间序列模型要考虑时间特性，常分解为周期性趋势和随机性趋势，经常使用的模型有 AR(Auto-Regressive Model)，ARMA(Auto-Regressive and Moving Average Model)等，尤其要考虑时间周期的层次，如年、季度、月、周、天等，有时还要考虑节假日的影响。时间序列模型做短期预测效果比较理想，做长期预测效果较差，要不断用新信息替换旧信息来改善精度。例如水文数据预报，股票价格预测[135-137]等。

(5)偏差模式。偏差模式是对样本个体差异和大量样本集合中的离群点或极端点的描述，从数据库中检测偏差很有意义。例如信息工程领域的入侵检测[138,139]等。

(6)决策树方法。决策树方法就是寻找数据库中具有最大信息量的字段，建立决策树的一个结点，再根据字段的不同取值建立树的分支；在每个分支子集中重复建立下层的结点和分支[140,141]。这样便生成一棵决策树，再对决策树进行剪枝处理，最后把决策树转化为规则。该方法主要用于分类挖掘。

(7)神经网络方法。神经网络方法模拟人脑神经元结构，以 Hebb 规则和 MP(Memory Polynomial)模型为基础，建立了三大类神经网络模型[142,143]，即前馈式网络、反馈式网络和自组织网络。由于神经网络能对非线性数据快速拟合，因此可用于分类、聚类、特征挖掘等数据挖掘任务。

(8)遗传算法。通过模拟自然进化过程来搜索最优解的算法，其基本原理是：模拟生物进化论的自然选择和遗传学机理的生物进化过程[144]。由三个基本算子组成：繁殖、交叉和变异。遗传算法可产生优良后代以满足适应值，经过若干代的遗传，将得到满足要求的后代，即问题的解。遗传算法已在优化计算和分类机器学习方面发挥了显著作用。

(9)规则归纳方法。规则归纳可用于无监督学习系统的知识发现，也可用来预测，是数据挖掘的一种主要形式。它由一连串的“如果/则”的逻辑规则对数据进行细分[145]。

(10)支持向量机。支持向量机(Support Vector Machines，SVM)是数据挖掘中的一种新方法，它能很好地解决有限数量样本的高维模型的构造问题，而且所构造的模型具有很好的预测性能[146]。因此能非常成功地处理回归、模式识别等问题，并可推广于预测和综合评价等领域。

(11)贝叶斯方法。贝叶斯方法就是利用贝叶斯公式将先验信息与样本信息综合，得到后验信息[147]。贝叶斯网络各结点的计算是独立的，因此贝叶斯网络的学习既可由上级结点向下级结点推理，也可由下级结点向上级结点推理。

(12)粗糙集方法[148]。粗糙集理论是一种刻画不完整性和不确定性的数学工具，能有效地分析不精确、不完整、不一致等各种不完备的信息，是Pawlak Z 教授在1982年提出的一种智能决策分析工具。粗糙集方法被广泛应用在不精确、不完全、不确定的信息的分类和知识获取领域[149,150]。

(13)聚类分析。聚类是将一个群体分成多个类，使同一聚类中的个体尽可能相似而不同聚类中的个体尽可能不同[151]，是数据挖掘最重要的技术之一。聚类模型从未知开始，按照给定的聚类参数进行分解、合并，得到的结果由知识发现领域专家进行甄别，若不满足目标，需要调整聚类参数，重新聚类；一旦达到目标，分类规则也就通过聚类参数获得。聚类方法主要有基于划分的聚类、基于层次的聚类、基于密度的聚类、基于网格的聚类和基于模型的聚类[152]，近年来模糊聚类和神经网络聚类方法也有了长足的发展。比较经典、同时应用范围较广的是K-means算法以及其改进算法[153]。

(14)关联分析。关联分析是指从大量的数据集中发现有用的依赖性或关联性的知识[154]。基本思路表示为：W⇒B，其中W代表属性集，B代表属性个体，表示在数据库的列表中，W属性集具有真值，则个体B具有真值的可能性和趋势[155]。

数据挖掘的挖掘模式及方法之间的关系如图7所示。

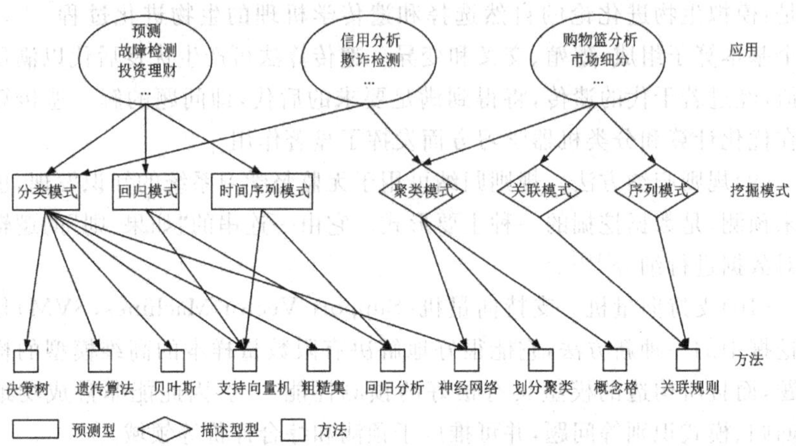

图 7 数据挖掘的挖掘模式及方法

目前在国外，数据挖掘技术在零售业的货篮数据(Basket data)分析、金融风险预测、产品产量/质量分析、分子生物学、基因工程研究、Internet 站点访问模式发现以及信息搜索和分类等许多领域得到成功的应用[156]。通过数据挖掘可为企业或机构带来良好的社会效益和经济效益。美国 Health Trinity 医院[157]基于 SAS(Statistical Analysis System)建立的 Pooling Data Asking Questions 系统，从 11 家子医院过去 7 年间的医院信息系统中提取和分析了数百万的住院患者和出院患者的医疗费、生理指标和其他医疗记录，获得了医院资源(床位、药品、医生、设备等)的需求规律，从而提出相应管理策略，降低医院的运营成本和患者就医的费用。

在国内，数据挖掘技术已开始应用于一些实力雄厚的企业或外资企业，如中国的商业银行[158]、上海通用汽车、福特汽车、中国海关等。

第2章 药房自动化仓储系统结构设计

自动化药房和单元式立体仓库、立体车库等都属于物流仓储系统,形式虽然多样,但其本质相同,因此对物流仓储系统存取及调度规划优化方法的研究可选取其中一类或几类为例,验证优化方法的有效性后,推广至其他仓储系统。由于药房自动化仓储系统货品出入库频繁、对系统可靠性要求高,且对其存取及调度规划优化方法的研究较少,因此课题主要以药房自动化仓储系统为研究对象,兼顾单元式立体仓库和立体车库的研究。

2.1 药房自动化仓储系统总体框架设计

2.1.1 药房自动化仓储系统设计要求

药房是医院和病患之间交流的纽带,药房的智能化管理是提升医院服务质量的重要标志。目前我国多数医院药房仍采用传统的药品储存方式,即药品按照一定的序列存放在固定货架上,在需要按处方获取药品时,医师只需根据序列号寻找药品的相应位置即可成功取药。这种传统的药房模式功能单一,对医师依赖较大,存在着多种缺陷。首先,药品存储方式为固定存储,固定货架空间利用率低,药品布局分散,常用药品并不集中在一起,增加了人工查找的难度;其次,传统的药品储存方式使医生不能实时掌握药品信息如药品库存量、药品剩余量、药品有效期等,造成药品无法及时更新,管理混乱,手工发药容易出现差错;再次,专业药剂人员绝大部分时间限于取药、发药、上药的体力劳动中,专业知识和技能难以发挥和提升,不利于医院整体水平和素质的提高。鉴于传统药房的不足,实现药房的智能化管理成为当前药房的发展趋势。

随着互联网的发展,系统的自动化、信息化及智能化越来越多地应用于药房设备中,自动化药房的概念由此产生,自动化药房成为自动化仓储系统的一个重要分支。自动化药房以自动化设备作为主体,通过计算机实现智能控制，可以完成药品的自动上药、按处方自动出药等功能，还可以对药品数量、药品信息、处方信息等实现有效的更新和管理。将药房设备连入Internet，能够实现药品信息的共享，设备的远程监控操作以及药房的无人化和智能化管理。针对医院中药房的作用及特性，药房自动化仓储系统需要满足以下几个方面的要求。

（1）密集储药。药房自动化仓储系统必须能够存储足够多的药品，确保发药高峰期药品的供给，同时还要保证药品不被损坏。

（2）自动上药。药房自动化仓储系统必须能够满足药剂师轻松将药品存储到储位槽当中，并且要保证存放药品时的效率。

（3）自动发药。药房自动化仓储系统必须能根据医师的处方信息，准确地提取药品，发放到病人手中。

（4）有效管理。药房自动化仓储系统必须能够自动管理药品数量以及出入药房的信息，以便药剂师掌握药品的存储和使用情况。

（5）HIS系统连接。药房自动化仓储系统作为医院的一部分，必须能和医院信息系统有效连接，来更新自身的药品数据信息。

（6）可靠高效。药房自动化仓储系统必须安全可靠，易操作，高效率。药房自动化仓储系统必须能满足药房处方量的要求，简单容易操作的同时，必须保证在任何情况下药剂师的安全。

2.1.2 药房自动化仓储系统总体结构

本书的主要研究目标之一是研发出能够实现自动上药、密集储药和自动出药等功能，进行全自动化管理的药房自动化仓储系统。针对自动化药房系统中快速出药系统和智能存取系统的机构进行创新设计，并对其储位优化、路径规划、监控及管理系统设计以及系统可靠性分析进行研究。

药房药品主要包括标准盒装的西药药品、大盒包装的药品、不规则包装的药品以及各种易碎的瓶装药品。考虑到药品包装形式的多样性，本系统包括快速出药系统和智能存取系统两部分：快速出药系统主要处理规则盒装药品，也包含部分瓶装药品；智能存取系统主要处理大盒药品、异形包装、针剂和瓶装等药品。药房自动化仓储系统总体结构如图8所示，药房自动化仓储系统外观如图9所示。

药房自动化仓储系统通过仓储管理软件实现优化存储，从而大幅度提高药房的空间利用率，提高药品的有效存储容量；能自动选择药品最优入/出库储位，优化作业路径，提高系统运行效率；能为药房整个药品的吞吐作业全过程提供自动全面的记录，提高准确率；能为药房的所有活动、资源和库存水平提供及时准确的信息。药房自动化仓储系统通过 HIS(Hospital Information System)接口与医院信息管理系统实现交互,接受电子处方等信息,及时更新自动化药房服务器。

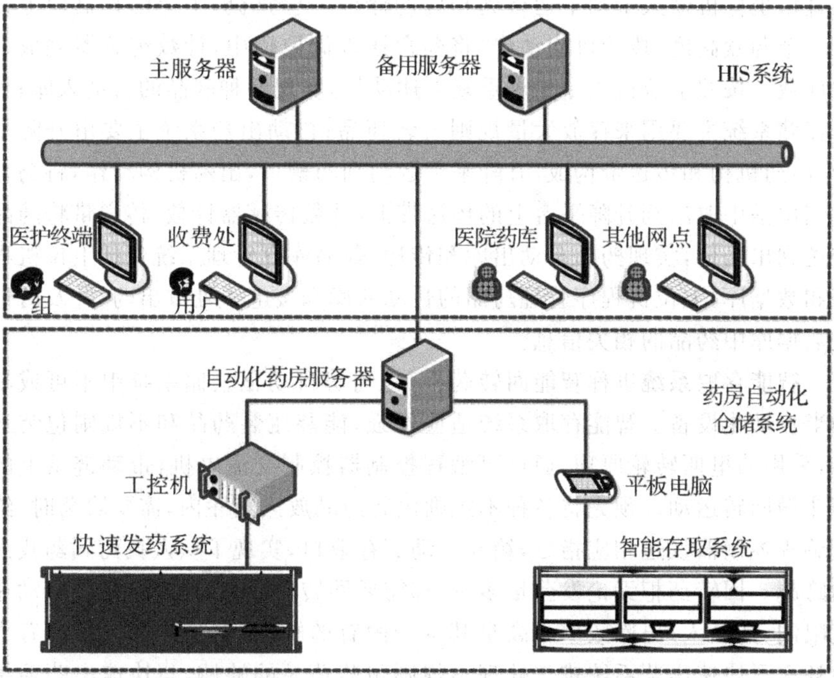

图8 药房自动化仓储系统总体结构

图9 药房自动化仓储系统外观图

药房自动化仓储系统中快速出药系统实现处方中规则盒装药品的自动调配、发放以及库存管理。快速出药系统主要采用重力落料原理,将药品按分配到的货位储存在对应的储药槽中。当获得处方后,将需要发出的药品按照药品的唯一编码分配好出药货位和出药数量,出药机构顶起药盒,药盒在重力作用下将药盒顶出储药槽，完成药品出库。快速出药系统由自动上药系统、密集存储系统、自动出药系统和药品库存管理系统等四大部分组成。自动上药系统主要由直角坐标机器人、上药机械手等组成，上药机械手在直角坐标机器人带动下运行到相应的储位，上药机械手上的托盘向上提升一个药盒高度，拨药机构动作，将药盒送入储位槽中，计数传感器完成一次计数。按照上位机指令要求重复上述动作，实现各种药品的自动入库；密集存储系统主要用来存放大量规则盒装药品；自动出药系统主要由升降平台、出药机构和传送带构成，升降平台运动到药槽口，出药机构动作，将药盒从储位槽中取出到升降平台上的传送带上，计数传感器计数，传送带将药品传送到出药口，实现药品自动出库和传送；药品库存管理系统包括上位机程序和数据库，上位机程序管理药品的自动入库和按电子处方出药，并及时修改数据库中药品的相关信息。

智能存取系统也称智能回转药柜，是药房自动化仓储系统中不可或缺的半自动化设备。智能存取系统适应性强，能装瓶装药品和不规则包装药品，采用弗里斯转轮原理，通过可编程控制器控制交流电机，带动链条上的箱斗做回转运动。预先将各种不规则包装药品放入箱斗内，需要取药时，给可编程控制器发送相应指令，箱斗运动到存取口，实现了从人找药到药找人的跨越。回转药柜无论发药量多少，都需要回转单元整体运动，且受传动速度限制，药品入/出库效率不高是其本身固有的缺点，但智能存取系统有力地补充了快速出药系统难于处理不规则包装药品的缺憾，与快速出药系统有机地构成了一个整体。智能存取系统由动力系统、传送张紧机构、平衡系统、储药部分和控制系统等几大部分组成。动力系统主要提供药柜回转时需要的动力；传送机构负责将电机的动力转化到链条上，带动储药箱斗运动；平衡系统主要是链条在运动时候保证储药箱斗处于水平状态，不会出现翻斗；储药部分主要用来存储瓶装药品和不规则包装药品；控制系统负责控制电机启停、传感器检测和系统保护等。

2.1.3 药房自动化仓储系统结构特点

目前我国众多医院药房中，取药时间长，排队人数多，药房系统提供的服务远远不能满足人民群众的需求。药品的盘点、上药、出药、管理、记录等都需要人工完成，使医务人员工作繁忙、劳动强度大，且效率低下、差错率高，不利于数字化管理。另外，药品种类繁多，包装规格不一致，尤其对于异形包装药品，密集存储和管理存在很大的难度。由此可见，由普通货架存储药品、人工取药所导致的空间浪费、发药效率低下、错误率高是目前国内医院无法逃避的问题。因此，如何高密度地存储盒装药品及异形包装药品，并且平稳快速地管理、取出和送回药品是一项值得研究的重要技术课题。

本书研究的药房自动化仓储系统主要包括快速出药系统和智能存取系统两部分，其中快速出药系统主要适用盒装药品，智能存取系统主要适用异型包装的药品。快速出药系统主要性能指标：

(1)储药库尺寸：长 1.6m×宽 3.5m×高 2.7m，长度表示方向对应储药库中药盒长度方向，实际为储药库的厚度，为后续储位排布提供方便。

(2)适用药品包装尺寸：长度范围 41～500mm，宽度范围 21～150mm，高度范围 6～62mm。

(3)最大药品存储品种：800 种，频繁出药品种设置有多个储位。

(4)最大药盒存储量：30000 盒。

(5)平均上药时间：3s/盒。

(6)平均发药时间：7～8s/处方。

(7)允许处方包含最大药盒数：30 盒。

智能存取系统主要性能指标：

(1)箱斗承载质量：15 kg，不含附件，如抽屉。

(2)整机承载质量：300 kg。

(3)额定偏载质量：30 kg。

(4)运转速度：16～18 m/min。

(5)箱斗定位精度：±2 mm。

(6)平均存取时间：20s。

(7)最长存取时间：36s。

(8)库外最大噪音≤65 dB(A)。

在课题组其他成员研究的基础上，优化了药房自动化仓储系统的结构，完善了药房自动化仓储系统的程序设计与数据库管理，程序中加入了基于关联规则及改进混沌粒子群算法的储位优化算法及多种出药模式，大大提高了药房自动化仓储系统的存取效率。本书研究的药房自动化仓储系统结构特点：

(1)采用直角坐标机器人驱动上药机械手实现高精度控制；直角坐标机器人核心控制器选用 PMAC 运动控制卡，直角坐标机器人 X 轴、Y 轴由交流伺服系统驱动。采用机器人轨迹规划技术，结合伺服电机高质量的动态特性，实现了上药机械手的高速、平稳运动，并有较高的重复定位精度。

(2)采用弹仓式上药机械手实现药品的批量入库；弹仓式上药机械手中的上药步进电机带动托药板上升一个药盒的距离，拨药电机转动，拨药杆将药盒推入储位槽中，计数传感器计数一次，以此类推，直到所有的药盒全部进入到储位槽中。

(3)采用滚轮拍子式斜坡储药库实现药品密集存储;滚轮拍子式储药槽将药盒和药槽的滑动摩擦变成了药盒和滚珠的滚动摩擦,大大减小了药盒滑落时的摩擦力,保证了药槽能以更小的角度安放在框架上。

(4)优化了一对一电磁式出药机构实现盒装药品和瓶装药品快速出药;针对电磁翻板式出药机构的不足,增加了楔形块构件,丰富了盒装药品的品种,实现了对盒装药品和瓶装药品同时出药。电磁出药机构常态下固定挡板挡住药盒,防止药盒下滑。上位机指令控制可编程控制器给电磁铁通电,电磁铁拉杆拉动挡板使挡板下移,药盒依靠自身重力下落。出完药后,挡板在弹簧力作用下复位。

(5)采用数据挖掘技术及物流仓储动、静态规划理论和方法,构建了快速出药系统和智能存取系统储位模型;应用改进的自适应混沌粒子群算法对快速出药系统储位模型进行求解。采用基于事务和项目压缩的改进AprioriTid算法对数据库中历史处方的药品数据进行关联规则挖掘,并应用到智能存取系统药品储位排布,大大缩短了智能存取系统中药品的出库拣选时间。

(6)采用路径拣选优化算法实现药品的调度规划。建立了快速出药系统药品拣选路径规划的数学模型,提出了改进混合粒子群算法对该问题进行研究,实验验证了所提方法能有效提高药品入/出库效率。建立了组合滚筒药柜药品拣选路径规划的数学模型,并提出了改进的遗传-混沌粒子群混合算法对问题进行研究,实验验证了所采用优化方法的有效性。

2.2 药房自动化仓储系统机械结构设计

2.2.1 药房自动化仓储系统机械结构组成

药房自动化仓储系统机械结构设计包括快速出药系统机械结构设计和智能存取系统机械结构设计两部分。

快速出药系统从机械结构上分为三部分:自动上药装置、斜坡储药库和自动出药装置。自动上药装置主要实现药品的实时补给,保证自动化药房内药品库存充足,满足药房发药的需求。斜坡式储药库负责存储和管理一定数量的规则盒装药品,有效存储面积内达到最大化的药品存储量,确保发药高峰期药品供给,同时方便与上药和出药系统的衔接。自动出药装置则按照医院信息管理系统传来的电子处方，准确发放药品到患者手中。

智能存取系统机械结构上由传送张紧机构、平动保持机构和储药机构三大部分组成。传送张紧机构负责将电机的动力转化到链条上，带动储药箱斗运动；平动保持机构主要是链条在运动时候保证储药箱斗处于水平状态，不会出现翻斗；储药机构主要用来存储针剂和异型包装药品。

2.2.2 快速出药系统机械结构设计

针对规则包装的盒装药品，本书研制的快速出药系统从机构组成上分为三部分：自动上药装置、斜坡储药库和自动出药装置，如图10所示。其中自动上药装置由直角坐标机器人和上药机械手两部分组成，主要实现药品的实时补给，保证自动化药房内药品库存充足。斜坡式储药库负责储存和管理一定数量的盒装药品，有效存储面积内达到最大化的药品存储量。自动出药装置则按照电子处方的要求准确送出指定药品。

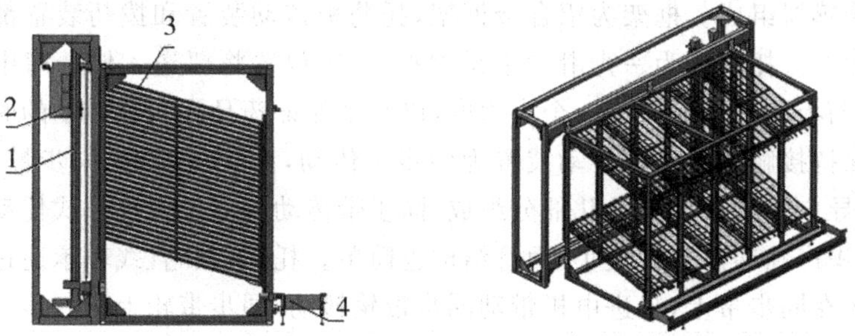

(a)侧视图　　(b)三维效果图

1.直角坐标机器人 2.上药机械手 3.斜坡式储药库 4.自动出药装置

图10　快速出药系统机构图

1. 自动上药装置机构设计

自动上药装置由直角坐标机器人和上药机械手组成。为了保证上药运动的准确性及机械手运动的平稳性，本书采用直角坐标机器人驱动上药机械手运动的方法。直角坐标机器人由四根直线运动单元组成，机械手安装在左右两根竖直直线运动单元上，而Y向直线运动单元是挂在两根X向直线运动单元上。Y向运动单元是由电机直接驱动，实现机械手的垂直运动。两根X向运动单元是通过同步轴连接，电机驱动同步轴运动，进而实现Y向运动单元的水平运动，即机械手的水平运动。

上药机械手和直角坐标机器人是靠机械手上的两个连接件紧固。上药机械手和直角坐标机器人保持一个倾斜角度，目的是托药板在上升时药盒能贴紧侧边，同时，保证拨药电机拨药时药盒能一直沿着侧边滑到药槽中。自动上药装置结构图如图 11 所示，自动上药装置外观图如图 12 所示。

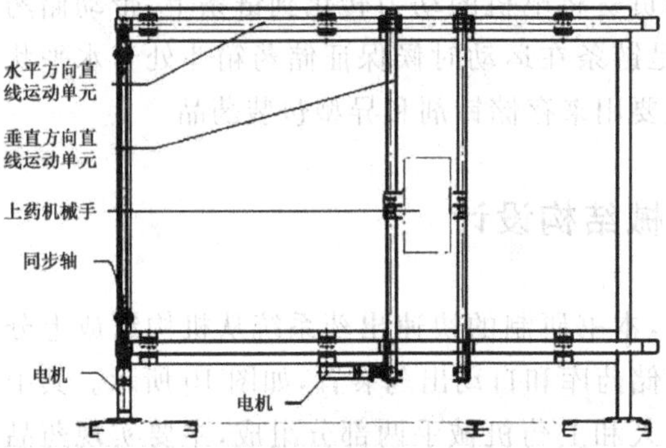

(a) 自动上药装置结构框架

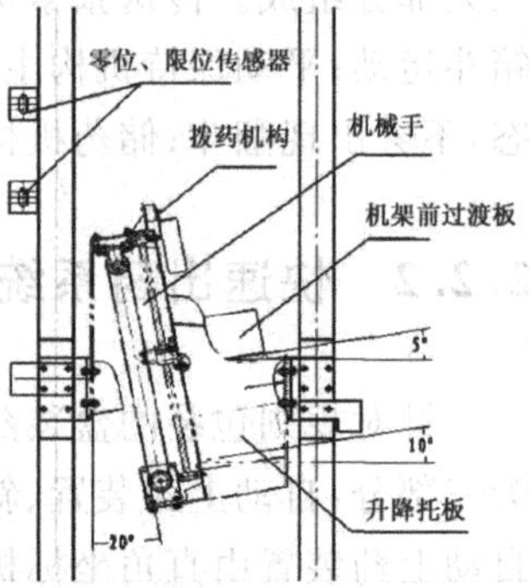

(b) 机械手安装结构图

图 11　自动上药装置结构图

上药机械手由框架、托药板、托药板传动装置、拨药装置、计数传感器和保护传感器组成。框架为铝合金框架，托药板传动装置和拨药装置都安装在框架上。托药板为一光滑的不锈钢板，用来放置将要送入储药库中的药品，托药板和水平面保持一个小角度，以此来保证药品在向上传动的时候和前板保持接触。托药板传动装置为同步带传动，由步进电机、同步带、同步带轮、导向轴和直线轴承几部分组成，同步带传动相对于其他形式传动比较平稳，噪声和冲击都比较小，而且结构也简单。托药板和直线轴承通过连接板固定在同步带上，步进电机带动同步带轮转动，同步带轮上的同步带带动托药板和直线轴承向上运动，导向轴保证了传动的平稳性。拨药装置是一个链传动装置，拨药杆固定在链条上，拨药电机带动链条上的拨药杆，将药品送入到储位槽中，采用链传动可以保证链条在传动的弧形段内使拨药杆保持平稳运动。

当药剂师将等待入库的药品放在托药板上，点击确定上药按钮后，直角坐标机器人带动机械手运动到指定位置，步进电机带动托药板上升一个药盒的距离，拨药电机转动，拨药杆将药盒推入到储位槽中，计数传感器计一次数。以此类推，直到所有的药盒全部送入到储位槽中，最后将直角坐标机器人运动到初始位置，完成一个上药流程。

图 12 自动上药装置外观图

2. 斜坡储药库机构设计

由于快速出药系统采用的是重力落药原理，所以储位槽和水平面之间必须有一定角度，而储位槽和水平面的角度决定了相同大小的设备安装储位槽的数量。初步确定倾斜角 $\beta=25°$，经大量实验测试完全满足药品出药要求。但 β 除了满足出药要求外，还应使出药机构所在的层高度 H 最低，以增大药品存储量，提高空间利用率。储药槽摆放侧视图如图 13 所示。

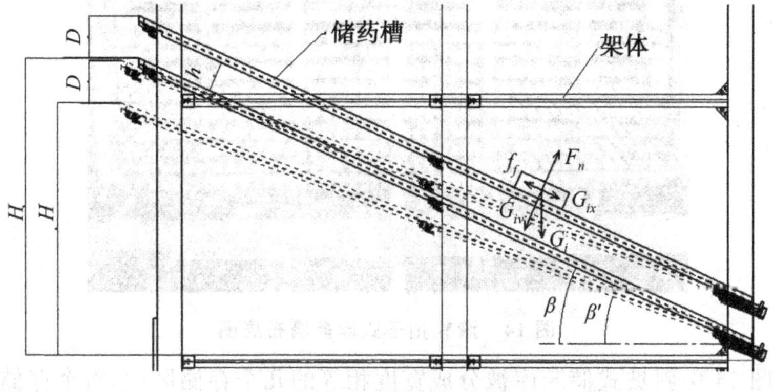

图 13 储药槽摆放侧视图

由图 13 可知，通过改变倾斜角 β，药槽高度变化值为：

$$\Delta H=L(\sin\beta-\sin\beta')+\left(\frac{h}{\cos\beta}-\frac{h}{\cos\beta'}\right)\cdot n \tag{2.1}$$

式中，$L=1650\text{mm}$ 为药槽长度，β' 为变化后的倾斜角，$n=20$ 为药槽层数，$h=100\text{mm}$为药槽层与层之间的垂直距离。

G_i 为单个药品的重量，取药品与药槽的摩擦系数 $\mu=0.325$。根据药品

在药槽的受力可知，若药品沿药槽方向运动，有

$$G_i \cdot \sin\beta - uG_i \cdot \cos\beta \geqslant 0$$
$$\beta \geqslant 18^\circ \tag{2.2}$$

同时还应满足层与层的高度 D 最小，即

$$D = \min\left(\frac{h}{\cos\beta}\right) \tag{2.3}$$

根据式(2.2)、(2.3)使倾斜角留有一定余量，以保证药品顺利从药槽滑下，取 $\beta = 20^\circ$。

储位槽和水平面之间的夹角与药盒和储位槽之间的摩擦力有关，摩擦力越小，储位槽的倾角越小，则设备存放的储位槽就越多，存放药品的数量也就越大。但倾角变小摩擦力增大，药盒便不能自由落下。为了减小储药槽和药盒的摩擦力，本书提出了滚轮拍子式储药槽。滚轮拍子式储药槽将药盒和药槽的滑动摩擦变成了药盒和滚珠的滚动摩擦，大大减小了药盒滑落时的摩擦力，保证了药槽能以更小的角度安放在框架上。储药槽布局如图 14 所示。

图 14　滚轮拍子式储药槽布局图

图 14 中斜坡式储药库被分成宽度相等的几个存储区域，每个存储区域包含若干层存储单元，将这些存储单位称为拍子。每个拍子均由框架、隔条、滚珠、轴和隔板组成。框架是整个拍子的架体，用铝型材挤压而成，用来固定隔条和轴，起保护和支撑作用，同时也用于储药单元和储药整体框架连接。隔条是注塑而成的，以段为单位，与框架保持一定配合关系安放在间隙结构内。每个隔条按照一定间距设有凹槽，便于滚珠轴装载其中，从而保证每个滚珠间的间隔相等。滚珠类似于算盘珠子，穿在轴上，能在轴上自由旋

转，并由隔条分开，形成一个个储药槽。长度相同的隔板将滚珠分隔成宽度不等的储药槽用以存放与之宽度相适应的药品。药槽的宽度可根据隔板定位的不同而进行调整。这种滚轮式储药库一个拍子为一个单位进行安装，装配工艺简便，药品存储量大。已知储位槽与储位槽之间的距离相等，经大量实验测试，倾斜角为 15°时药盒仍然可以自由落下。当角度为 15°时，能存放 24 层储药槽，当角度为 20°时，只能存放 22 层储药槽，15°时比 20°时储药量提高了 9.1%，不同倾角时摆放储药槽个数示意图如图 15 所示。

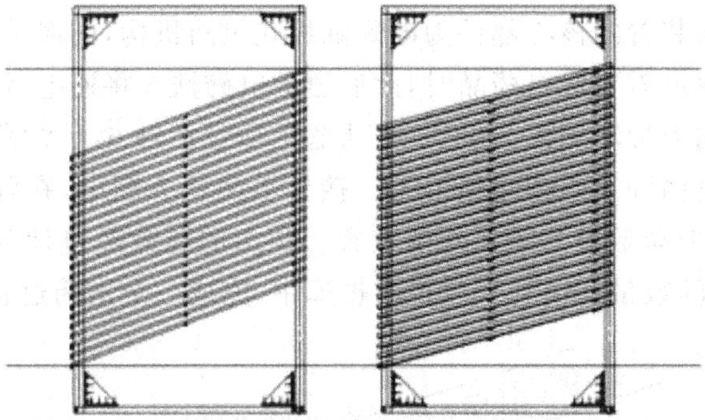

(a)储药槽安装倾角 20°　　(b)储药槽安装倾角 15°

图 15　不同倾角时摆放储药槽个数

3. 自动出药装置机构设计

自动出药装置主要由出药机构、传送系统和升降平台构成。升降平台运动到药槽口，出药机构动作，将药盒从储位槽中取出到升降平台上的传送带上，计数传感器计数，传送带将药品传送到出药口。整个过程实现药品自动出库、出库药品的计数及传送。

出药机构有两种功能：将储位槽中的药盒挡住，防止储位槽中的药盒在无指令的情况下冲出储位槽；而当需要出药时，能将药槽中的药盒取出。传送系统由皮带电机、传送带、翻板电机和翻板等构成。传送系统安装在升降平台上，当药盒滑到升降平台上，传送带将药盒传送到出药口。当整个处方药盒都处理完成后，升降台回到出药口，翻板落下，药品被送到药剂师身边。升降平台由框架、伺服电机、同步带传送系统、计数传感器、保护传感器、斜坡板等构成，如图 16 所示。计数器和斜坡板固定在升降机框架上，框架和同步带连接。升降平台运动通过两个伺服电机同步运动控制，当需要出某层的药品时，伺服电机带动同步带转动，同步带上的升降机跟着运动到指定位置停止。当药盒滑出储位槽后，落到斜坡板上，滑到升降平台上；同时计数传感器检测到药盒，每检测到 1 个药盒记录 1 次并反馈给数据库。

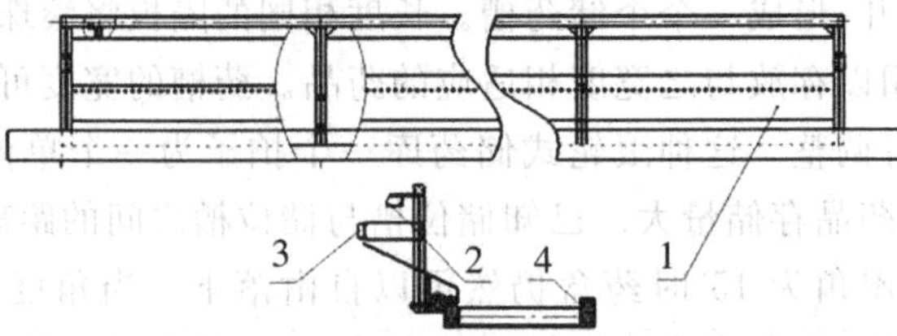

1. 斜坡板 2. 计数传感器 3. 保护传感器 4. 框架

图 16　升降机结构图

自动出药装置的核心部件为电磁翻板式出药机构,内部结构如图 17 所示。当某一通道需要取出药品时,此通道的电磁铁 3 将通电,铁芯 5 会克服弹簧 4 的作用力带动翻板 2 旋转,将药盒 1 顶过挡轴 6,后续药盒在重力作用下会把越过挡轴 6 的药盒顶出去。接着电磁铁 3 断电,在弹簧 4 的作用力下,铁芯 5 带动翻板 2 回到起始位置。顶出的药盒经过计数器 7 实现计数,并将记录的数量反馈到上位机数据库中,完成一个出药过程。

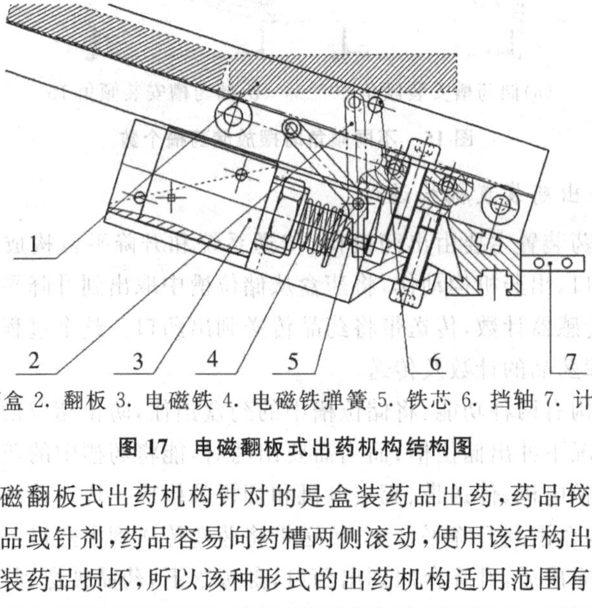

1. 药盒 2. 翻板 3. 电磁铁 4. 电磁铁弹簧 5. 铁芯 6. 挡轴 7. 计数器

图 17　电磁翻板式出药机构结构图

由于电磁翻板式出药机构针对的是盒装药品出药,药品较易取出。而对于瓶装药品或针剂,药品容易向药槽两侧滚动,使用该结构出药时还会造成易碎的瓶装药品损坏,所以该种形式的出药机构适用范围有限。为了克服电磁翻板式出药机构的不足,对其内部结构进行了优化,增加了楔形块构件。优化后的出药机构工作原理是:常态下挡板挡住药品,防止药品下滑;给推式电磁铁通电,电磁铁推杆推动楔形块移动,楔形块带动挡板使挡板下降,药品没有阻挡后依靠自身重力下落;出完药品后挡板在弹簧力作用下复位。优化后的电磁式出药机构工作原理如图 18、图 19 所示。

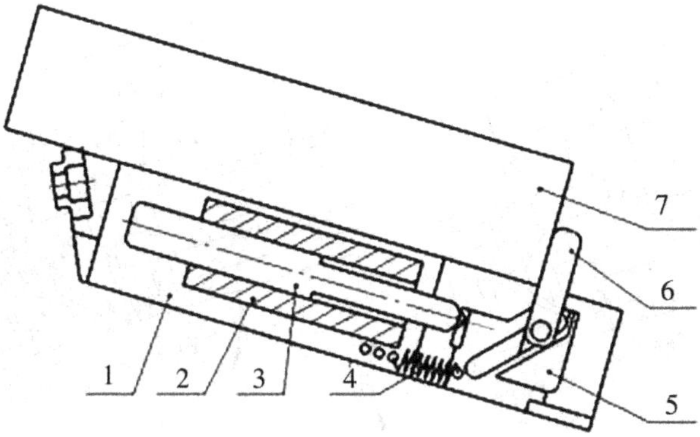

1. 出药机构架体 2. 电磁铁架体 3. 电磁铁推杆 4. 拉力弹簧 5. 45°楔形块 6. 挡板 7. 药品

图 18　电磁铁未运动时药品状态

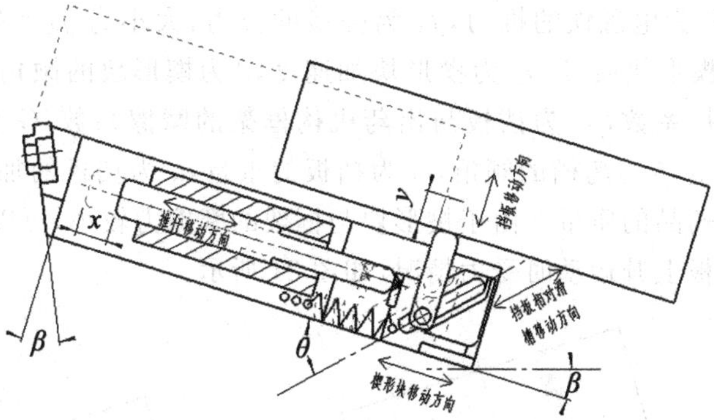

图 19　电磁铁运动时药品状态

其中图 19 中，θ 为楔形块的倾斜角，β 为出药机构的安装角度，其值与药槽的倾角相同，x 为电磁铁运动位移，y 为挡板运动位移。电磁铁运动时，推杆带动楔形块一起运动，挡板内部的滚轴沿滑槽方向滚动，挡板相对于框架上下运动。

楔形块出药机构挡板的运动位移 y 与电磁铁的运动位移 x 的关系为：

$$y=x\cdot\tan\theta,0\leqslant\theta\leqslant\frac{\pi}{2} \tag{2.4}$$

分析挡板下降运动时受力情况，如图 20 所示。

$$\begin{aligned}
&F_x=F'_x=F_t-f_k-m_1a_1\\
&F_y=F'_y=\frac{F_x}{\tan\theta}=f_1+f_2+ma\\
&f_1=\mu_1G\cdot\sin\beta\\
&f_2=\mu_2G\cdot\sin\beta\\
&G=Mg
\end{aligned} \tag{2.5}$$

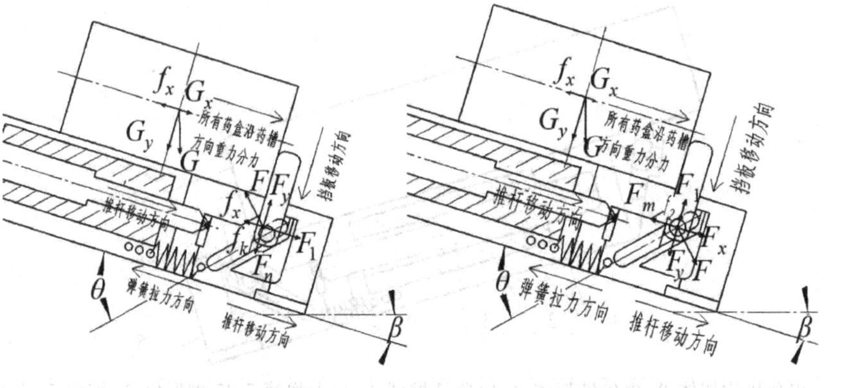

(a)楔形块受力图　　(b)挡板受力图

图 20　挡板下降时受力分析图

其中,F_t 为电磁铁的推力,f_k 为弹簧的拉力,大小为 $f_k=k\cdot l$,l 为变形量,m_1 为楔形块质量,a_1 为楔形块加速度,θ 为楔形块的倾角,μ_1 为药盒与挡板的摩擦系数,μ_2 为挡板与出药机构框架的摩擦系数,G 为药槽中所有药品的重量,β 为药槽的倾角,m 为挡板的重量,a 为挡板的加速度,M 为药槽中所有药品的质量。由于楔形块与框架的摩擦力较小,可以忽略不计。

分析挡板上升运动时受力情况,如图 21 所示。

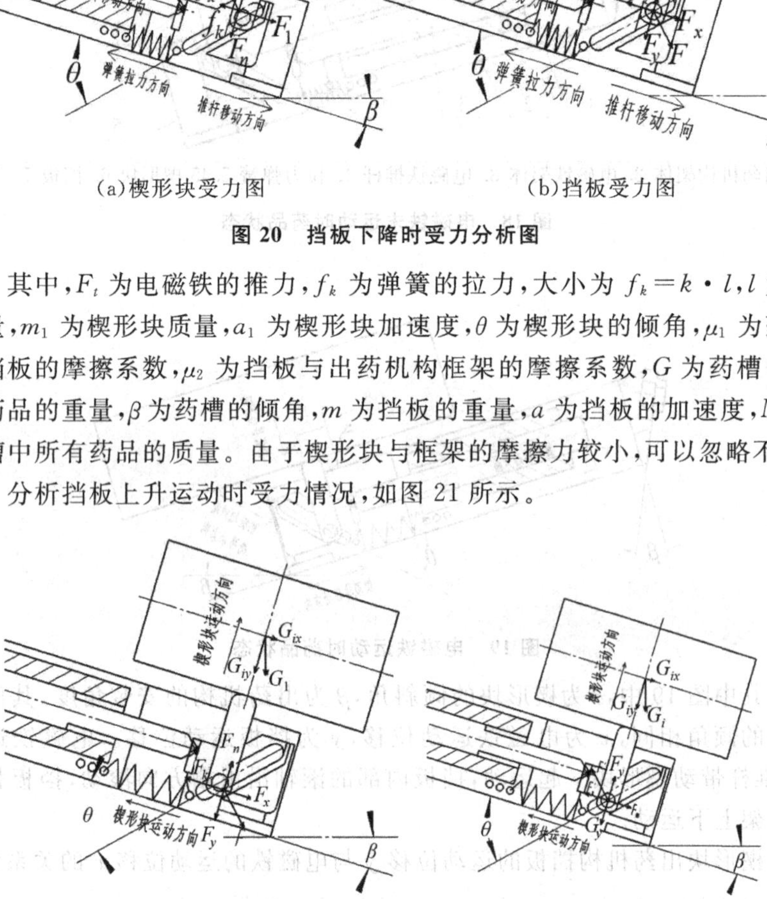

(a)楔形块受力图　　(b)挡板受力图

图 21　挡板上升时受力分析图

$$F_x = F'_x = f_k - m_1 a'_1$$

$$F_y = F'_y = \frac{F_x}{\tan\theta} = G_i \sin\beta + ma' \qquad (2.6)$$

$$G_i = M_i g$$

其中,m_1 为楔形块质量,a'_1 为楔形块加速度,G_i 为单个药品的重量,m

为挡板的质量，a'为挡板的加速度，M_i 为单个药品的质量。

综上可知，挡板的运动位移及 y 向分力与楔形块倾角 θ 有关。θ 越大，单位距离内挡板上升的位移越大，y 向所受到的分力越小。挡板行程固定为 10mm，θ 角变大时，在满足运动的条件下楔形块高度增加，出药机构体积随之增加，减小了空间利用率。

由式(2.6)可知，弹簧力的大小决定了挡板的回复速度。取单个药品质量 $M_i=0.2\text{kg}$，楔形块质量 $m_1=0.05\text{kg}$，挡板质量 $m=0.02\text{kg}$，楔形块倾角 $\theta=50°$，药槽倾斜角为 $\beta=24°$，弹簧形变量最大时挡板上升的加速度 $a'=0.5\text{m/s}^2$，楔形块加速度 $a_1'=0.5\text{m/s}^2$，在该位置可得弹簧拉力最小为

$$f_k=(M_i g \cdot \sin\beta+ma')\tan\theta+m_1 a_1'=0.987\text{N} \tag{2.7}$$

因为在弹簧力 $f_k=0.987\text{N}$ 时最大变形量为 $l=10\text{mm}$，选取拉力弹簧，弹簧系数为 $k=100\text{N/m}$。由公式(2.5)可知，挡板向下运动时，电磁铁的推力必须大于弹簧的拉力。在弹簧形变量最大位置处，电磁铁行程最大，此时电磁铁推力大于或等于弹簧拉力，挡板加速度 $a=0\text{m/s}^2$，楔形块加速度 $a_1=0\ \text{m/s}^2$。取药槽药品总质量 $M=3\text{kg}$，药盒与挡板摩擦系数 $\mu_1=0.325$，挡板与出药机构框架摩擦系数 $\mu_2=0.15$，可知电磁铁最大行程时所需推力为：

$$F_t=(f_1+f_2+ma)\tan\theta+f_k+m_1 a_1=7.76\text{N} \tag{2.8}$$

初选推式电磁铁，功率为 20W，通电率为 25%。

2.2.3　智能存取系统机械结构设计

智能存取系统又名单滚筒药柜，该系统采用弗里斯转轮原理设计，智能存取系统结构简图如图 22 所示。当系统收到处方信息后，系统通过变频器拖动电机、减速器，并通过链轮、链条带动药斗做回转运动，药品放置在药斗中的药盒中，药斗按最短路径运动，使药品最快送达取药口。

智能存取系统机械结构上由传送张紧机构、平动保持机构和储药机构三大部分组成。传送张紧机构负责将电机的动力转化到链条上，带动储药箱斗运动；平动保持机构主要是链条在运动时候保证储药箱斗处于水平状态，不会出现翻斗；储药机构主要用来存储针剂和异型包装药品。

单回转智能存取系统在医院的运行过程中，由于链传动的传动速度受限，系统运行效率较低，患者人数处于高峰期时，患者需排队等待药师取药。针对在实际使用中的不足：每次出药时，即使只需要取一种药，也需要电机带动所有药斗一起做回转运动，节能性差；因电机每次都要带动所有的药斗运动，负载大，电机的运行速度不能太高，从而导致系统的运行速度总体偏慢。因此根据医院的规模以及药品储量以及处方处理速度等需求，可将不

同数量的单滚筒柜组合在一起，各个单元独立运行，共同处理出药和上药的需求。三单元组合滚筒柜的结构如图 23 所示。

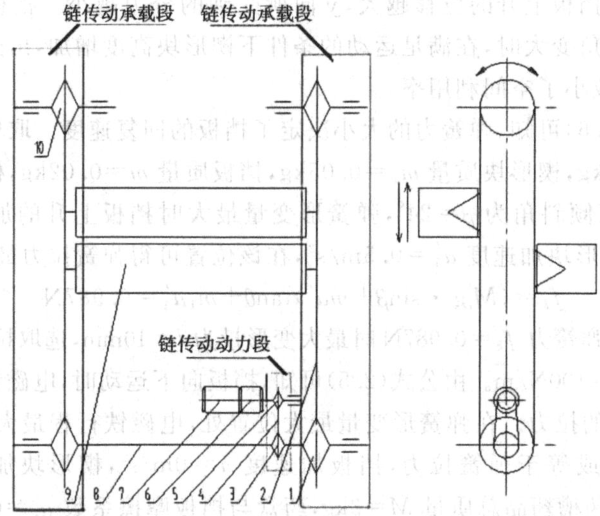

1.箱斗传动链轮　2.承载链条　3.传动链轮　4.传动链条
5.电机传动小链轮　6.减速器　7.电机　8.传动轴　9.箱斗

图 22　单滚筒柜智能存取系统结构简图

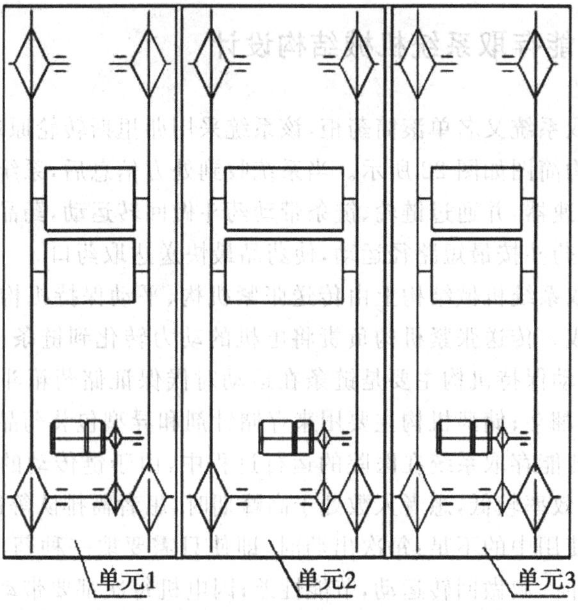

图 23　三单元组合智能存取系统结构简图

该组合智能存取系统由三个独立单元组成，每个单元所采用的传动方式与单回转体智能存取系统的传动方式相同，但是处方处理流程与单回转体智能存取系统却不尽相同，当处方中的药品分布在不同单元的箱斗中时，各个单元可按照处方中的药品并行处理各自箱斗中存放的药品，将各个单元的药品转至出药口。由于多个单元独立运行，并行操作，大大提高了系统的运行效率，缩短了药品入/出库时间。三单元组合智能存取系统内部结构如图 24 所示。

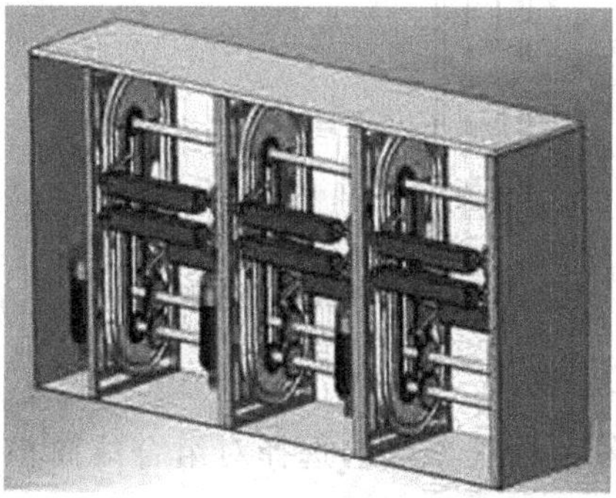

图 24　三单元组合智能存取系统内部结构图

1. 传动张紧机构设计

传动张紧机构由天轴、地轴、链轮和链条四部分组成。张紧装置由调节螺杆和螺套组成，顺时针旋转，张紧，逆时针旋转，放松。地轴及张紧机构结构如图 25 所示，天轴机械结构如图 26 所示。

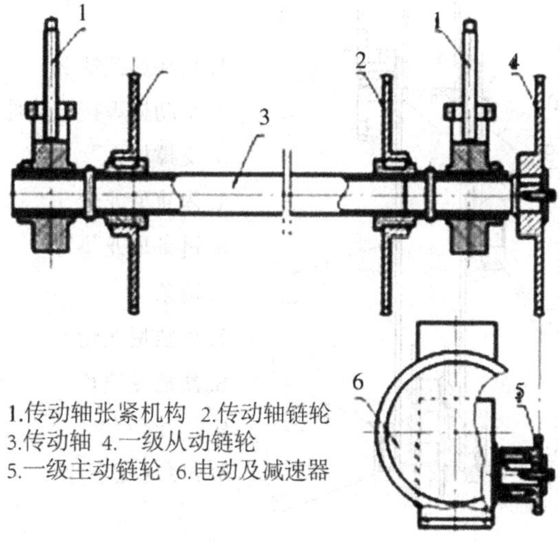

图 25　地轴及张紧机构结构图

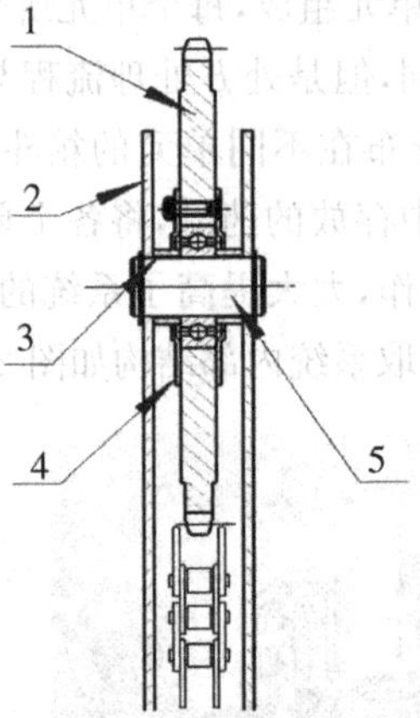

图 26　天轴机械结构图

2. 平动保持机构设计

平动保持机构各个杆长参数的选择对组合滚筒柜平稳运行有重要影响，平动保持机构如图 27 所示。

平动保持机构主要由平动保持轨道和法兰组两部分组成。平动保持轨道弧段和直线段具有对称性；法兰组由支撑杆与平衡杆组成，平衡杆一端始终与平动保持轨道接触，另一端与两个支撑杆铰接，两者组成一个凸轮机构。

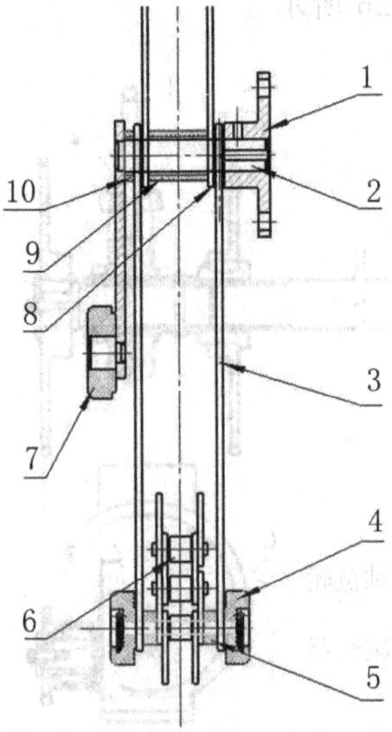

图 27　平动保持机构示意图

储药斗在运行过程中要经过上下两个转弯，在转弯时，储药斗同样应保持水平状态，平衡杆与平衡杆导轨就是储药斗保持水平运行的部件。平衡杆上的滚轮采用尼龙材料，不仅可以降低噪声，而且降低成本。平衡杆与平衡杆导轨安装在储药斗长度方向的两侧。平衡杆上的滚轮始终在平衡杆导轨中运行，从而使储药斗始终处于水平运行状态。

导轨的作用在于调节法兰盘的姿态，保证储药箱斗在回转的任意时刻都保持水平，因此导轨轨迹的设计也是组合滚筒柜机械结构设计的一个难点。为使储药斗在运动过程中始终保持平动状态，平衡杆必须做水平运动，根据三角支臂与链条的两铰接点在运行过程中所处的位置不同分为三部分：直线段、直线与圆弧衔接段、圆弧段，如图 28 中的Ⅰ、Ⅱ、Ⅲ所示。

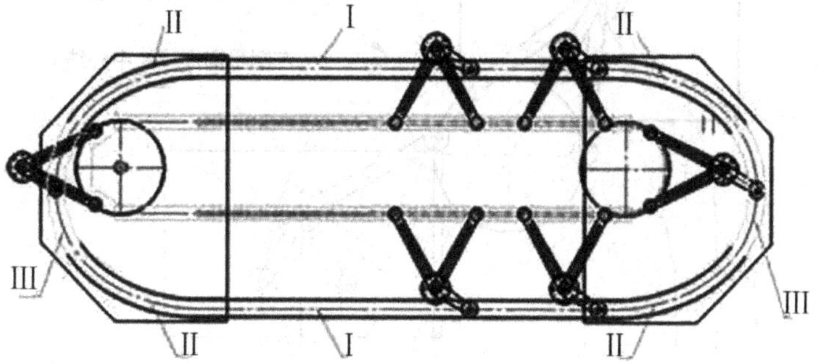

图 28　导向圆轨运动分段示意图

图 28 中Ⅰ部分为两组支撑杆铰接点完全在链条直线段时导轨的轨迹；Ⅱ部分为两组支撑杆铰接点分别在链条上和链轮上时导轨的轨迹；Ⅲ部分为两组支撑杆铰接点都在链轮上时导轨的轨迹，此时导轨的轨迹为一圆弧。

平衡杆保持平动，与水平面角度不变，当平衡杆运动到与导轨在该点的切线方向垂直的位置时，平衡杆运动方向与受力方向垂直，即压力角 $\alpha=90°$，平衡杆上的作用力或力矩为零，该点称为死点，如图 29 中平衡杆所处的位置 2。每个单元有四段圆弧轨道，其轨迹线都是对称的，这里只研究其中一段。

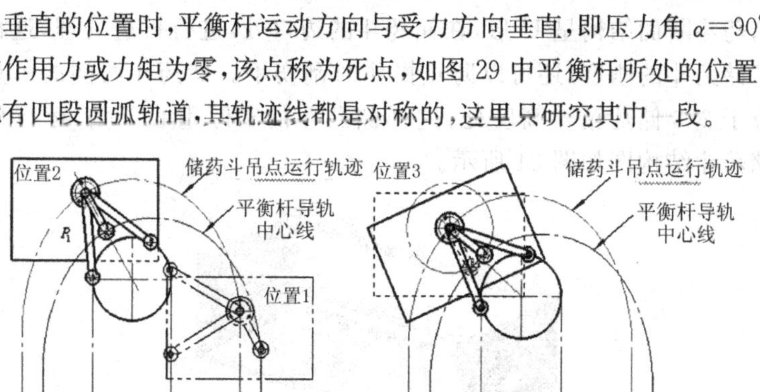

图 29　箱斗在平衡位置两种状态

平动机构在圆弧轨道运转时，产生振动和噪音的主要因素就在死点位置。因此在设计过程中要减少噪音，应考虑如何避免在死点位置处平动机构运行的平稳过渡，尽量减少振动。因此，将圆弧轨道对应的死点位置切除，从而避免平动机构在此处的振动。平动机构保证储药箱斗在做回转运动时一直保持水平，在回转的死点位置不会卡死和翻斗，图 29 中平衡杆在死点处会有两种状态，或者向前或者向后。

通过将左右两侧的平衡机构成反对称布置，保证了平衡杆在死点处只有一种状态，确保了箱斗在死点位置能顺利通过，如图 30 所示。

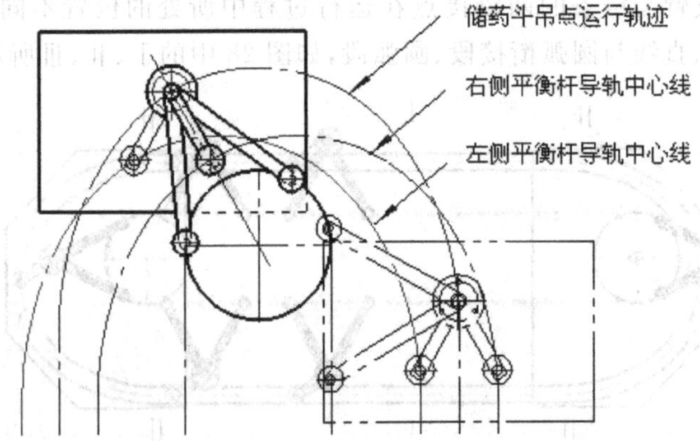

图 30　两侧平衡杆偏中心方向相反布置图

3. 储药机构设计

储药机构由多个储药斗组成，是用来存放针剂和非规则包装药品的机构。多个储药斗均匀的连接在链条上，随着链条同时运动。为了防止储药斗在承载后发生变形而导致在运行过程中产生翻转，储药斗具有一定的刚度。储药斗断面结构呈 U 形，在储药斗的边口处，进行折边处理，这样不仅提高了储药斗的刚度，还可以防止操作时刮伤手。储药斗两侧的吊点中心位置位于 2/3 储药箱斗高度处，这样储药斗的实际重心下垂，运行更加稳定。储药斗结构图如图 31 所示。

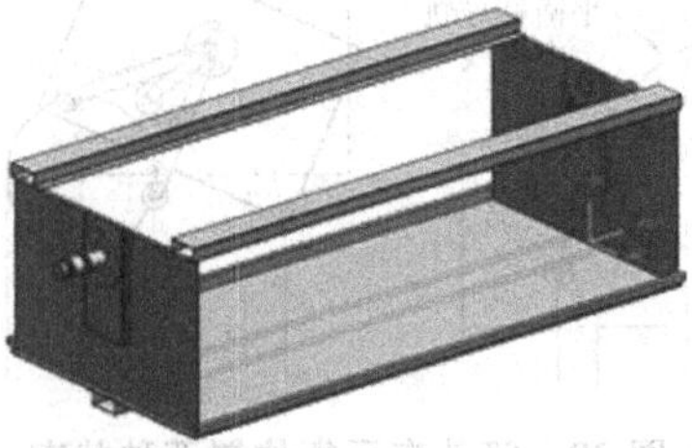

图 31　智能存取系统储药斗结构图

2.3 药房自动化仓储系统控制系统设计

2.3.1 药房自动化仓储系统控制系统构成

药房自动化仓储系统主要完成医院药品的整体吞吐流程，提高药品发放的效率，降低药剂师工作强度。考虑到药房自动化仓储系统与医院信息系统的接口、药房数据库的更新、药品包装形式的多样性及对上药装置、出药机构实际控制等问题，药房自动化仓储系统控制系统设计为分层式计算机控制管理系统，共分 4 层：管理级、监控级、控制级和执行级。药房自动化仓储系统控制系统结构如图 32 所示。

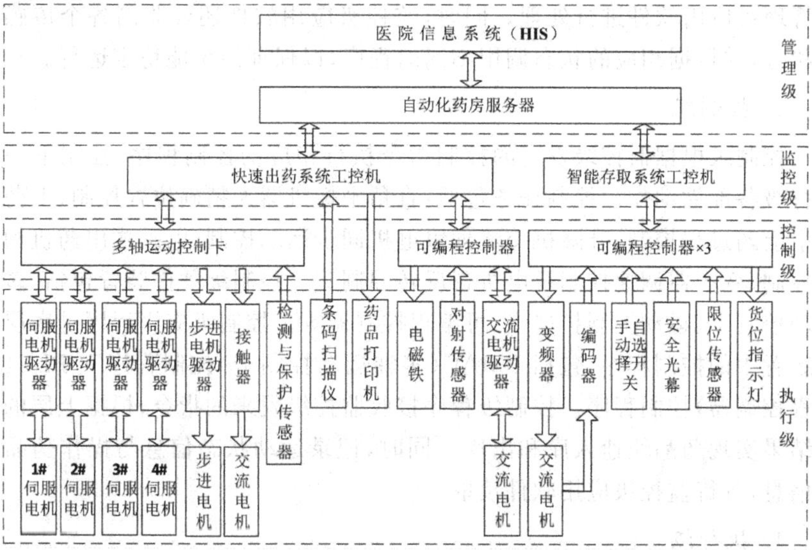

图 32 药房自动化仓储系统控制系统结构图

1. 管理级

管理级接收医院信息系统(HIS)的入/出库信息，按照“先进先出原则”和“路径最优原则”分配好需要拣选的货位及相应药品的数量，并将此任务下达给监控级。管理级硬件平台是自动化药房服务器。管理级应用软件与 HIS 系统的数据交互由数据库操作实现，管理级应用软件能够在当前处方药品处理完成或根据上药清单补充药品后，根据实际上药数量或出药数量实时修改药品数据库中药品库存表，更新数据库中的药品信息。医院将待处理处方发送至药房药品数据库中的处方信息表，管理级应用软件对处方信息表中待处理处方进行处理，将处方处理结果添加到出药/上药信息表中。

2. 监控级

监控级处于管理级的下一级，与管理级进行信息交互。监控级读取来自管理级的处方信息，通过监控程序将处方中的信息转换成控制指令，对下一级控制级进行任务调度；与控制级通信，读取控制级的反馈数量值，根据控制级的各种标志状态做出逻辑判断处理。监控级硬件平台为快速出药系统工控机和智能存储系统工控机。监控级与管理级的服务器之间通过以太网实现通信。监控级应用软件主要访问待处理的处方信息，提取处方中有用的信息进行处理，完成上药和出药的路径规划，发控制命令给下一层的控制程序，实现药品的出库和入库，并将操作药品的数量信息写入数据库，以备管理级应用软件进行处理。同时，监控级应用软件还要监测各个传感器的状态，并根据相应的状态调用不同的程序，以保证系统能稳定运行。

3. 控制级

控制级根据监控级发送的控制指令执行相应的控制程序，控制下一级执行级各部件动作。控制任务包括：直角坐标机器人精确位置控制、上药机械手上药过程控制、升降机交流伺服电机同步运动控制、电磁式出药机构出药控制、变频器调速控制及电机正反转控制等。控制级硬件装置包括：多轴运动控制卡、运动控制扩展卡、可编程控制器等。控制级应用程序是底层硬件装置中的控制程序，包括 PMAC（多轴运动控制卡）控制程序和 PLC（可编程控制器）控制程序。控制级程序接收监控级发来的指令，根据上层的优化结果实现药品快速入库和出库。同时，记录运动状态信息与操作药品数量信息，等待监控级应用软件读取。

4. 执行级

执行级接受控制级程序指令，驱动执行级电机运动和控制各执行机构动作，检测各种执行状态信息。执行级硬件设备包括：变频器、步进电机及驱动器、交流伺服电机及驱动器、常规三相交流电机、电磁铁和各类传感器等。

2.3.2 快速出药系统控制系统设计

快速出药系统结构由自动上药装置、斜坡储药库和自动出药装置三大部分组成，其控制系统分为自动上药和自动出药两部分。快速出药系统以工业控制计算机为控制核心实现与自动化药房服务器的数据交互，工控机发控制命令给运动控制卡及可编程控制器实现自动上药和自动快速出药。末端执行的电气设备包括：交流伺服电机、步进电机、三相交流电机、电磁铁及各种传感器等。快速出药系统控制系统结构图如图 33 所示，快速出药系统控制系统硬件实物图如图 34 所示。

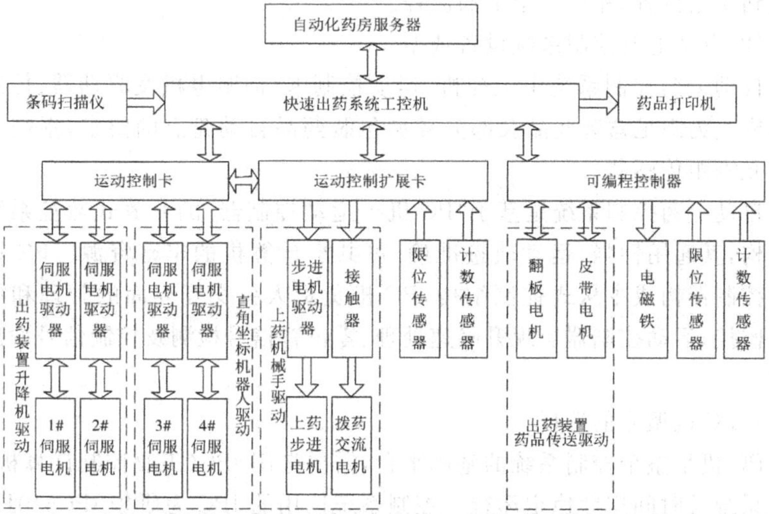

图 33　快速出药系统控制系统结构图

图 34　快速出药系统控制系统硬件实物图

1. 自动上药控制系统

(1)自动上药控制系统工作流程

自动上药控制系统以工业控制计算机为管理平台，运动控制卡为控制核心。当储药库中某种药品出现缺药时，工控机中的上药管理系统会自动弹出告警提示窗提醒补药；药剂师使用条码扫描仪扫描药品信息，并将此信息写入数据库中的上药药品表中等待直角坐标机器人上药；将药品放置在托药板上并按下操作按钮，操作命令即刻发送到直角坐标机器人的运动控制卡中，运动控制卡控制交流伺服电机使上药机械手运动到指定位置；弹仓式上药机械手中的上药步进电机带动托药板上升一个药盒的距离，拨药电机转动，拨药杆将药盒推入到储位槽中，计数传感器记数一次；计数传感器将计数信息反馈到运动控制卡中，再传输到工控机上更新数据库；以此类推，直到所有的药盒全部进入到储位槽中，最后直角坐标机器人带动机械手运动到初始位置，完成一个上药流程。

(2)自动上药控制系统设备选型

自动上药控制系统由工控机、运动控制卡、伺服电机及驱动器、传感器等组成。为满足盒装药品及部分异型包装药品自动盘点的要求，系统增加了激光测距传感器。

自动上药控制系统是基于“PC机＋运动控制器”的开放式数控系统体系结构，其通用性强、运动轨迹准确、可共享计算机的丰富资源。PC机与运动控制器构成主从式控制结构，PC机负责人机交互界面的管理和控制系统监控；运动控制器实现升降速处理、零位置信号检测及控制信号输出等功能。

1)PC机型号的选择

PC机是整个控制系统的基础平台，需要选用IPC(工业控制计算机)以保证系统长时间连续稳定运行。控制系统选用的IPC为研华IPC610H，主频3.0GHz，2GB内存，320GB硬盘，拥有4个PCI插槽，采用标准4U机箱。工控机作为人机接口主要有以下功能：运行上位机程序，实现人机交互；设置PMAC变量，调整所需参数；获取传感器信息，处理检测数据。

2)运动控制器的选择

运动控制器能够接受控制系统的定位请求信号及响应闭环信号，然后将计算所得出的运动命令送到电机驱动器中。运动控制器通常分为四种：专用数控系统控制器、通用运动控制器、具有运动控制功能的可编程控制器和单片机控制器。许多品牌的可编程控制器都可选配定位控制模块，有些可编程控制器的CPU单元本身就具有运动控制功能，可编程控制器通常都用梯形图编程，对开发人员来说简单易学，但对伺服电机高精度多轴联动、高速插补等动作实现较为困难。单片机控制器由单片机芯片及外围扩展电路组成，其成本相对较低，但单片机I/O口产生脉冲频率不高，对于分辨率高的伺服系统其控制精度有限。

运动控制器可控制多轴步进电机或伺服电机，支持多卡共用，以实现更多轴的控制。运动控制器具有开放式结构、编程方便、功能丰富及适用性强等优点。运动控制器的主控芯片可分专用运动控制芯片和DSP(数字信号处理器)。基于专用运动控制芯片的运动控制器集成度高、实时性好,但价格较为昂贵。这种运动控制器一般都是针对专用设备而设计开发的,如专用车床数控系统、切割机数控系统等。基于DSP的通用运动控制器充分利用了DSP对信号的高速处理能力,来完成复杂的运动轨迹。通用运动控制器通用性好,性价比高,使系统开发周期大为缩短。快速出药系统控制系统选择PMAC(Programmable Multi-Axis Controller)运动控制卡作为核心控制器。美国Delta Tau公司开发的PMAC卡是基于PC的开放式运动控制产品。PMAC运动控制卡使用Motorola的DSP56002作为CPU,可以同时控制128轴的复杂运动,实现128轴的完全同步运动。PMAC卡具有独立内存和独立运算能力,可以作为计算机单独使用,或者通过串口、总线两种方式与主计算机并行工作[159]。

快速出药系统中PMAC运动控制卡需要控制4个运动轴:自动上药装置中直角坐标机器人的X轴和Y轴;自动出药装置中大跨度升降机Y方向两同步轴。PMAC运动控制卡还要控制上药步进电机和拨药电机,检测各传感器信号等。综合快速出药系统的特点及性价比,PMAC运动控制卡选择4轴运动控制卡Clipper及Acc-1P扩展卡。Clipper可通过选择轴扩展卡对I/O端口及伺服通道进行扩展。Acc-1P是提供了额外的4个伺服轴通道的接口电路。

3)电机型号的选择

直角坐标机器人实现直线运动的方式有:丝杠螺母副、齿轮齿条副、同步齿型带、直线电机、导轨等。密集储药库为了实现海量药品存储,设计的体积较为庞大,要求直角坐标机器人X轴的行程较大,采用伺服系统驱动滚动导轨较为合理。

伺服驱动系统可以快速、精准地完成位置定位,常用的伺服驱动系统包括:步进电机伺服驱动系统、直流伺服系统、交流伺服系统等。步进电机是将电脉冲信号变换成线位移或角位移的开环控制元件,配合相应的位置检测元件也可以组成闭环系统。由于步进电机只有周期性的误差而没有累积误差,应用在速度、位置等控制领域实现较为简单,但在高速重载或启停阶段存在“丢步”问题,大大限制了步进电机在高速高精度数控系统中的应用。直流伺服系统中直流电机存在机械换向器和电刷,需要经常的检修与维护。交流伺服电机与普通三相交流电机相比,具有控制精度高并可实现位置的闭环控制,加速性能好,能较快对运动指令做出响应,且运行平稳。

快速出药系统的直角坐标机器人对伺服控制系统性能要求较高,要有足够的定位精度和跟踪精度,能够高精度实时执行各种运动指令。因此,选用交流伺服电机及驱动器构成直角坐标机器人伺服驱动系统。直角坐标机器人Y轴垂直方向由一个电机驱动，使上药机械手沿左右两根导轨上下运动，导轨滑块与上药机械手同步运动。上药机械手总质量$W=15\text{kg}$，可求得机械手导轨齿形带传动所需要的负载力矩。已知选定的导轨驱动轴每转1圈，滑块行进120mm，则可计算出导轨齿形带驱动轮有效直径$d_0=120/3.14=38.22\text{mm}$，得Y轴每根导轨齿形带传动所需要的负载力矩$M_{load}$为：

$$M_{load}=\frac{W_g(d_0/2)}{1000i\times 2}=\frac{15\times 9.8\times 38.22}{4000i}=\frac{1.40}{i}\text{Nm} \tag{2.9}$$

根据实际工作的需要，取沿Y方向运动的最大行进速度为$v_X=1.0\text{m/s}$，加速时所用时间$t_1=0.5\text{s}$，则Y轴最大加速度为$a_X=\frac{v_X}{t_1}=\frac{1}{0.5}=2\text{m/s}^2$。上药机械手以最大加速度向上运动所需力为：

$$F_{\text{MAX}}=W(g+a)=15\times(9.8+2)=177\text{N} \tag{2.10}$$

故每根导轨的最大负载力矩为

$$M_{\text{trans}}=\frac{F_{\text{MAX}}d_0}{2000i\times 2}=\frac{177\times 38.22}{4000i}=\frac{1.69}{i}\text{N}\cdot\text{m} \tag{2.11}$$

由样本可得每根齿形带传动导轨的空载转矩为

$$M_{\text{idle}}=0.64\text{N}\cdot\text{m} \tag{2.12}$$

综和上面的分析，联立式(2.11)、(2.12)得每根导轨的理想驱动力矩为

$$M_{X0}=M_{\text{trans}}+M_{\text{idle}}=\frac{1.69}{i}+0.64=\frac{1.69}{6}+0.64=0.92\text{N}\cdot\text{m} \tag{2.13}$$

考虑机械效率影响，取机械效率$\eta=0.85$，则：

$$M_X=\frac{M_{X0}}{\eta}=\frac{0.92}{0.85}=1.08\text{N}\cdot\text{m} \tag{2.14}$$

由滑块最大速度$v_X=1.0\text{m/s}$，导轨驱动轴每转一圈，滑块行进120mm，可得驱动轴最大转速为：

$$n=\frac{1.0\times 60}{0.12}=500\text{rpm} \tag{2.15}$$

取减速器减速比6，则电机输出转矩：

$$M=\frac{2M_X}{i}=\frac{2\times 1.08}{6}=0.36\text{N}\cdot\text{m} \tag{2.16}$$

进而求得所需的电机转速：

$$n_d=in=6\times 500=3000\text{rpm} \tag{2.17}$$

由上述计算选取Y轴电机型号为富士的GYS401DC2-T2C-B，额定功率400W，额定扭矩为1.27N·m，额定转速为3000rpm。同理计算，直角坐标机器人X轴伺服电机也可选择富士GYS401DC2-T2C-B，驱动器选择RYC401D3-VVT2，内含17位高分辨率编码器。

上药机械手中的步进电机可带动托板上升预设高度，同时配合拨药装置将药品送入储药槽。根据机械手传动特性，选取步进电机的主要指标为转速、功率及最大静转矩[160]。系统最终选用两相混合式步进电机 56BYG250D 及细分驱动器 SH-20504。

4）传感器的选择

为满足系统自动盘库的需要，在上药机械手上安装了激光测距传感器。激光测距传感器随上药机械手运动，可进行逐个储位的定位。通过反射回的光束信号计算得出测距传感器与储药槽中最后一盒药品的距离，计算出储药槽中药品数目，并与数据库中已知储药槽存储药品数量相比对，进行数据融合后得出储药槽中准确的药品数目，最终实现药品的自动快速盘点。

激光测距传感器也称为激光位移传感器，可以非接触式精确测量被测物体的位移、位置等变化。以本书为河北某妇幼保健院设计的储药库为例，其尺寸为：长 1.6m×宽 3.5m×高 2.7m，长度表示方向对应储药库中药盒长度方向，即储药库的厚度，已知滚轮拍子式储药槽倾斜角为 15°，可知储药槽长度：

$$L=\frac{1600}{\cos(15°)}=1656\text{mm} \tag{2.18}$$

储药槽为空时，激光位移传感器将探测到出药装置的挡板，最大量程大于 1656mm 即可。系统选用深圳真尚有科技 ZLDS 系列基于三角测量原理的激光位移传感器，分辨率最高 0.01%，线性度最高 0.1%，量程最小 2mm，最大 2000mm。上药计数传感器及限位传感器选择常规的对射式光电传感器，型号为 OMRON 的 E3Z-T61，检测距离 15m。

2. 自动出药控制系统

（1）自动出药控制系统工作流程

自动出药控制系统由工控机、运动控制器、可编程控制器、交流伺服电机及控制器、普通交流电机和各种传感器组成。工控机从服务器中接收到出药信息，转换成控制指令分别发送给底层运动控制卡和可编程控制器（PLC），运动控制卡控制伺服电机运动到指定位置，PLC 控制电磁铁动作，完成出药；同时计数传感器记录出药数量，反馈到 PLC 中，工控机中的管理程序读取 PLC 中的反馈信息，反馈到数据库来更新数据库；当保护传感器检测到信号时，反馈到运动控制卡中，底层所有运动程序终止。

（2）自动出药控制系统设备选型

自动出药控制系统工控机和运动控制器与自动上药控制系统共用。可编程控制器具有可靠性高、抗干扰能力强、编程简单以及易于扩展等优点，故自动出药控制系统选择可编程控制器作为电磁式出药机构的控制器。系统选择 OMRON 型号为 CP1E-N40 晶体管输出的 PLC 及扩展模块，CP1E-N40 具有 2 个脉冲＋方向输出通道，2 个高速计数器，40 个 I/O 输入输出点，可以满足系统的控制要求。

升降机的重复精度和运行速度直接影响到药房自动化仓储系统的可靠性和处理能力。升降机机械主体材质为铝材，具有柔性特点，由于升降机跨度宽、重量大、重复精度高，单电机驱动较难实现控制要求。自动出药控制系统中 PMAC 运动控制卡控制两个交流伺服电机使升降机沿 Y 方向做上下往复运动。升降机的速度要求在 0.8～1m/s 的范围内，且要求运行平稳，快速性好。升降机总质量约 60kg，根据同步带传送系统带轮的齿数计算伺服电机各参数，选择富士伺服电机 GYS751DC2-T2C，其额定功率为 750W，伺服电机驱动器选择 RYC751D3-VVT2。

将斜坡式储药库中的储药槽按行列划分，每个储药槽上装有一个电磁式出药机构。设计可以垂直运动的出药升降机，该升降机上水平分布一系列的出药计数器。升降机上水平分布的计数器可以实现“列”定位，升降机的垂直运动则可以实现“行”定位。对于“列”计数来说，传感器是复用的。出药计数传感器选用对射式光电传感器。

2.3.3 智能存取系统控制系统设计

1. 控制系统结构及工作流程

智能存取系统由多个独立回转体单元组成，回转药柜无论发药量多少，都需要回转单元整体运动。电机带动链条上的多个储箱斗做回转运动，需要很大的力矩，但大功率的伺服系统较为昂贵。满足控制精度要求的前提下，针对大功率电机拖动的位置控制系统，智能存取系统采用可编程控制器＋变频器＋交流电机实现速度调节，并利用增量式光电编码器作为位置反馈元件，实现全闭环位置控制，此方式更为经济有效。智能存取系统控制系统主要由嵌入式工控机、可编程控制器、变频器、编码器、交流电机以及各种检测传感器组成。组合智能存取系统控制系统外观图与结构图如图 35、图 36 所示。

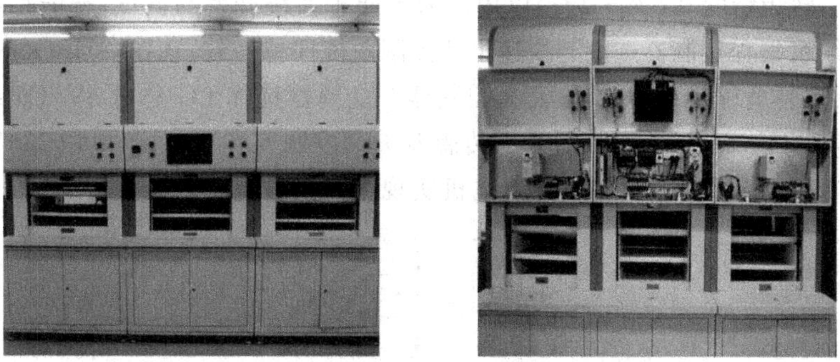

图 35　组合智能存取系统控制系统外观图

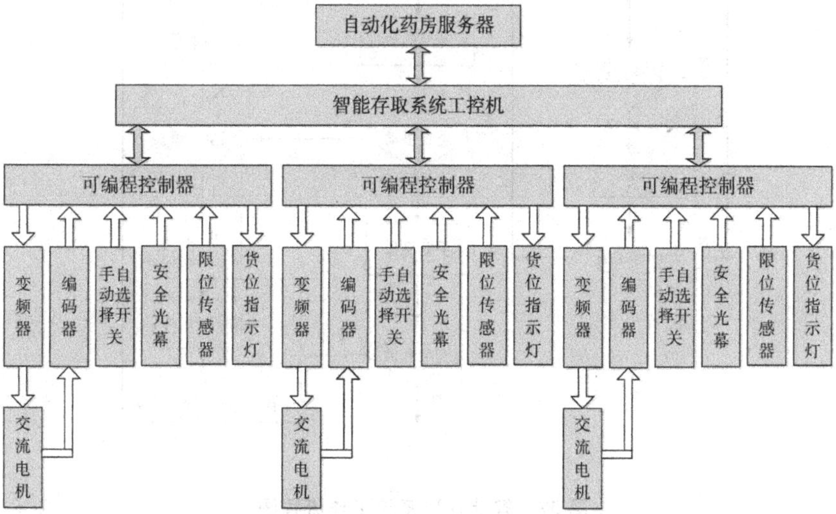

图 36　智能存取系统控制系统结构图

工控机接收到从服务器发来的出药或上药信息后，将此信息转化成控制指令发给可编程控制器，可编程控制器接收到指令控制变频器，变频器再控制交流电机运动；连接在交流电机后面的编码器检测电机位置，反馈给可编程控制器，得到电机的准确位置；零位和保护传感器连接在可编程控制器上，当保护传感器检测到信号时，反馈给可编程控制器，终止运动。智能存取系统工作流程如图 37 所示。

2. 控制系统设备选型

智能存取系统控制系统采用无速度传感矢量控制变频器配合三相异步电机的驱动方式，其定位精度取决于速度跟随性能，矢量控制变频器的性能速度跟随在负载变化情况下，可以将精度控制在 2%～5%（速度精度±

1.5%,转矩精度0.5%~1%)以内。为了便于系统开发与调试,智能存取控制系统可编程控制器选型与快速出药控制系统保持一致,选择OMRON公司CP1E晶体管输出的PLC作为主控制器。变频器选择LG公司SV iC5系列变频器,SV iC5系列变频器是无传感器矢量控制变频调速器,单相220V专用,三相输出可以控制三相交流电机实现精确定位。

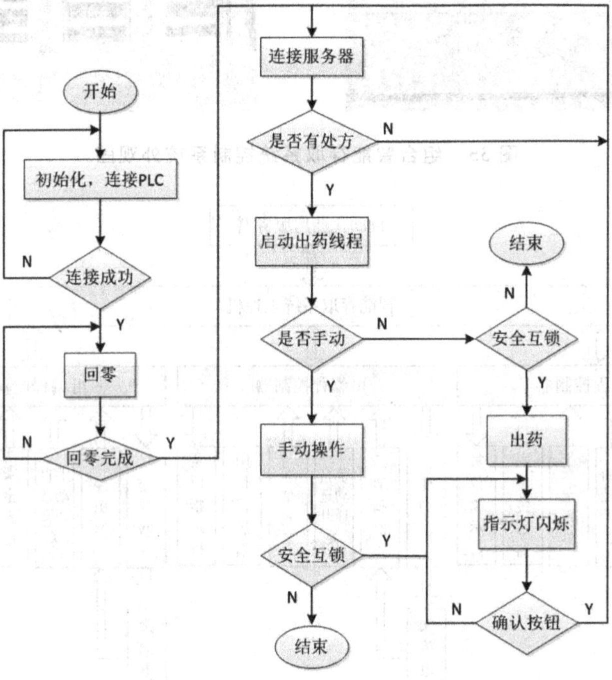

图37 智能存取系统工作流程图

智能存取系统单个独立滚筒柜内储药斗总数量确定为10个,单个储药斗的质量确定为$m_0=5$kg,单个储药斗的额定承重确定为$m_L=15$kg,则两个储药斗为空时的整机额定偏载应为$m_E=30$kg,各传动件及链条的总质量约为$m_A=60$kg。单滚筒药柜运行速度约18m/min,由此可知储药斗的在直线段的运行速度应为$v=0.3$m/s,则承载段链条的线速度也为0.3m/s。初步取加速时间为$t_a=0.7$s,可计算出链条的加速度为$a=\frac{v}{t_a}=\frac{0.3}{0.7}\text{m/s}^2=0.43\text{m/s}^2$。电机提供的驱动力$F$经分析可知,有平衡偏载$m_E$和产生加速度$a$两个方面的作用。驱动力$F$的计算公式为:

$$F=(8\times(m_0+m_L)+2\times m_0+m_A)\times a+m_E\times g \qquad (2.19)$$

代入各数据可得$F=\{[(8\times(5+15)+2\times5+60]\times0.43+30\times10\}N=398.9$N。若考虑传动带来的损失,应取安全系数为2,已知承载段上下部

链轮节圆直径为 $d=242.8\text{mm}$，可计算出同步轴上所需驱动扭矩为 $T=2\times F\times\frac{d}{2}=2\times398.9\times\frac{0.2428}{2}\text{N}\cdot\text{m}\approx95.85\text{N}\cdot\text{m}$。

已知链条线速度为 $v=0.3\text{m/s}$，则可计算出同步轴（即承载段下部链轮）的转速为：

$$n_l=\frac{1000v}{\frac{d}{2}\times2\pi}\times60r/\min=\frac{1000\times0.3}{\frac{243}{2}\times2\pi}\times60r/\min\approx24r/\min \tag{2.20}$$

选定电机额定转速为 $n_r=3000r/\min$，则所需总传动比为 $i=\frac{n_r}{n_l}=\frac{3000}{24}\approx125$，所需电机转矩 $T_r=\frac{T}{i}=\frac{95.85}{125}\text{N}\cdot\text{m}=0.77\text{N}\cdot\text{m}$。

sew 电机属于电机-减速器一体机，性能稳定，结构紧凑，抗过载能力较好。已知计算电机参数中的输出转速为 $n_i=24\text{r/min}$，输出转矩为 $T=95.85\text{N}\cdot\text{m}$。按照 sew 电机选型指南，电机许用输出转矩为：

$$T=T_{出}\times f_B=95.85\text{Nm}\times1.4=134.19\text{N}\cdot\text{m} \tag{2.21}$$

式中，$T_{出}$ 为减速电机使用转矩；f_B 为减速电机使用系数，取 1.4，则电机功率可知：

$$P=\frac{T\times n_i}{9550\times\eta}=\frac{134.19\text{Nm}\times24\text{r/min}}{9550\times0.98}=0.34\text{kW} \tag{2.22}$$

式中，T 电机许用输出转矩；n_i 为 sew 电机输出转速；η 为电机的工作效率，取 0.98。从样本中选择 sew 电机型号为 S47DT71D4，功率为 $P=0.37\text{kW}$，转速 $n_a=26\text{r/min}$，最大输出转矩为 $M_{a\max}=155\text{N}\cdot\text{m}$。

智能存取系统为半自动设备，操作人员在取药和上药时的安全保护措施是首先要考虑的问题。在药品到达后，操作人员需要伸手到出药口将药品取出，然后按下出药确认按钮之后，开始进入下一个处方的出药。因此，传感器的选择尤为重要。

检测出药口是否遮挡的传统方法是使用对射型光电传感器或扩散反射型光电传感器。扩散反射型光电传感器可检测较大的范围，但是因其为反射，无法确知遮挡物距离投光器的远近，而且可能误检测到箱斗下边缘或者挡板。对射型传感器作为安全检测传感器，存在的问题是投受光器为对射发送接收，检测角度小，投受光器的指向角度各为 3°～15°，对有效光束的遮挡范围不足而导致死区位置大，会造成故障后响应缓慢的情况，需要想办法增大检测范围。系统选用安全光幕来解决上述问题。安全光幕的一侧等间距安装有多个红外发射管，另一侧相应位置排列着红外接收管，两者安装在同一直线上。有障碍物遮挡时，红外发射管发出的调制信号光信号无法顺利到达红外接收管而输出状态异常信号。回转药柜是在转动的状态对人产生危害,则选用的安全光幕的响应速度必须快于最恶劣环境下手在回转药柜中的状态,选用安全光幕最小检测范围为30mm。

2.4 本章小结

介绍了药房自动化仓储系统总体结构方案设计,重点从机械结构设计和控制系统组成两个方面展开论述。

(1)针对之前快速出药系统的不足,改进了直角坐标机器人驱动弹仓式上药机械手实现高精度定位控制的设计方案;优化了一对一电磁翻板式出药机构,增加了楔形块构件,丰富了盒装药品的品种,实现了对盒装药品和瓶装药品同时出药。

(2)针对之前单回转体智能存取系统的不足,提出了多回转体组合智能存取系统的设计方案。为了保证组合智能存取系统滚筒药柜平动机构的运动精度,对其关键机构进行了优化设计。

(3)设计了药房自动化仓储系统控制系统结构,并对快速出药系统、智能存取系统主要控制设备进行了选型。

第3章　药房自动化仓储系统程序设计与数据库管理

药房自动化仓储系统程序设计包括管理软件、监控软件和控制软件设计三部分。管理软件对外负责与医院信息管理系统(HIS)进行信息交换，对内负责与监控软件进行信息交换，同时对业务数据以及基础信息进行管理；监控软件主要访问待处理的处方信息，向下层发控制命令；控制软件控制执行级各部件动作，快速准确的完成出药或上药操作。药房自动化仓储系统程序结构框图如图38所示。

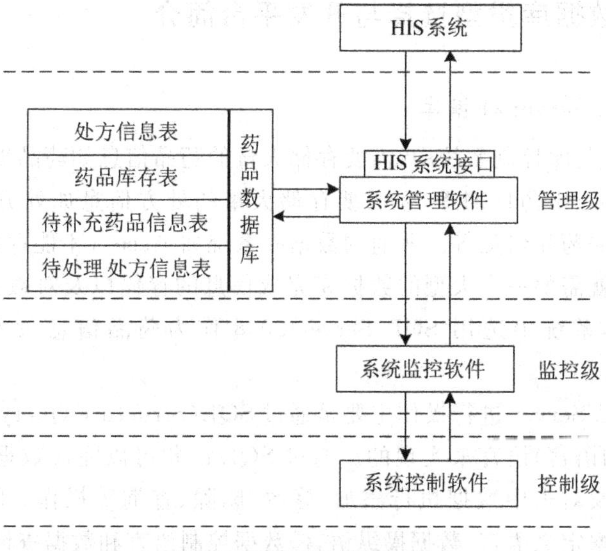

图38　系统程序结构框图

管理软件与HIS系统的数据接口由数据库操作实现，即医院直接将待处理处方发送至药房药品数据库中的处方信息表，管理软件对处方信息表中待处理处方进行处理，将处方处理结果添加到出药/上药信息表；当某种药品现有库存量小于预设的下限时，管理软件自动将该药品添加到待补充药品信息表，创建一个上药清单。管理软件根据上药清单补充药品后实时修改药品数据库中药品库存表,并更新数据库中的药品信息。

监控软件主要访问待处理的处方信息,提取处方中有用的信息进行处理,完成上药和出药的路径规划,然后调用相应的底层控制程序,实现药品的出库和入库。动作完成后,还要将数量和状态信息写入数据库,以备管理软件进行处理。同时,监控软件还要监控各个传感器的状态,并根据相应的状态调用不同的程序,以保证系统能稳定运行。

控制软件是底层硬件里面的程序,包括多轴运动控制卡运动控制程序和可编程控制器梯形图控制程序。控制级程序接收监控级发来的指令,根据上层的优化结果实现药品快速入库和出库。同时,记录运动状态信息与数量信息,等待监控软件读取。

3.1 药房自动化仓储系统数据库管理

3.1.1 数据库类型选择与开发平台简介

1. SQL Server 数据库

在立体药库控制系统中,需要存储大量的药品信息如药品编码、药品储位、药品尺寸、出药日期等,还需要存储大量的处方信息如处方号、患者姓名、处方中的药品信息等。普通的数据库系统如 Access 不能存储如此大的数据量,这就需要一个大型的数据库完成信息的存储以及对数据信息的实时操作。本系统中选用 SQL Server 2008 作为药品信息录入的数据库平台。

对 SQL Server 进行操作主要是通过 SQL(Structure Query Language,结构化查询语言)语言来实现的。通过 SQL 语句可以完成数据表的创建、删除、修改及对表中数据执行添加、修改、删除、查询等操作。SQL 具有 4 类语言:数据定义语言、数据操纵语言、数据控制语言和数据查询语言[161]。

对数据库的操作是通过操作数据库中的对象实现的。数据库对象主要有表、视图、索引、存储过程、触发器等。其中表在数据库中使用最多,每个数据库由若干表组成。存储过程是用来对数据表操作的一个过程。通过存储过程可以完成对数据表的添加、删除及查询操作。触发器是指当执行某个操作时,若达到某个条件会执行另一个操作。通过触发器可实现向一个表中插入数据的同时向另一个表插入数据,或者删除另一个表中的数据。

2. ADO. NET 开发平台

使用 C # 开发 SQL Server 数据库时需要用到 ADO. NET 组件。ADO. NET 是 . NET 连接数据库的重要组件，可以方便地访问数据库。它相当于是连接数据库应用程序和数据源的一个桥梁。ADO. NET 连接数据库主要使用 ADO. NET 中的 5 个类。

（1）数据库连接类，主要用来连接数据库。如果连接 SQL Server 数据库，可以使用 SqlConnection 类。SqlConnection 类包含在 System. Data. SqlConnection 的命名空间中。

（2）数据库命令类，主要用于对数据库的添加、删除、修改、查询等操作。连接 SQL Server 数据库，可以使用 SqlCommand 类。

（3）数据库读取类，主要用于读取执行数据操作后返回的数据结果。在使用时为 SqlDataReader 类。数据库读取类只在数据库处于连接状态时才可使用。

（4）数据集。DataSet 类，其相当于一个虚拟数据库，该虚拟数据库中包含了多种数据表。在数据库处于断开的连接状态时，可以从数据集中继续存取数据，只是数据并没有存放在数据库中，而是存放在该数据集中。

（5）数据适配器类，即 SqlDataAdapter 类，通过数据适配器可以将数据库中的数据存放到数据集中。

3.1.2　数据库操作实体关系模型

药房自动化仓储系统通过 SQL Server 数据库对药品信息、处方信息等进行管理。药品信息、处方信息等是以数据表的形式存放在数据库中的。在对数据库设计之前，需要对操作实体如药品、处方等进行分析，通过绘制 E-R 图（Entity Relationship Diagram，实体—联系图），可以清楚地表示各实体的属性及实体之间的关系。

1. 药品实体属性图

药品实体的属性包括药品编码、药品名称、药品产地以及生产日期等，这些属性表明了药品的基本信息。药品实体属性图如图 39 所示。

2. 药品储位实体属性图

药品储位即存储不同药品的储药盒的位置，其实体属性包括储位编码、药品编码、储位容量、药品数量和储位缺药数量等。储位实体属性图如图 40 所示。

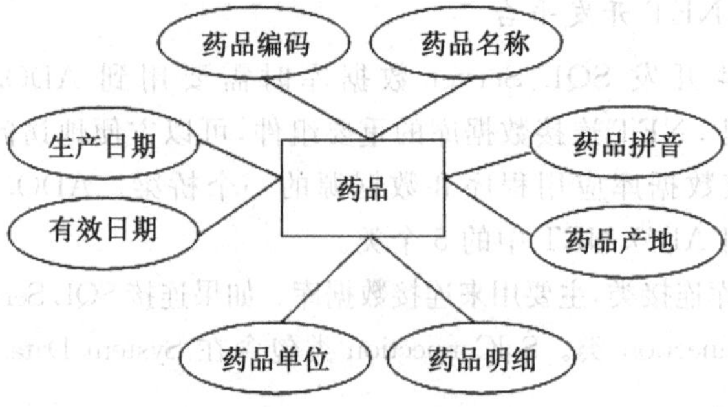

图 39　药品实体属性图

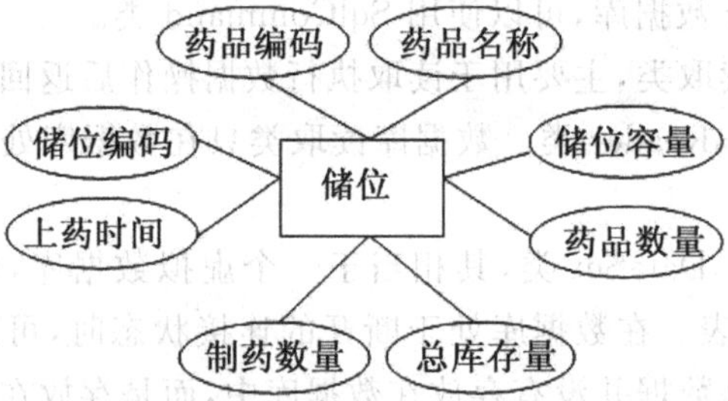

图 40　储位实体属性图

3. 患者实体属性图

患者实体属性包括患者姓名、患者性别、所患病情和看病时间等。患者实体属性图如图 41 所示。

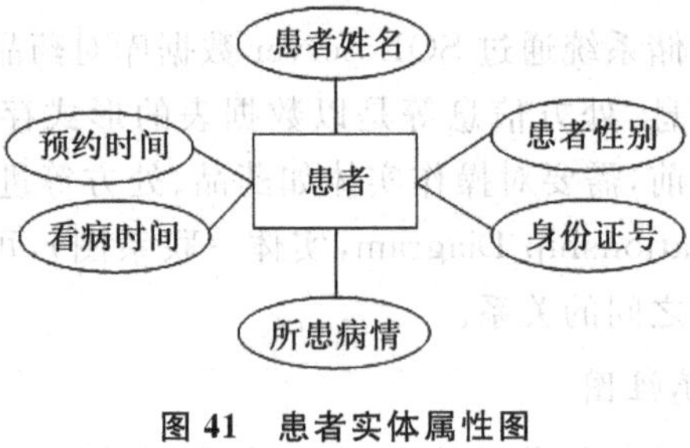

图 41　患者实体属性图

4. 处方实体属性图

处方实体属性包括处方号、药品编码、开方时间等。处方实体属性图如图 42 所示。

5. 数据库操作实体 E-R 图

E-R 图表示实体间的关系，提供了表示实体类型、属性和联系的方法。如一个储位存放一种药品，而一种药品可以存放在多个储位中；一个处方中可以有多个药品,一个药品可以存在于多个处方中;一个处方只能给一个患者,一个患者则可以开多个处方。数据库操作实体 E-R 图如图 43 所示。

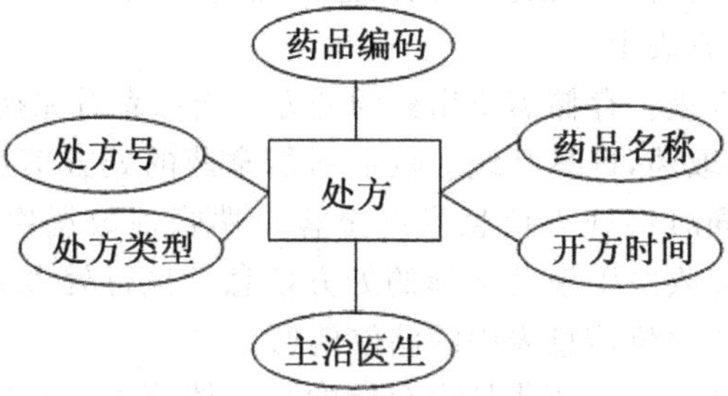

图 42　处方实体属性图

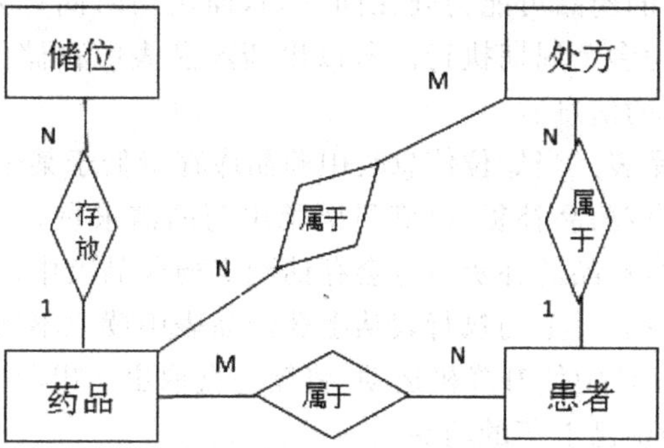

图 43　数据库操作实体关系

3.1.3　数据库数据表设计

通过绘制 E-R 图可以清楚地表示各实体的属性和实体间的关系。根据药房自动化仓储系统工作流程及实体属性,需要建立以下各种数据表以实现对药品信息和处方信息的管理。

(1)药品信息表。药品信息表存储药品的各种属性,用来查询药库中所有药品的信息。每隔一段时间,本地数据库会向 HIS 系统发送请求,要求更新药库中药品信息。

(2)储位信息表。储位信息表存储每个储位的信息。一个储位只能存储一种药品,每种药品可以有多个储位。储位信息表与药品信息表通过药品编码相联系。在得知储位信息后可以查询该储位的药品,也可以根据该药品的药品编码查询具体的药品信息。同样地,在得知药品的信息后,可以根据药品编码查询药品所在药库的位置。

(3)划价处方表。在 HIS 系统客户端,医生给患者开完处方后,会向

HIS系统存储该处方信息，同时将该处方信息发送到划价处方表中。划价处方表中可以存放多个处方信息，每个处方都有一个唯一的彼此不同的处方号。医生在取药时可以根据不同的患者选择不同的处方，并将该处方信息发送到执行处方表中。

(4)执行处方表。存储需要出药的处方。当患者看完病开完处方后，拿着医疗卡去药房取药，HIS系统会读取所需拿药的处方信息并将其存储到医院服务器中，同时将处方信息发送至客户端管理数据库执行处方表中。另外，该表可以接收医生手动选择的处方信息。执行处方表会根据处方中的药品编码，读取储位信息表中的储位信息。

(5)出药药品表。出药药品表存储的是立体药库运行时正在出药的药品信息。该表由客户端管理软件操作，与HIS系统没有接口关系。因为处在执行处方表中的药品可能会处在同一列，而出药时同一列的药品不能同时取出，而是分为多个周期执行。所以出药药品表中存储的药品信息为不同行不同列药品的信息。

(6)上药药品表。当储位信息表中药品库存量低于某个值时，上位机会提醒工作人员对该药品补货，以满足医院出药的需求量。工作人员会根据缺货的药品补货，药品的补货信息会存储到上药药品表中。

(7)上药执行表。上药执行表从上药药品表中读取不同列的药品信息，并发送到底层PLC中使升降机运动，将储药盒取出。出药完成后触发器会删除上药药品表中已上药的药品。

(8)出药药品备份表。出药药品备份表存储已经出过药的药品信息。通过该备份表，可以随时查询出药记录，并可打印出药药品的信息。

(9)上药药品备份表。该表存储的是已经补货的药品信息。通过该备份表，可以随时查询上药记录，并可打印上药药品的信息。

各数据表之间的关系如图44所示。

3.1.4 数据库触发器设计

触发器是由T-SQL语言编写的一种特殊的存储过程，存储在SQL Server服务器中。触发器通常在特定数据表中进行插入、删除或修改数据时触发执行。存储过程的调用和触发器本身的调用有所不同，存储过程由用户、应用程序、触发器或其他过程调用，而触发器只能由特定的事件来触发。当触发器的类型与指定的事件相匹配时，触发器被触发，其他情况下触发器不会被激发。触发器的作用及在药房自动化仓储系统中的应用如下。

(1)可基于数据库中的数据来限制用户的操作，也可基于数值使用户具有操作数据库的某种权力，例如当某个储位处在使用状态时，不允许进行删除该储位药品数量的操作。

(2)触发器可以对数据库中相关的表进行连环更新。

(3)自动处理数据值。如某药品的库存低于限值则立即向管理人员发送上药提示。

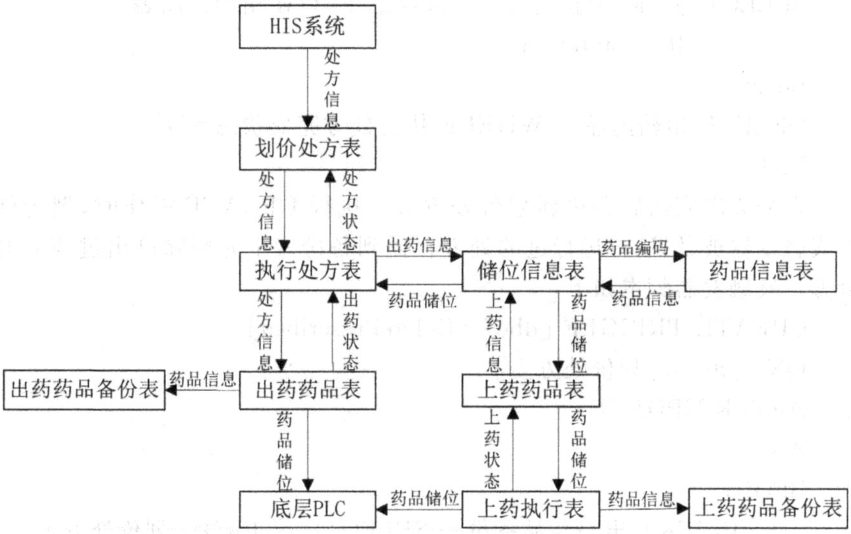

图 44　数据表之间关系图

触发器分为以下 3 类。

(1)DML 触发器。即数据操纵语言触发器,包括 AFTER 触发器和 INSTEAD OF 触发器。对表执行 INSERT、UPDATE、DELETE 操作时,会触发 AFTER 触发器并执行相应动作。

(2)DDL 触发器。即数据语言触发器。当执行 CREATE、ALTER、DROP 操作时会激发该触发器。

(3)CLR 触发器。可以使用任何 .NET Framework 语言来创建 CLR 触发器。CLR 触发器可以引用 INSERTED 和 DELETED 表中的数据,确定因 UPDATE 操作而修改了哪些列,访问有关执行 DDL 语句所影响的数据库对象的信息。

在药房自动化仓储系统数据库操作中,需要对多个数据表建立触发器。当患者取药时,HIS 系统将需要出药的药品插入到执行处方表中。由于处方中存在同一列的药品,但系统并不能将同一列的药品同时取出,而是分不同的取药周期依次取出,因此出药药品表中触发器的作用是从执行处方表中读取不同列的药品,并删除执行处方表中已出过的药品。其中删除已出药品触发器结构如下:

ALTER TRIGGER [dbo].[DeleteMed]

```
ON  [dbo].[出药药品表]
AFTER UPDATE
AS
Declare @state varchar(5)
SELECT @state=执行处方完成状态 FROM 出药药品表
        IF @state='1'
Begin
DELETE 出药药品表 WHERE 执行处方完成状态='1'
End
```

在处方出完药后会更新划价处方表。执行 UPDATE 操作时，划价处方表触发器被激发，将运行过的处方存储到备份表中并删除已出过药品的处方。其触发器脚本如下：

```
CREATE TRIGGER [dbo].[DeletePrescribed]
ON  [dbo].[划价处方表]
AFTER UPDATE
AS
BEGIN
    INSERT 出药药品备份表 SELECTE * FROM 划价处方表
    WHERE 执行处方完成状态=1
      DELETE 划价处方表 WHERE 执行处方完成状态=1
END
```

上药时医生将所需上药的药品信息输入到上药药品表。而上药药品表中的药品并不是不同列不同行的药品，因此上药的时候，需要上药执行表中的触发器从上药药品表中读取不同列的药品位置信息，然后将该信息发送到底层控制程序。一个周期运动完成后上药药品表会删除已上过的药品信息。其触发器结构与出药药品表触发器相似。

3.2 药房自动化仓储系统与 HIS 系统交互

3.2.1 HIS 系统简介

HIS(Hospital Information System)即医院管理信息系统，是将医院的管理思想、各职能部门业务流程与计算机技术完美结合，它是面向大中型医院应用的完整通用系统，是实现数字化医院建设的全面解决方案[162]。HIS

系统由多个子系统组成，如划价收费系统、药库管理系统、住院管理系统等。这些系统可以实现患者挂号预约、医生就诊、处方管理、药品入/出库管理及信息查询等功能。HIS 系统可以提供全面准确的各种数据，减轻医院事务性工作人员的劳动强度，提高医院各项工作的效率和质量，改善经营管理，最大限度地兼顾病人和医院各方利益。

20 世纪 60 年代初，西方发达国家便开始了 HIS 系统的研究。美国麻省总医院开发的 COSTAR 系统就是 20 世纪 60 年代初开发应用并不断完善至今的 HIS 系统[163]；70 年代，美日欧各国的医院纷纷开发自己的 HIS 系统；80 年代初，国内一些医院开始应用一些小型的计算机管理软件。80 年代中期，国内较大规模的医院也开始创建自己内部的局域网，并应用基于不同部门的计算机管理系统；进入 90 年代，各类医院开始应用适合自己的 HIS 系统，各医院的 HIS 系统也就千差万别。

3.2.2　药房自动化仓储系统与 HIS 系统接口设计

虽然国内开发医院信息系统软件的公司不胜枚举，但在功能和稳定性上真正成熟的并不多，且各公司开发的 HIS 系统千差万别。由于我国的 HIS 系统还没有统一的国家标准或行业标准，因此各类医院的 HIS 系统数据库各不相同。为了适应不同医院的 HIS 系统数据库，药房自动化仓储系统管理软件设计时需要针对不同的 HIS 系统数据库，专门设计相应的 HIS 系统接口程序。

为提高系统的可靠性，在 HIS 系统的接口程序中采用了冗余设计，主要形式有以下三种。

(1)医院 HIS 系统将数据信息插入管理系统的接口数据表，服务器接口程序执行状态反馈给 HIS 系统。

医院 HIS 系统通过数据库访问，将数据信息插入快速出药系统的接口数据表，服务器接口程序将快速出药系统执行的状态通过 HIS 系统数据库的映射表反馈给 HIS 系统。服务器接口程序的信息流是从系统数据库向 HIS 系统数据库的单向流动。该方式对医院 HIS 系统要进行相应修改，需要和不同院方信息部门充分协商，而对于服务器接口程序相应的修改量较小。这种模式适用于需要系统反馈的大中型医院药房。

(2)管理系统读取医院 HIS 系统数据库数据信息，并将系统的执行状态反馈给 HIS 系统。

服务器接口程序访问医院 HIS 系统数据库的映射表，取得访问结果记录集，然后将数据信息插入管理系统的接口数据表。服务器主程序在经过对出药信息的处理后，服务器接口程序再访问医院 HIS 系统数据库，将系统执行的状态通过 HIS 系统数据库的映射表反馈给 HIS 系统。这样服务器接口程序的信息流是从 HIS 系统数据库向系统数据库以及系统数据库向 HIS 系统数据库的双向流动，医院 HIS 系统只需要将处方信息插入 HIS 系统数据库的映射表，而不必对快速出药系统数据库进行访问。因此，这种模式适用于需要系统反馈的中小型医院药房。

(3)管理系统读取医院 HIS 系统数据库数据信息，系统的执行状态无需反馈给 HIS 系统。

服务器接口程序访问医院 HIS 系统数据库的映射表，取得访问结果记录集，然后将数据信息插入快速出药系统的接口数据表，医院 HIS 系统只需要将处方信息插入 HIS 系统数据库的映射表，服务器接口程序便可获得医院药房的出药信息，然后将数据信息插入快速出药系统的接口数据表，系统服务器主程序在经过对出药信息的处理后，发送控制指令给快速出药系统下位机，从而控制机械本体按照指定规划执行。药品配送完成后，系统执行的状态无需反馈给 HIS 系统，对服务器接口程序的修改量较小，这种模式适用于不需要系统反馈的中小型医院药房。

3.2.3 HIS 系统模拟软件设计

在药房自动化仓储系统中需要对系统进行安装、调试及运行改进，模拟医院的实际出药流程，测试系统的可靠性。由于完整的 HIS 系统管理模块较多，结构复杂，完全是针对医院的需求而设计的，因此为了模拟医院实际运行情形，设计了简单的模拟软件以实现 HIS 系统部分管理功能，达到实际测试的要求。模拟软件主要由两个部分组成，一部分是医生客户端软件，一部分是药房客户端软件。

医生客户端软件面向主治医生，为医生提供良好的界面服务。该客户端软件主要负责医生对处方的选药、患者信息的录入等。当医生为病人开完处方后，软件会自动将处方信息存储到本地数据库划价处方表中。医生客户端软件界面如图 45 所示。

药房客户端软件面向药房工作人员，为工作人员提供已开处方的信息查询、处方的选择等功能。当工作人员选择需要出药的处方后，软件会将该处方信息发送到本地数据库执行处方表中,同时将划价处方表中已出过药品的处方删除。药房客户端软件界面如图46所示。

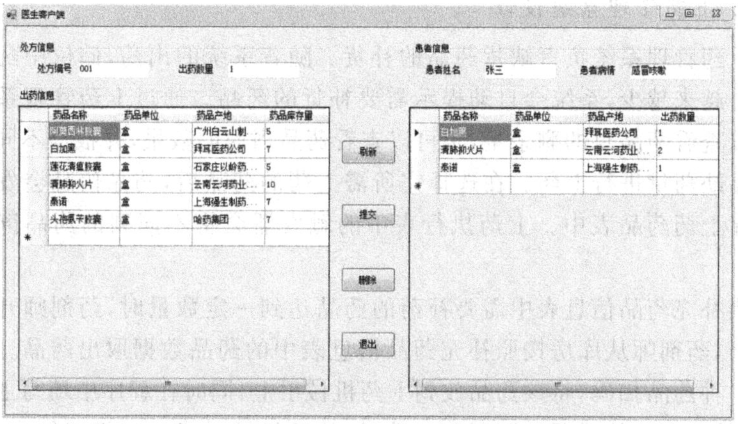

图45 医生客户端软件界面

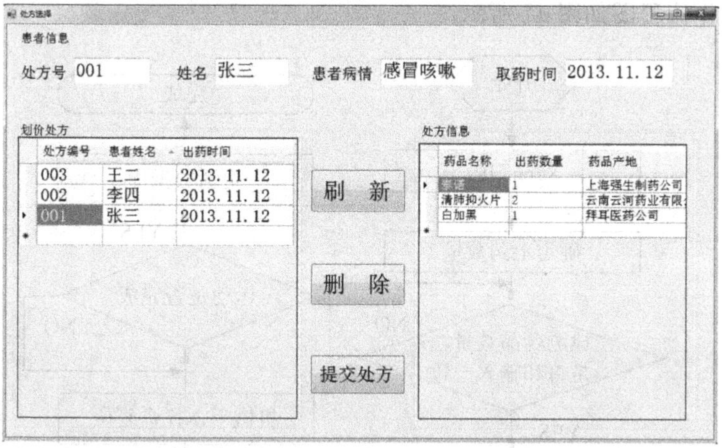

图46 药房客户端软件界面

3.3 药房自动化仓储系统监控程序设计

3.3.1 快速出药系统监控程序设计

快速出药系统监控程序设计包括上药管理系统设计和出药管理系统设

计两部分内容。上药管理系统负责缺货药品的补货，出药管理系统负责所需药品的出库管理。

1. 上药管理系统设计

上药管理系统负责缺货药品的补货。随着系统的出药，储位中药品的数量会越来越少，系统会自动提示需要补货的药品。通过上药管理系统界面可以查看药品总的剩余量，也可以查看药品当前的数量，并根据不同储位的药品缺药量进行上药。在选择完所需上药的药品后，药品信息会发送到数据库上药药品表中。上药执行表中的触发器会将不同列的药品读入该表中。

当补充药品信息表中需要补药的药品达到一定数量时，药剂师开始着手补药，药剂师从库房按照补充药品信息表中的药品数据取出药品。取要上的一种药品扫码，将该药品放到上药机械手上，同时在程序中填写上药数量；机械手上的传感器检测到药品数量，然后机械手运动到指定储位，开始上药并计数；当整个上药流程完成后，机械手和托盘复位，程序更新数据库。上药工作流程图如图 47 所示。

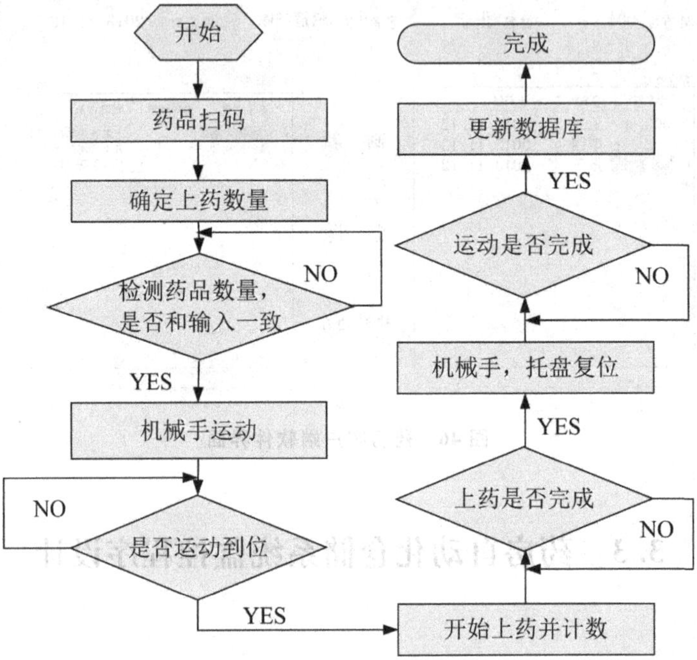

图 47　上药工作流程图

快速上药管理系统主要由基础设置、业务设置、储位管理和退出系统四个部分组成，上药管理系统主界面如图 48 所示。

上药管理系统中的基础设置主要对储位类型进行设置，如储位的宽度、储位高度和储位的状态。业务管理主要包括入库管理和药品信息管理。入库管理也称上药管理，即药品由机械手运送到储位的过程。药品信息管理功能可以保证药品在更换时候，由于不是同一批的药品，可能在长度、高度、产地等信息上有不同，在该处可以进行修改，也可用于向药房数据库中加入新药品。

图48 上药管理系统主界面

2. 出药管理系统设计

出药管理系统负责所需药品的出库管理。HIS系统接口接收需要出药的处方后，处方信息会发送到数据库执行处方表中。当出药管理系统检测到执行处方表中有处方时，出药管理系统将处方信息提取出来，并将处方中的药品储位信息按层从高到低排列；根据排列好的储位坐标，将电磁铁的行列信息提取出来，并与该储位出药数量一一对应；控制传送带运动，准备传送药品；控制升降机运动到指定层，出该层的药品，该层药品取完后，运动到下一层继续执行，直到所有药品都执行完成；控制升降机运动到出药口，控制翻板运动；检测翻板运动完成，控制传送带停止运动。出药工作流程如图49所示。

快速出药管理系统主要工作为输入药方工作。该处采用模拟HIS系统插入处方，为系统测试使用。插入处方界面如图50所示。在插入药方后，出药系统可以自行动作，出药电磁铁动作，释放药品到达升降机皮带上，运送至出药口。该系统方便快捷，为快速准确地出药提供了保障。

在插入处方界面中，主要包括显示区域、操作区域和显示区域三个部分。该插入处方界面是快速出药系统和智能存取系统共用的一套处方提交系统。药品提交后，快速出药系统和智能存取系统会联动，各自取出本系统内的药品。根据用户需求，快速出药系统可在药房出药时提供多种的出药模式。出药模式应用程序界面如图51所示。

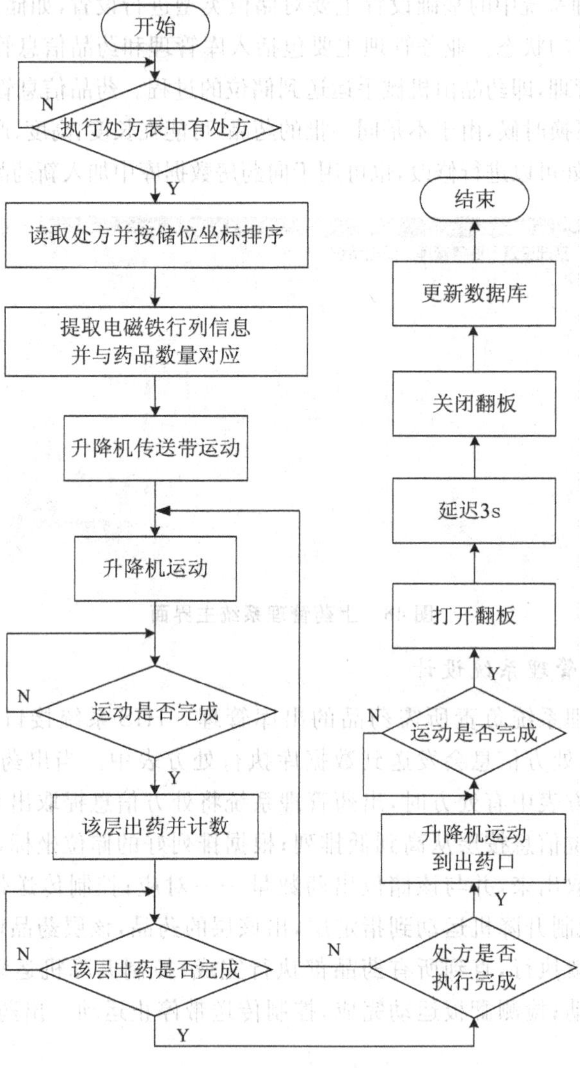

图 49　出药工作流程图

当药房中同一种药品有不止一个储位时，不同的出药模式会有区别。出药模式规则：

(1)低层优先：默认的出药模式，该模式下药房将优先选择储位号小的储位出药。

(2)高层优先：该模式下药房将优先选择储位号大的储位出药。

(3)有效期近/远优先：该模式下药房将优先选择储位有效期最近/远的储位出药，该模式需要上药时输入药品的有效期后才有效果。未输入药品有效期的储位将默认为有效期最近的储位，在有效期近优先时会最先出，否则反之。

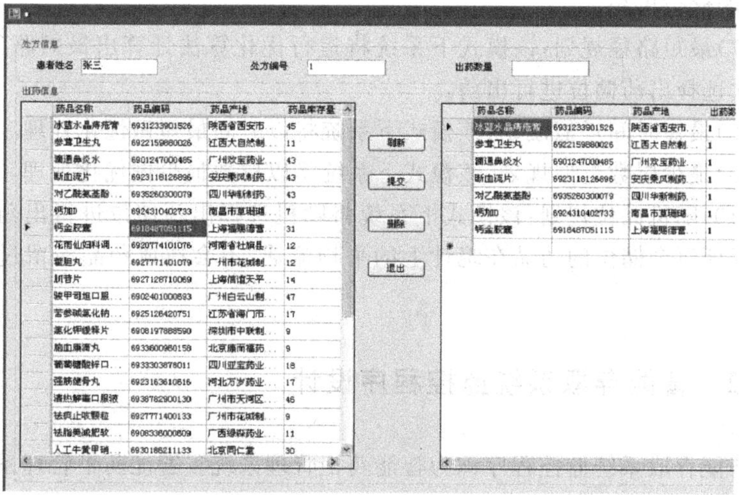

图50　插入处方界面

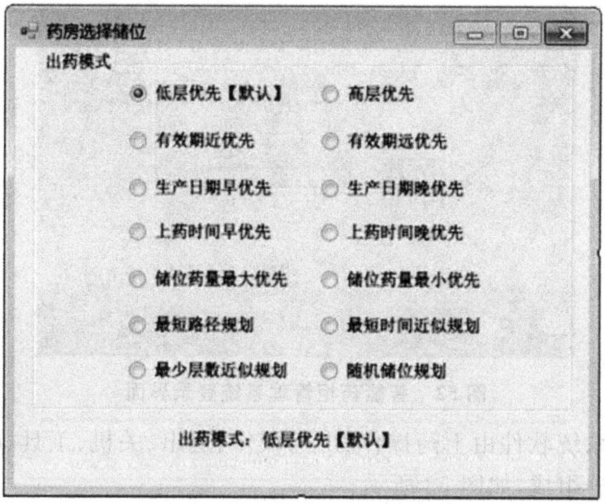

图51　药房出药模式选择

(4)生产日期早/晚优先：该模式下药房将优先选择储位生产日期最早/晚的储位出药，该模式需要上药时输入药品的生产日期后才有效果。未输入药品生产日期的储位将默认为生产日期最早的储位，在生产日期早优先时会最先出，否则反之。

(5)上药时间早/晚优先：该模式下药房将优先选择储位上药时间最早/晚的储位出药，上药时系统会自动为储位记录上药时间，无需手动输入。

(6)储位药量最大/最小优先:该模式下药房将优先选择储位药量最大/小的储位出药。

(7)最短路径规划:该模式下系统将运行优化算法计算出最短路径,然后依次选择出药储位进行出药。

(8)最短时间近似规划:该模式下系统将以时间最短做优化处理。

(9)最少层数近似规划:该模式下系统将以层数最少做优化处理。

(10)随机储位规划:该模式下系统将随机选择出药储位进行出药。它可以保证每个储位的药品在统计上的平均流通,不会造成药品滞留过期的现象。

3.3.2 智能存取系统监控程序设计

智能存取系统监控程序称为智能药柜管理系统。智能药柜管理系统登录软件输入界面主要由账号、密码、关机及键盘组成,登录界面如图 52 所示。

图 52 智能药柜管理系统登录界面

主界面系统软件由上药操作、出药操作、退出、关机、工具、时钟和版权声明 7 个部分组成,如图 53 所示。

上药操作主要负责上药功能,点击上药按键,进入到上药管理界面,如图 54 所示。

上药管理界面主要分为上药清单、上药记录和药品信息三个部分。

(1)上药清单,显示的信息主要为药品名称、药品缺货量、药品产地和药品编码等。其中药品储存量根据其药柜占有位置和数量有一定的限额,因此,缺货量有最高限额。

(2)药品信息,主要为即将上药的药品名称、数量等信息,在输入上药数量后,即可以点击右下方的提交清单功能。在药品上完之后,数据库将进行自我更新，若已补充达到最大缺货量，该药品将不再显示。

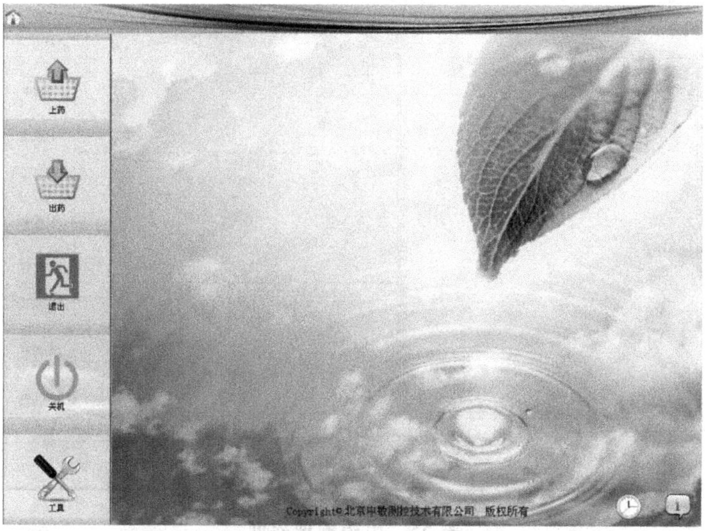

图 53　智能药柜管理系统主界面

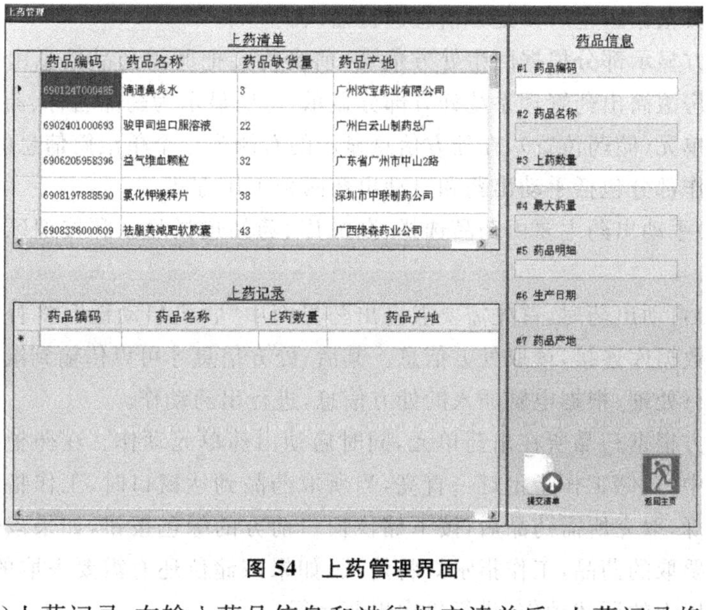

图 54　上药管理界面

(3)上药记录，在输入药品信息和进行提交清单后，上药记录将记载所有该次所上药品名称和数量等信息。

出药管理界面主要分为患者信息显示部分、处方显示部分、操作部分三个主要框架，如图 55 出药管理界面所示。

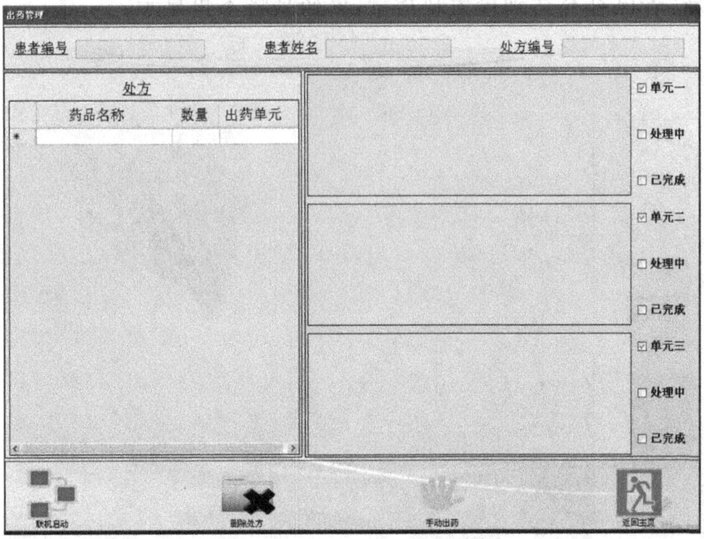

图 55 出药管理界面

患者信息部分主要分为患者编号、患者姓名和处方编号，这些信息将由操作人员根据医生所开处方信息进行输入。

处方显示部分根据医生处方信息，前台将会把所需药品信息由电脑传入到药房滚筒出药管理系统处方部分显示，主要显示为药品名称、药品数量和出药单元(储药位置)，在处方信息显示的右侧为三个单滚筒信息的显示。

操作部分包括手动出药和自动出药两种工作方式。

(1)手动出药主要由药品选择、药品库、药品选择显示和按键区四个部分组成。

(2)自动出药时，首先需要点击出药界面中“联机启动键”，将智能存取设备和数据库连接，读取处方信息。其后，处方信息才可以传输到滚筒柜控制器进行处理，根据电脑插入的处方信息，进行出药动作。

处方根据药品所在出药单元，同时启动出药单元动作。在药柜进行运行过程中，药储工作指示灯一直亮，当所取药品到达窗口时，工作指示灯将进行闪烁，取完所需药品后，按下储位窗口前方的绿色按钮，如果该储位没有再需要取的药品，工作指示灯将熄灭，如果该储位还有需要去取的药品，将进行以上的所述动作，进行再次出药运行。

自动上药管理界面，在药品上完后，处方区域的药品信息字的颜色将由黑色转变为蓝色，界面右侧将会提示每个储位的完成情况。至此，一个处方处理完毕，如后面有新的处方出现，将会重复上述动作，完成药品自动管理功能。

3.4　药房自动化仓储系统控制程序设计

3.4.1　快速出药系统控制程序设计

快速出药系统控制程序设计包括 PMAC 运动控制卡控制程序设计与可编程控制器 PLC 控制程序设计两部分组成。PMAC 运动控制卡控制程序设计又分为两部分：实现自动上药装置中直角坐标机器人驱动上药机械手位置控制、药盒步进及拨药动作控制等功能；实现自动出药装置中升降机双伺服电机同步运行等功能。PLC 控制程序需要实现的功能包括：自动出药装置中电磁式出药机构控制、传感器检测信号读取及已出药品传送驱动等。

1. PMAC 控制程序设计

PMAC 控制程序可分为 PLC 和 PMC 两种：PMAC 的 PLC 程序用于执行与运动不同步的操作；PMAC 的运动程序 PMC 使电机按照程序顺序运行。PMAC 的 PLC 程序与可编程逻辑控制器的梯形图程序十分类似，故命名之。PMAC 编程时有 I、Q、P、M 四大变量可用：I 变量是电机和编码器等的参数变量；Q、P 变量为通用的用户变量；M 变量为指针变量。

(1)PMAC 初始化设置

PMAC 工作前需要进行初始化设置。

1)伺服时钟频率控制

伺服时钟频率由 I 变量中的 I900、I901 和 I902 设置决定。在伺服时钟的每个循环过程中更新指令位置，并闭合所有电机的速度环和位置环。

2)硬件时钟频率

I 变量中 I903 确定 1～4 接口通道的四个硬件时钟信号的工作频率：编码器采样时钟 SCLK、数模转换时钟 DAC-CLK、模数转换时钟 ADC-CLK 及脉冲频率调制时钟 PFM-CLK。

3)硬件通道信号

I9n0 确定 n 通道编码器反馈形式，对于正交编码器设置为 3 或 7 则可以提供 4 倍解码频率。I9n6 确定 n 通道输出模式，I9n6 设置为 0 时表示此通道以 PWM 模式输出。

4)电机控制

需要控制多台电机时，可以通过 I 变量实现控制，I 变量序号的百位数字对应着电机的序号。Ix00 决定了电机是否处于激活状态,PMAC 无法对未激活电机进行位置伺服计算和轨迹计算;Ix02 用来确定指令输出地址;Ix03 能确定位置环反馈地址;Ix04 确定速度环反馈地址;Ix25 确定电机限位标志、回零标志及放大器故障标志的地址;Ix29 确定 DAC 模拟量输出的微调;Ix69 确定模拟量的输出范围等。

(2)PMAC 上药控制程序实现

上位机发送上药控制指令给 PMAC 运动控制卡,PMAC 控制伺服电机使直角坐标机器人上的上药机械手运动到指定位置,开始上药操作。PMAC 卡的 JMACH1 通道实现对 X 方向和 Y 方向伺服电机的控制,JMACH2 通道扩展 SS11 接口来接收传感器输入信号以判定零位和限位信息,JHW 通道控制步进电机带动托板送药。PMAC 卡和伺服驱动器连线如图 56 所示。

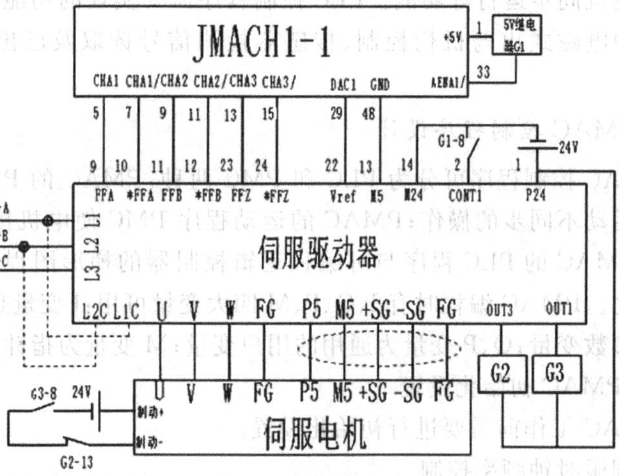

图 56 PMAC 控制伺服电机驱动器接线图

伺服驱动器 FFA 和 FFA * 引脚为 A 相脉冲输出,对应连接到 JMACH1 的 CHAn+和 CHAn−引脚上,B 相和 C 相按此方式连接后,电机的编码值就可以反馈到 PMAC 中;连接驱动器 CN1 的输入模拟量速度命令 Vref 和 M5,可以控制电机的转速;驱动器的 CONT1～CONT5 为输入控制,本系统定义 CONT1 为伺服启动;OUT1 信号输出表示伺服准备完成,OUT3 信号输出表示伺服故障报警。利用 PMAC 卡的手轮通道 JHW 控制步进电机驱动器。

伺服电机驱动机械手到预设位置程序如下:

```
&1
#1->625.7Y    ;Y 轴坐标值
#2->505X      ;X 轴坐标值
```

```
OPEN PROG 13
CLEAR
ABS            ;工作在绝对坐标模式下
LINEAR
TA 50          ;设定加速时间 Ta=0.05s
TS 20
F 800          ;设定伺服电机运行速度
LINEAR X(P55) Y(P56)
P55=0
P56=0
CLOSE
```

(3)PMAC 出药控制程序实现

系统应用环境为医院，干扰源相对较少，采用并联式控制结构实现升降机的同步控制更为稳定高效。在升降机双伺服电机同步运行中，有两方面因素影响运行性能：一是两个相对独立的电机运行回路分别受到扰动时，会影响同步运行的性能；二是两台电机之间存在着机械耦合，不能达到完全同步。针对这两方面因素，本书在运动控制算法的设计上采取 45°斜线轨迹线性插补运动方法来提升系统的同步运行性能。线性插补是通用运动控制器实现高精度控制的基本手段。编写同步控制程序时，将升降机同步运动坐标系中两运动轴定义为 X 轴和 Y 轴，使用 PMAC 卡中 LINEAR 指令使 X 轴和 Y 轴分别按照 45°斜线轨迹进行线性插补运动，如图 57 所示。

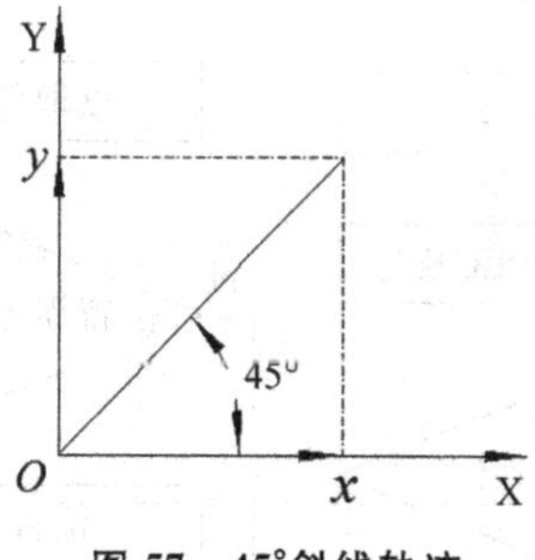

图 57　45°斜线轨迹

设计 PMAC 下的 PLC 程序，实时监控两台电机反馈回的码盘值，利用两电机的同步位置误差作为偏差给定，返回到两电机的指令通道实现误差补偿，从而提高升降机的位置重复精度。同步运动程序流程图如图 58 所示。

PMAC 同步程序：

```
&1
OPEN PROG 16            ;16 号运动程序
```

```
CLEAR
LINEAR ABS                  ;设置线性插补、绝对运动模式
TA500                       ;设置 500ms 的加速时间
F1000                       ;设置速度为 1m/s
LINEAR X(-P1)Y(-P1)         ;P1 保存目标位置坐标
ENABLE PLC 12               ;使能 12 号 PLC 程序
While(M133 = 1)             ;等待 1#电机停止运动
EndWhile
DISENABLE PLC 12
CLOSE
PLC 偏差补偿程序：
&1
M162->D:MYM002B             ; #1 电机实际位置(1/[Ix08 * 32]cts)
M262->D:MYM0067             ; #2 电机实际位置(1/[Ix08 * 32]cts)
OPEN PLC 12
CLEAR
P10=M162/3072               ;P10 保存#1 电机实际位置
P20=M262/3072               ;P20 保存#2 电机实际位置
```

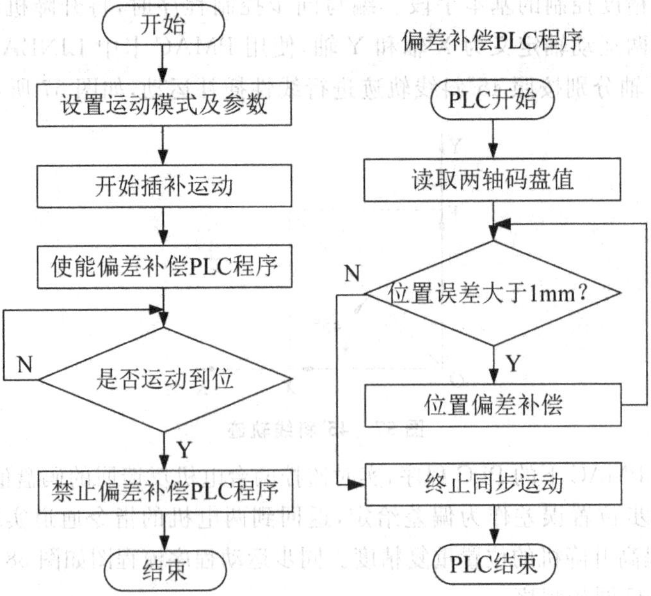

图 58　同步运动程序流程

```
P30= P10-P20                ;P30 保存两电机位置偏差
```

```
IF(P30＞512)
AND(P30＜－512)
cmd"&1a"              ;偏差大于1mm,终止&1坐标系中所有电机运动
EndIf                 ;其中1mm相当于512个码
ELSE
IF(P30＞0)
cmd"＃1j:-P30"        ;如果＃1电机位置落后＃2电机位置,补偿＃1电机
EndIf
IF(P30＜0)
cmd"＃2j:-P30"        ;如果＃2电机位置落后＃1电机位置,补偿＃2电机
EndIf(这些分号是不是应该中文形式)
```

2. 可编程控制器控制程序设计

OMRON PLC编程软件为CX-Programmer,编程语言采用梯形图。在梯形图编程中,程序由不同功能的程序段组成,每个程序段由一条条的梯形图语言组成。PLC程序按照从上到下、从左至右的顺序依次执行。

上位机与PLC的通信是通过RS485。PLC通信遵守MODBUS协议。数据按照固定的帧格式进行传输,无论上行还是下行报文,帧格式都为:报头＋机号＋命令＋起始地址＋长度＋FCS校验＋报尾。上位机通过向PLC的DM区写入数据执行相应的操作。

可编程控制器控制程序实现的功能包括:药品传送机构的驱动,控制皮带电机和翻板电机启停;传感器检测信号读取;电磁式出药机构控制。皮带电机和翻板电机为普通交流电机,可编程控制器的梯形图编程较易实现控制,电机控制梯形图如图59所示。

传感器检测信号直接接入可编程控制器即可实现信号读取,电磁式出药机构控制较为复杂。斜坡储药库结构设计的目的是做的盒装药品的密集存储。为了实现药品从斜坡储药库中快速出药,设计采用一对一电磁式出药机构。电磁铁的动作采用开关量控制即可实现。根据自动化药房仓储系统设计要求,目前斜坡储药库结构布局可以做到20层47列,考虑到有些出药位置的死角不可用,电磁铁数量也要达到800个居多。为了降低自动出药控制系统硬件成本,设计采用矩阵式接线方法减少PLC的I/O控制点,矩阵式接线法如图60所示。

图60中a_n为行导线,Rn为列导线,Cn为电磁铁,当a_n,n和Rn同时通电时,电磁铁Cn吸合;当a_n,n和Rn同时断电,电磁铁Cn断开,此时完成一个出药过程。采用矩阵式接线方法大大减少了控制系统的硬件成本,从原

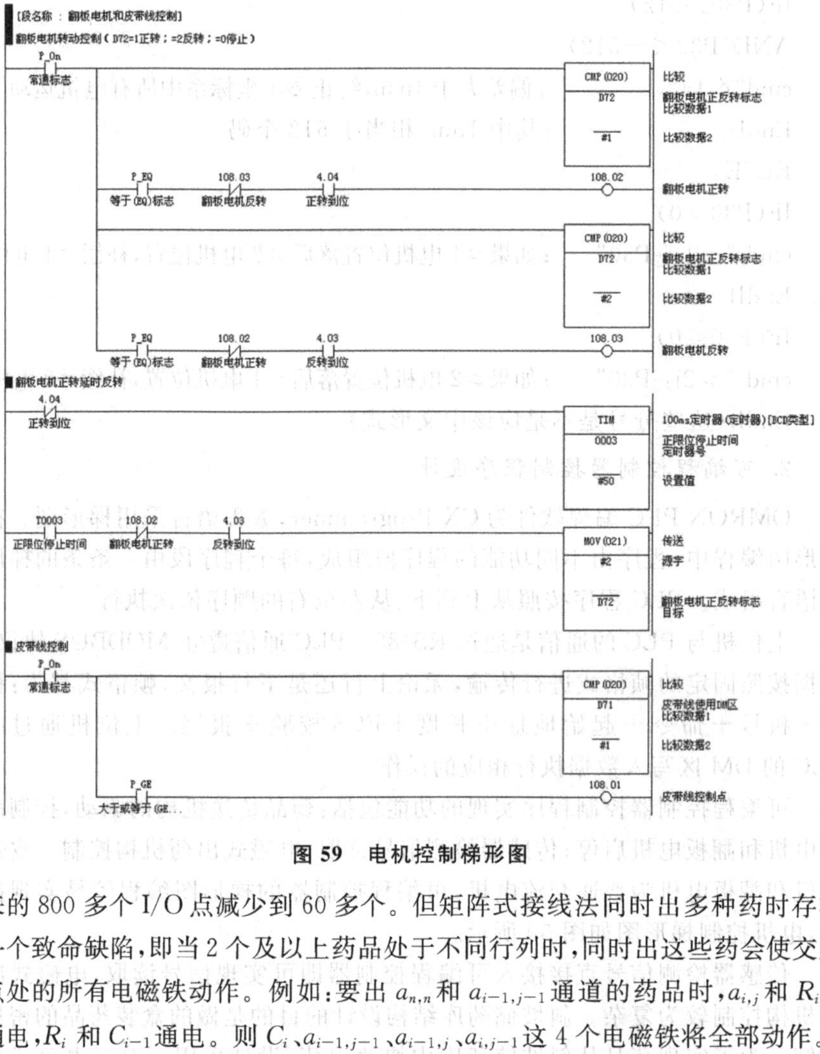

图 59　电机控制梯形图

来的 800 多个 I/O 点减少到 60 多个。但矩阵式接线法同时出多种药时存在一个致命缺陷，即当 2 个及以上药品处于不同行列时，同时出这些药会使交叉点处的所有电磁铁动作。例如：要出 $a_{n,n}$ 和 $a_{i-1,j-1}$ 通道的药品时，$a_{i,j}$ 和 R_{i-1} 通电，R_i 和 C_{i-1} 通电。则 C_i、$a_{i-1,j-1}$、$a_{i-1,j}$、$a_{i,j-1}$ 这 4 个电磁铁将全部动作。

为解决出多种不同行列药品交叉点处所有电磁铁同时动作的问题，采用按层出药方式最为简单，缺点是不能同时出多种不同行列的药品，花费时间较长。按层出药方式工作原理：先层通电，再将本层所有要出药品的列通电，弹出本层药品；然后逐层操作，直到所有药品出完。例如：要出 $a_{i,j}$、$a_{i-1,j-1}$、$a_{i,j}$、$a_{i,j+1}$ 通道的药品，每个通道出 2 盒。首先 $a_{i+1,j+1}$ 和 R_{i-1} 通电，C_{j-1} 电磁铁动作 2 次；然后 $a_{i-1,j-1}$、R_i 和 C_j 通电，C_{j+1}、$a_{i,j}$ 电磁铁接着动作 2 次；最后 $a_{i,j+1}$ 和 R_{i+1} 通电，C_{j+1} 电磁铁动作 2 次才完成所需药品出药。分析铁磁元件的特性，可知断电时间比通电时间长很多倍，全部完成所需药品出药的时间相当于电磁铁依次动作 6 次的时间。因此，按层出药没有充分利用电磁铁断电消磁的时间，造成出药时间延迟。为提高出药效率，真正实现“快速”出药，可充分利用电磁铁断电消磁这段时间，使电磁铁顺序动作出药。

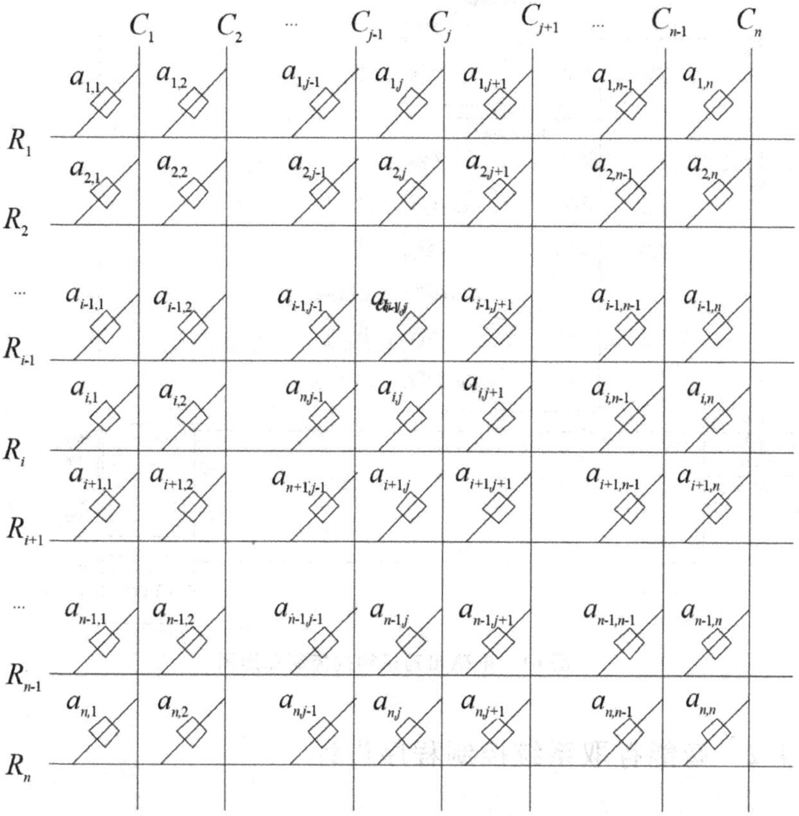

图 60　电磁铁矩阵式接线图

电磁铁顺序出药工作原理：要出 $a_{i+1,j+1}$、$a_{i-1,j-1}$、$a_{i,j}$、$a_{i,j+1}$ 通道的药品，每个通道出 2 盒。首先 $a_{i+1,j+1}$ 和 R_{i-1} 通电，C_{j-1} 电磁铁动作；然后 $a_{i-1,j-1}$ 和 R_{i-1} 断电时将 C_{j-1} 和 R_i 通电，C_j 电磁铁动作；再 $a_{i,j}$ 和 R_i 断电时将 C_j 和 R_i 通电，C_{j+1} 电磁铁动作；再 $a_{i,j+1}$ 和 R_i 断电时将 C_{j+1} 和 R_{i+1} 通电，C_{j+1} 电磁铁动作；等 $a_{i+1,j+1}$ 和 R_{i+1} 断电后立即从头操作一遍。电磁铁顺序出药方式可以在 2 个电磁铁动作周期内将 3 层药品全部出完，比按层出药的方式大为节省时间，从而实现快速出药。电磁式出药机构第 1 列控制程序如图 61 所示。

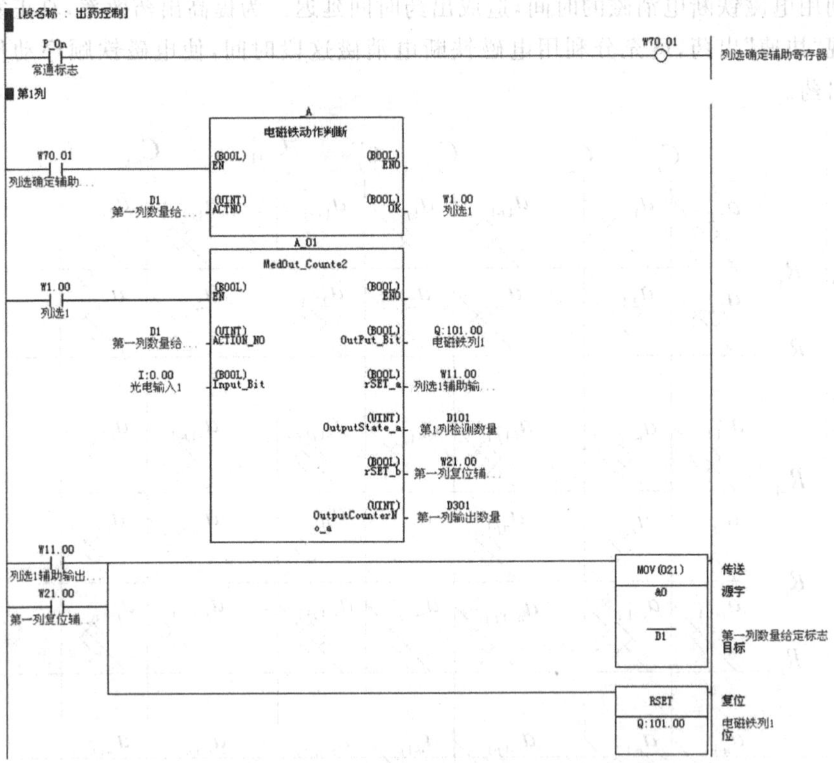

图 61　电磁出药机构列控制梯形图

3.4.2　智能存取系统控制程序设计

智能存取系统由三个独立滚筒柜单元组成，每个滚筒柜控制系统都可以独立运行，同时每个滚筒柜控制系统还可以多机联动，更快速有效地完成出药任务。智能存取系统中 3 台 PLC 均采用 RS-485 总线与上位机通信，实现多机联网控制。智能存取控制系统可编程控制器选型与快速出药控制系统保持一致，选择 OMRON 公司 CP1E 晶体管输出的 PLC 作为主控制器。变频器选择 LG 变频器 SV iC5 系列变频器，单相 220V 输入，三相输出驱动常规三相交流电机实现精度位置控制。智能存取系统单滚筒柜 PLC 控制接线图如图 62 所示。

智能存取系统上位机接收电子处方后，执行优化算法确定出药品的出药顺序。PLC 控制变频器驱动电机运动，旋转编码器实时测量出电机运行的位置并反馈回 PLC，与给定的位置进行比较，从而对箱斗进行准确定位。智能存取系统 1 单元滚筒柜电机控制梯形图如图 63 所示。

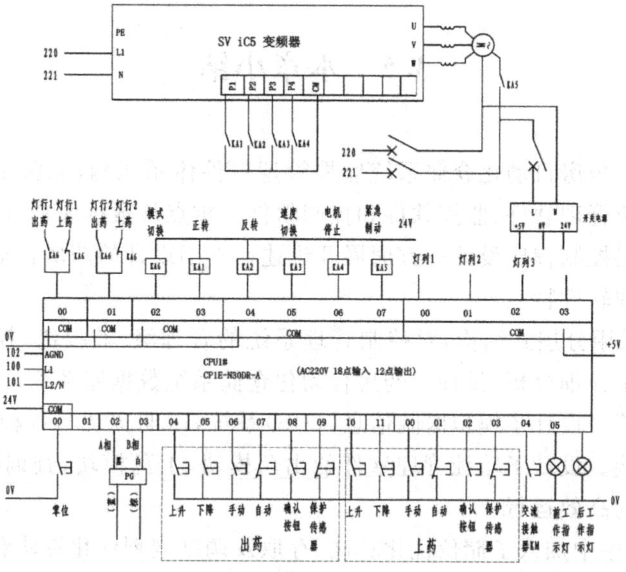

图 62　智能存取系统单滚筒柜 PLC 控制接线图

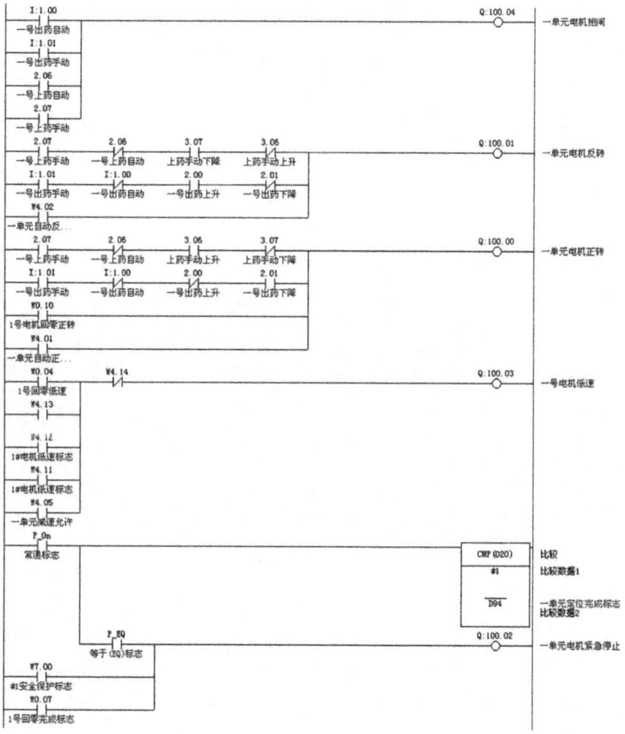

图 63　智能存取系统 1 单元滚筒柜电机控制梯形图

3.5 本章小结

介绍了药房自动化仓储系统监控管理软件体系架构，完善了药房自动化仓储系统管理软件、监控软件和控制软件。重点从数据库管理、监控程序设计和底层控制程序设计三方面展开论述。本书设计的药房自动化仓储系统监控管理软件特点。

(1) 采用分层式结构，对控制管理系统的管理级、监控级、控制级与执行级进行了详细分析，设计了药房自动化仓储系统数据库系统，包括数据表和触发器等。设计了模拟医院信息(HIS)系统，以期实现与各种 HIS 系统的无缝连接。设计了监控管理软件的出药模块、上药模块、查询模块等，实现了系统的高效运行。

(2)程序中加入了储位优化算法、存取及调度规划优化算法和盘点子程序，实现了系统的自动快速运行和过程监控，保障了系统准确、可靠地运行。

第 4 章　物流仓储系统储位优化方法研究

由于仓储系统库区储位的分配问题是提高系统出入库存取及调度作业效率的核心问题之一，合理的库区储位分配可大大减少货品出入库操作时间，提高出入库流量，因此研究仓储系统储位优化方法对提升企业的生产效益具有十分重要的理论和实际意义。

4.1　仓储系统储位优化理论与策略

4.1.1　仓储系统储位优化的意义和目标

1. 仓储系统储位优化的意义

储位优化，是指在仓储系统原有库区储位排列的基础上，进行更加合理的储位分配[164]。储位优化根据物品种类的变化和当前货架的存储状态适时地对储位的分配做出合理的决策，将货品的存储位置最优化，从而缩短入/出库操作时间，降低货品在存储和运输过程中的时间损耗和成本，提高工作效率。由此可见，仓储系统储位优化问题是提高仓库生产力的关键问题。储位优化对仓储系统存取及调度规划的优化具有重要的意义。

(1)方便货品出入库操作

储位优化可采用多种存储策略，如分类存储，其特点就是将同一类货品尽可能存放在相邻或相近的储位中，这样入库补货及出库拣选货品时，可以很快定位到该类货品的储位，方便货品的存取。

(2)提高仓库的空间利用率

在有限的仓库空间内放置更多的货品，充分利用仓储空间实现密集存储，从而节省成本[165]。如根据货品的规格和尺寸将其分类，再通过储位优化进行合理排布，达到充分利用仓库存储空间的目的。

(3)提升仓库的工作效率

合理规划货品的存储位置，使之符合存取设备的运行特点，高效利用存取设备。

(4)有利于货架的稳定和整齐排列

不影响存取效率的前提下,合理规划货品的储位布局,不仅使得存储区外观整洁,而且便于货品管理。仓库中各种货品的重量有所不同,必须考虑货架的承受能力,不能不加限制的存放而造成货架的颠覆。如按照货品质量优化储位,可将质量大的货品摆放在货架的低层,使货架受力均匀,增加货架的稳定性。

2. 仓储系统储位优化的目标

为了有效提高仓库的入/出库效率,减少作业人员拣选货品的寻货时间以及在仓库内的行走距离,一个行之有效的方法是将货品安排在合理的存储位置上。进行储位优化时,需要考虑设备、货架、货品、储位、人工成本等多种因素,以实现最佳的储位布局。仓储系统储位优化实现的目标包括:

(1)最大化空间利用率

仓储系统空间有限,如何最大化地使用仓储空间是仓储系统管理中重要的问题。

(2)确保高效的后续作业

合理规划货品的存储位置,确保后续作业的执行效率。充分考虑存取设备的运行特点,使其正常工作的作业能力达到最优化,高效利用存取设备。

(3)保障存储货品质量

存储货品的质量保障是指从货品入库开始直至货品出库的全过程都要对所存货品进行妥善保管。为减少可控因素对货品质量的影响,要综合考虑货品的重量、规格、尺寸以及不同存储区域的空间大小、温湿度条件等,为货品分配合适的储位。

(4)确保货品的有效移动

仓储系统中某类货品并不是一直静止在某个储位上,根据季节变换、周转率变化会动态的发生改变,在上架、下架或是储位调整时都需移动货品。存取设备灵活高效运动是保证货品有效移动的前提。

(5)科学管理仓储系统

高效的货品存储除了对货品的管理,还包括相关辅助设备的管理。如入/出库输送装置的控制、实体储位的编码管理、仓储管理系统的升级与维护等。

4.1.2 仓储系统储位优化的策略和原则

进行储位优化时，选取何种优化策略十分重要。在进行相关的储位优化时，需要遵循一定的策略和原则。仓储系统管理者可以根据货品存储的自然属性、入/出库的方法等制定相应的策略和原则。目前许多策略和原则对常规的仓储系统是通用的，但特殊的仓储系统则要根据自身的属性和存货的特点制定不同的策略和规则，如药品的存储、食品的存储等，由于这些商品的特殊属性，在进行储位优化时，需要特殊考虑。

1. 货品的存储策略

良好的储存策略可以充分利用储存空间，减少入/出库作业时间。货品的存储策略常分为以下几种[166,167]。

(1)随机存储

随机存储是指货品的存储位置随机产生，当货品的存储量发生变化时其位置也会发生变化，任何货品都可以存放在任意可利用的位置。随机原则往往是根据货品的入库时间顺序来确定的，先入库的货品一般放在离出入口较近的区域。随机存储方式的空间利用率较高，但货品的随机存储可能导致周转率高的货品存放在离出入口较远的区域。随机存储方式较适合仓库空间有限、种类较少或是体积较大的货品存储。

(2)分类存储

分类存储是将需要存储的货品按设定的标准进行分类，再综合考虑仓储系统的空间大小、周围环境等因素，给每类货品分配相应的存储区域。分类存储常依据货品的相关性、规格尺寸、周转率或重量大小等进行分类。分类存储方式有利于仓储系统管理者对同一区域具有相同属性的货品实施盘点，其缺点是仓储空间利用率较低，需按照货品的最大库存设计储位容量。

(3)分类随机存储

分类随机存储是结合了分类存储和随机存储这两种存储方法的特点设计出来的。分类随机存储先将货品按某种相同属性进行分类，再给每类货品分配相应的存储区域，最后采用随机存储的方式在每类货品各自区域内实施货品存储。分类随机存储具有分类存储和随机存储两者的优点，提高了仓储空间的利用率以及仓储作业的效率，但货品的盘点仍然比较繁琐[168]。

(4)分级存储

根据 parteo 效应将物品分为 A、B、C、D、E、F 等若干个类别。为了缩短入/出库时间，A 类物品应该放在离出入口最近的地方，B 类次之，其他依次类推。分级存储与分类存储有相似之处也有细微的差别，分级存储有严格的等级划分。

(5)定位存储

定位存储是对货品采取固定位置存储[169]。定位存储要求每个货品都有自己固定的储位，货品之间不能互用储位。定位存储的优点是可以依据货品的周转率或是入/出库频率来确定货品的储位，缺点是对仓储空间的大小和货架的存储容量有较高的要求。定位存储适用于数量多、品种少、仓储空间大的货品存放。

(6)混合存储

混合存储可以结合以上两种和两种以上存储策略进行设计。针对不同的仓储系统利用不同的存储策略，既要提高仓储空间的利用率，也要兼顾入/出库效率及方便货品盘点等诸多因素。

2. 储位优化的策略

高效的储位优化策略，可以大大提升作业效率，提高仓库周转率等等。常用的储位优化策略有以下几种。

(1)基于货品销量的储位优化。销量大的货品意味着需要频繁出库，因此，可以统计货品在一段时期内的销售量，为其分配合适的存储区域和储位提供依据。

(2)基于流通性的储位优化。根据某段时间内货品的流通性来确定货品的存储模式及分配相应的储位。如季度间的季节变化，年度间的流行趋势等等。

(3)基于分拣密度的储位优化。分拣密度即存储货品被分拨拣选的频率，高分拣密度意味着此种货品被经常操作。为方便拣选设备的作业，高分拣密度的货品应尽量存放在货架的低层，或是距离入/出库平台近的区域。

(4)基于货品体积的储位优化。其优化目标是仓储空间最大利用率，以货品的体积为主要计算指标。

3. 储位优化的原则

储位优化就是基于单品管理的货品在当前位置的基础上，由外部因素引起的货品流动性变化而动态地再分配仓库中货品的储位，以保证储位分布更加合理，从而达到提高拣货效率和降低仓库管理成本的目的。储位优化的原则是仓储系统管理中进行储位优化的指导性法则，仓储系统管理者参照这些法则并结合仓库的自身特征，找到合适的方法实现仓储系统的储位优化。以下是一些在储位优化中通用的原则。

(1)货品周转率法则[170]

即根据货物的周转率对货位进行分配。先统计货品一季度或半年内的流通数量,并按从大到小的次序进行排列,周转率越高的货物离仓库出入口越近。

(2)货品相关性法则

对海量数据应用关联规则挖掘算法可知,某些产品之间存在着一定的关联。为了分析货品间是否具有强关联性,可以挖掘历史订单,判断货品间是功能上有互补作用相关联,还是同属一类产品而相关联。对于具有强关联的货品,为减少拣选设备的行走路程,提高作业效率,应尽量将它们相邻或相近存放。

(3)黄金区域法则

在仓库存储区域中,方便拣货的区域称为黄金区域,通常按照帕累托原则(即20/80原则)进行划分。前20%的储位定义为黄金区域,可将距离仓库出入口路径值从小到大排列。黄金区域中应存储拣货频次高的货品,以方便入/出库操作。

(4)货品同一性法则

货品同一性法则是指将某类货品固定存放在同一存储区域中,便于管理人员记忆货品储位,方便储位管理并做到货品及时出库。在拣取某类货品时,可以减少拣选设备拣取的时间。

(5)货品流动密度法则

货品的流动密度是指某产品的单次出货数量或进货数量。某些产品周转率较低,但每次的出货量都很大,这些产品也可放置在离出入口较近的区域,如黄金区域。

(6)重量特性法则

重量特性法则是按重量大小决定货品放置于货架的位置,保障货架的稳定和受力均匀。一般的,从安全的角度考虑,质量大的货品应存放于地面上或是货架的下层位置。

(7)货品尺寸法则

为满足空间布局的要求,储位优化时应尽量将同一尺寸或体积的货品放置在同一存储区域,从视觉效果看会更加整齐美观。储位优化时还要考虑货品的单位体积大小,以及相同货品打包成的整批形状,这就要求货架有大有小,储位有高有低,以便存放不同体积大小的货品。如果不考虑货品体积大小,会导致因存储空间过大而浪费空间或是因存储空间过小而无法存放。

(8)其他法则

其他法则包括互补性法则、相容性法则、货品特性法则等。互补性法则是指货品间存在可替代性，存放时应尽量放置在相近的储位，当其中一种货品出现缺货时，可迅速拣取相近储位上的互补产品，缩短作业时间；相容性法则是指货品间存在相容性，存放在一起会互相影响而引发质变；货品特性法则是指货品自身的危险性可能会对工作人员或其他货品产生影响，在进行储位优化时应予以考虑。某些货品还会涉及法律法规及行业规定等，如存储药品的仓库必须符合药品行业的相关规定等。

4.1.3 仓储系统储位优化步骤

1. 储位优化方法研究现状

国内外学者对于储位分配问题的研究情况前面已经详细讨论[19-35]，这里不再赘述。这些研究成果为本书的研究奠定了理论基础，但这些方法采用传统的模型均不能较好的描述诸如药房自动化仓储系统的药品储位合理化布局问题，因此急待于探索新的方法解决自动化仓储系统储位优化问题。

2. 储位优化的步骤

储位优化需要根据物品种类的变化、季节的交替及货架的存储状态适时地对储位进行调整，改变原有库区储位排列，使货品的存储位置更加合理，缩短入/出库操作时间，提高工作效率，降低物流系统的成本。一般可从以下几个步骤进行储位优化。

(1)分析问题和明确目标

仓储系统储位优化的目标主要以储位优化后的作业效率得到改善与提高指标作为效果性目标。在对储位进行优化与调整的过程中必须考虑一些原则与因素。影响储位合理安排的关键因素包括内因(如库存量因素)、外因以及存储目标、存储策略、存储形式等其他因素。物流仓储系统储位优化的目标主要以储位优化后的拣选作业效率得到改善与提高指标作为效果性目标。另外，在对储位进行优化与调整的过程中必须考虑一些原则与因素。

(2)收集所需的基础信息

根据优化目标收集相关的信息数据为储位优化做准备。仓库内货品的规格、存储位置、包装定额等信息，一般可从 ERP(Enterprise Resource Planning，企业资源计划)系统获得。可以从 ERP 系统的仓储模块中分析货品的流动性，来计算货品每季度或每年度的周转频率。

(3)确定优化的目标和约束

储位优化的目标通常都不是单一的，可以为了提高仓储作业效率，也可以为了最大化仓储空间，还可以为了降低仓储运作成本等等。根据不同仓储系统自身的特点，选择合适的优化目标，可解决当前仓库存在的最紧要的问题。确定优化的目标以及存在的约束，是实施储位优化的前提条件。优化目标可以是单目标或多目标，仓库客观条件对优化目标的约束包括：货架可以容纳货品体积的大小，仓储区域的最大容量，货架的最大承重量等因素。

(4)确定求解算法并实现

将实际问题抽象成数学模型并选择合适的算法加以实现。不同算法的选择不仅会影响优化的可实施性，还会影响求解结果的精确性。对于储位优化数学模型求解问题，目前常用的方法有 LINGO(Linear Interactive and General Optimizer，交互式的线性和通用优化求解器)工具求解，贪婪算法求解，遗传算法求解等等。

(5)实施储位优化

确定求解算法后，通过计算得出储位优化的理论值。然后综合考虑仓库的实际情况，判定是否可以实施以及实施的最佳时间，最终对仓储区域内的储位实现优化再分配。

4.2 单元式自动化立体仓库货位优化方法研究

4.2.1 自动化立体仓库概述

自动化立体仓库是指用高层货架存储货物，以巷道堆垛起重机存取货物，通过周围的装卸搬运设备按照指令自动完成货物的存取，并能对库存货物进行自动管理，实现自动化作业的仓库[171]。同传统的仓库相比较，自动化立体仓库具有作业效率高，占地面积小，存储容量大，计算机自动控制等优势，可以减轻劳动强度，减少人力成本，提高物料搬运效率和库存控制水平，提高空间利用率，提高仓库的运作能力，从而受到企业越来越多的重视[172]。

20世纪70年代初期，我国开始研究巷道式堆垛机的立体仓库。1980年，由北京机械工业自动化研究所等单位研制建成的我国第一座自动化立体仓库投产[173]。从此，立体仓库在我国得到了迅速的发展。据不完全统计，截至2010年我国已建成的立体仓库有1500座左右，其中全自动的立体仓库有100多座[174]。这些自动化的仓库主要集中在烟草、医药保健品、食品、通讯和信息、家具制造业、机械制造业等传统优势行业。在此基础上我国对仓库的研究正向着智能化的方向发展。

自动化立体仓库按不同分类方式可分为不同的种类，这里仅介绍按照货架形式的分类如下。

1.单元式货架仓库

该形式的仓库使用最广，通用性也较强。特点是货架沿仓库的宽度方向分为若干排，每两排货架为一组，其间有一条巷道，供堆垛机作业。每排货架沿仓库纵长方向分为若干列，沿垂直方向分为若干层，从而形成大量货格，用以储存货物单元（托盘或货箱）。大多数情况下，每个货格存放一个货物单元。

2.重力式货架仓库

在重力式货架中，存货滑道带有一定的坡度。货物单元能够在自重作用下，自动的从入库端向出库端移动，直至滑道的出库端碰上已有的货物单元停住为止。位于滑道出库端的第一个货物单元被出库起重机取走后，位于它后面的各个货物单元在重力作用下依次向出库端移动一个货位。本书研究的药房自动化仓储系统中的快速出药系统就采用重力式货架。

3.循环式货架仓库

根据货架的形式又可分为水平旋转式货架仓库、垂直旋转式货架仓库[175]。本书研究的药房自动化仓储系统中的智能存取系统采用垂直旋转货架。垂直旋转货架仓库的货架本身是一台垂直提升机，提升机的两个分支上都悬挂有货格。提升机根据操作命令可以正转或反转，使需要提取的货物降落到最下面的取货位置上。

这里仅介绍针对单元式自动化立体仓库的货位优化研究。商允伟等[176]考虑货架稳定性和出入库操作的效率，将货位优化这一问题描述为一个组合多目标优化问题，采用改进交叉算子的遗传算法对其进行求解。马永杰等[177]以基于随机存储策略的库区和货位分配以及堆垛机行驶时间为优化控制目标，用遗传算法求出动态货位分配和拣选路径优化的 Pareto 最优解。邹晖华等[166]在货品-货位耦合分配策略中根据堆垛机水平垂直运行速度不同给出了新的货位编号策略，分别列举了禁忌搜索算法、模拟退火算法、遗传算法在求解货位分配优化问题的优缺点。这些方法从不同角度对货位进行了优化，为本书的研究提供了理论基础。

对于各种优化问题，由于混合算法可以融合各算法的优点，目前应用较多。文献[178]、[179]应用蚁群与粒子群算法相结合，蚁群算法擅长解决离散优化问题，而粒子群优化算法擅长连续的优化问题解决。蚁群算法利用信息素进行传递信息，而粒子群优化算法利用本身信息、个体极值信息和全局极值三个信息，来指导粒子下一步迭代位置。首先随机产生若干组比较优解生成信息素分布，然后由蚁群算法根据累计更新的信息素找出若干组解后，再由粒子群算法进行交叉、变异操作，得到更有效的解。与其他算法进行比较的结果，混合算法效果较好。文献[180－184]结合遗传算法的思想提出混合粒子群算法来解决各种优化问题，经过比较测试，遗传混合粒子群算法是较好的且简单有效的算法。

4.2.2　单元式自动化立体仓库货位优化模型

本节以单元式自动化立体仓库为例，进行货位优化。首先建立单元式自动化立体仓库货位优化模型。在建立数学模型时，假定货架系统根据上轻下重的原则来进行入库操作，以使货架的稳定性得到有效支持。为支持存取效率目标，设置以离出入库台最近的货位作为出入库口。

假设自动化立体仓库共有 p 层 q 列，j 表示层号，i 表示列号，则第 j 层第 i 列的货位记为 (i,j)，$(i=1,\cdots,q,j=1,\cdots,p)$，出货台位置记为 $(0,1)$[185,186]。不失一般性，假设在整个货架系统中，每个货位货箱净质量一样，长度为 L，高度为 H，宽度与长度相等，则由货架的稳定性及存取效率，可将货位优化问题描述为[187,188]

$$\min S=\sum_{i=1}^{q}\sum_{j=1}^{p} m_{ij}\cdot n_{ij}\cdot j\cdot x_{ij} \tag{4.1}$$

$$\min T=\sum_{i=1}^{q}\sum_{j=1}^{p} t_{ij}\cdot x_{ij} \tag{4.2}$$

式中，$x_{ij}=0$ 或 1；m_{ij}，n_{ij} 分别为第 j 层第 i 列货位货物的质量与该货位货物数量，这里取 $n_{ij}=1$；t_{ij} 为忽略了堆垛机启动和制动的情况下，将第 j 层第 i 列货物运送到出货口的时间，或将货物从出入库台搬运到第 j 层第 i 列货位上所用的时间，如式(4.3)。

$$t_{ij}=\frac{L\cdot i}{V_x}+\frac{H\cdot(j-1)}{V_y} \tag{4.3}$$

式中，V_x 为堆垛机水平运行平均速度；V_y 为垂直输送机的平均运行速度。

约束条件为

$$\sum_{i=1}^{q}\sum_{j=1}^{p} x_{ij}=a;i=1,2,\cdots,q,j=1,2,\cdots,p \tag{4.4}$$

式中，a 为要进行出入库操作的货物总量。

4.2.3 基于混沌粒子群算法的单元式立体仓库货位优化

1. 混沌粒子群算法

单元式立体仓库货位优化问题是一个多目标优化问题(Multi-objective Optimization Problem, MOP)。MOP的最优解是包含所有pareto最优解的一个集合。对于实际问题,要根据实际情况从大量的pareto最优解中选择一些来使用。

智能优化算法(Intelligent Optimization Algorithm)是一种借鉴和利用自然界中自然现象或生物体的各种原理和机理而开发并具有自适应环境能力的计算方法。目前智能优化算法主要应用于解决多目标优化问题,而粒子群算法则是其中较简单有效的一种。

通常利用粒子群算法求解多目标问题的优化目标包括以下几点:①所获得的非劣前端与pareto最优前端的距离最短;②所得解的分布性能好,并尽可能呈现均匀分布;③获得非劣前端的范围最大,即非劣解的目标空间尽可能广阔的覆盖每个子目标。

本书利用外部档案的非劣解的分布密度值,按相应的比例进行种群全局最优位置的选取,根据拥挤距离来限制外部档案,防止粒子群算法陷入早熟收敛,有利于算法逼近pareto最优前端[189,190]。同时利用混沌运动的随机性和遍历性,加入了混沌扰动操作,保持了种群的多样性,使外部档案内的解能分布在目标空间的更大区域,从而引导粒子更好地收敛到pareto最优解。在飞行过程中还要保证粒子不飞出边界,多目标粒子群算法除了遵循标准粒子群算法的规范外,还需要对pareto档案进行维护和更新。

(1)密集度值比例选择策略

在多目标粒子群优化算法中,全局最优位置(gbest)的选择是算法的重要组成部分,在单目标粒子群算法中,gbest就是粒子群中的最好位置,而多目标优化问题中,最优解是一组pareto解集,粒子群中的每个粒子对应于pareto解集中的一个解作为其全局最好位置,为了提高粒子群的搜索解的能力以及更好的保持新的非劣解集的多样性,每个粒子所对应的gbest应该根据gbest在档案中的分布情况来选择,这里将这种分布情况定义为密集度。如果档案中仅有少数的非劣解位于某一区域,则应该分派更多的粒子以这些非劣解为导引,在这一区域去探索更多的解。相反,如果某一区域存在很多的非劣解,那么应该分派较少的粒子去搜索,这样可以避免太多相似的解在此区域聚集,防止在pareto前端的局部收敛,为此本书采用一种按分布度选择 gbest 的方法[58]，表示如下：

$$g_i = n \times \frac{d_i}{\sum_{i=1}^{n} d_i} \tag{4.5}$$

$$d_i = \begin{cases} d_{i,i+1}, 若\ i=1 \\ d_{i,i-1}, 若\ i=n \\ \dfrac{d_{i,i-1}+d_{i,i+1}}{2}, 其他 \end{cases} \tag{4.6}$$

这里，d_i 表示外部档案中每个非劣解之间的距离，n 表示粒子的数量，g_i 表示根据密集度而选择的全局最优位置的个数，i 是每个档案成员的序号，每个档案成员根据其与坐标轴的接近程度而被排序，与基准坐标轴接近的成员其序号在前，相反越是偏离坐标轴，该成员的序号越靠后。依靠这种选择机制，可以给下一代种群的进化指明方向，提高粒子群的搜索能力克服了原粒子群算法非劣解在 pareto 最优前端分布不均的缺点。

(2)外部档案随机扰动策略

为了保存算法在搜索过程中得到的非劣解，通常建立外部档案来保存。对于每个新解，若新解受档案成员支配，则拒绝新解加入档案中；若新解支配了部分档案成员，则移出那些受支配的成员，同时将新解加入档案中；若新解和档案中的所有成员彼此不受支配，则直接将新解加入档案中。本节采用计算外部档案成员间的拥挤距离筛选外部档案。当档案大小超过或者达到规定的最大规模 N 时，计算所有档案成员的拥挤距离，并按照降序排列，保留其中前 N 个档案成员，其余成员从档案中移除。

为了保持种群的多样性，探索所有搜索空间，避免算法搜索停滞或仅仅收敛到 pareto 最优前端的部分区域，算法中对外部档案中有代表性的非支配解增加了混沌扰动操作，具体算法如下。

粒子群优化算法模拟社会的群体行为，通过个体间的协作来搜寻最优解，每个粒子通过迭代过程中自身和群体的最优值来更新粒子速度和位置[82,83]，其修正公式为：

$$v_{id}^{k+1} = w \times v_{id}^{k} + c_1 \times r_1 \times (p_{id}^{k} - x_{id}^{k}) + c_2 \times r_2 \times (g_{gd}^{k} - x_{id}^{k}) \tag{4.7}$$

$$x_{id}^{k+1} = x_{id}^{k} + v_{id}^{k+1} \tag{4.8}$$

式中，v^k 为粒子的速度向量；x^k 为当前粒子的位置；p^k 为粒子本身所找到的最优解的位置；g^k 为整个种群目前找到的最优解的位置；w 为惯性权重；r_1、r_2 为 0 到 1 之间的伪随机数；c_1、c_2 为加速度常数；k 为迭代次数。

由更新公式(4.7)、(4.8)可见，粒子速度由三部分组成：第一部分反映粒子当前的速度影响，起到了平衡全局和局部搜索的能力。第二部分反映粒子认知模式的影响，即粒子群本身记忆能力的影响，使粒子具有全局搜索的能力，避免陷入局部的极值或局部最小。第三部分反映社会模式的影响，即粒子群体信息的影响体现粒子间信息的共享。在这三部分的共同影响下，粒子根据历史经验并充分利用信息共享机制，不断调整自己的位置，来达到问题最优解的目的。

由于PSO易陷入局部最优点、进化后期收敛速度慢等特点，实际应用时需要对原有算法进行改进。由式(4.7)可知，惯性权值 w 的取值对算法收敛性有重要影响[191]，如果取较大的值则有利于跳出局部最优，而较小的 w 值则有利于加速算法收敛。为克服标准粒子群算法固定参数的不足，本书采用根据种群自适应调整的惯性权重法，如式(4.9)所示。

$$w=\begin{cases} w_{\min}-\dfrac{(w_{\max}-w_{\min})(f-f_{\min})}{f_{avg}-f_{\min}}, f\leqslant f_{avg} \\ w_{\max}, f\geqslant f_{avg} \end{cases} \tag{4.9}$$

式中：$w_{\max}$、$w_{\min}$分别为 w 的最大值和最小值；f 为粒子当前的目标函数；f_{avg} 和 $f_{\min}$ 分别为当前所有粒子的平均目标值和最小目标值。

为解决PSO方法易于早熟的问题，可将混沌算法与粒子群优化算法相结合，利用混沌运动具有遍历性、随机性等特点，将其应用到优化搜索过程中，通过混沌优化给定的优化函数，当粒子陷入早熟收敛时，用混沌扰动来跳出局部最优，并快速搜寻到最优解，提高解的精度和收敛速度。采用基于混沌的搜索技术可使粒子群算法种群更具有多样性[192]。文献[193－203]均提出了利用混沌运动特性进行优化搜索的方法，搜索过程按混沌运动自身的规律进行，不需要像随机优化方法按某种概率接受劣化解的方式来跳出局部最优解，因此该算法在一定的范围内具有遍历性，具有更容易跳出局部最优、结构简单以及使用方便的优点。这些文献将混沌搜索应用到PSO粒子的位置和速度进行初始化，从而保证了初始变量的随机性。

基于混沌序列的优化主要包括以下两个关键步骤[204]。

(1)将混沌空间映射到待优化问题的解空间。

(2)利用混沌的动态特性来实现对解空间的搜索。

本节中混沌映射采用下式(4.10)。

$$s_{n+1}=\mu s_n(1-s_n), n=0,1,2,\cdots \tag{4.10}$$

式中，μ 是控制参数，s_n 是混沌变量。

混沌局部搜索的基本流程如下。

步骤1：令 $n=0$，将目标变量 $x_j^n, j=1,2,\cdots,n$ 按照下式(4.11)混沌映射为[0,1]范围内的混沌变量 cx_j^n。

$$cx_j^n=\frac{x_j^n-x_{\min,j}}{x_j^n-x_{\max,j}}, j=1,2,\cdots,n \tag{4.11}$$

其中，$x_{\max,j}$ 和 $x_{\min,j}$ 分别是 j 维变量进行混沌搜索的上限与下限。

步骤2：根据 cx_j^n 利用公式(4.12)得到混沌变量 cx_j^{n+1}。

$$cx_j^{n+1}=4cx_j^n(1-cx_j^n),j=1,2,\cdots,n \tag{4.12}$$

步骤3：将混沌变量 cx_j^{n+1} 按照下式(4.13)转化为目标变量 x_j^{n+1}。

$$x_j^{n+1}=x_{\min,j}+cx_j^{n+1}(x_{\max,j}-x_{\min,j}),j=1,2,\cdots,n \tag{4.13}$$

步骤4：根据目标变量 $x_j^{n+1},j=1,2,\cdots,n$ 对得到的最优解进行性能评估。

步骤5：若新解优于初始解，则更新解空间；或者混沌搜索已到达最大迭代次数，则新解就是混沌搜索的解空间。

混沌粒子群优化算法的步骤如下。

(1)对粒子群中的每个粒子进行初始化。

随机初始化粒子的位置变量 x_i、速度变量 v_i；计算粒子的目标函数 f_i；粒子群中具有最优函数值的微粒为初始最优粒子群位置 g_g；各个粒子初始位置为其初始最优位置 p_i。

(2)执行PSO算法搜索过程。

用式(4.7)和式(4.8)更新粒子的速度 v_i 和位置 x_i，由式(4.9)更新惯性权重 w；对每个粒子计算目标函数的函数值 f_i。

(3)保留粒子群中性能较好的20%的优秀粒子。

(4)对保留的粒子进行按式(4.11)～(4.13)混沌搜索，并更新粒子自身的最优位置 p_i 及粒子群的最优位置 g_g。

(5)判断早熟。判断粒子群是否早熟收敛，若陷入早熟则对部分较优粒子继续回到步骤(4)进行混沌优化；若没有早熟，则继续运行算法。粒子群早熟收敛有两个明显的特征，一种是粒子群严重聚集；第二种是粒子群在多次迭代后无变化或者变化很小。具体是通过计算公式(4.14)粒子群群体适应度方差 σ^2 来判断。

$$\sigma^2=\sum_{i=0}^{k}\left(\frac{f_i-f_{avg}}{f}\right)^2 \tag{4.14}$$

通过与预先设定的最小群体适应度方差 $\sigma_{\min}^2$ 比较，当 $\sigma^2\leqslant\sigma_{\min}^2$ 时，粒子过度聚集，陷入早熟收敛状态，则返回步骤(4)。

(6)若算法满足停止条件，则算法结束输出 g_g。

(7)得出最优解，算法结束。

混沌粒子群算法流程图见图64。

2. 基于混沌粒子群算法的单元式立体仓库货位优化结果

将混沌粒子群优化算法用于某6列4层的单元式立体仓库，j 表示层号，i 表示列号，则第 j 层第 i 列的货位记为(i,j)，$(i=1,\cdots,q,j=1,\cdots,p)$，出货台位置记为(0,1)。立体仓库的货架参数为:货位长度 $L=120\text{cm}$,货位高度 $H=80\text{cm}$,堆垛机的水平运行速度 $V_x=3\text{m/s}$,垂直运行速度 $V_y=1\text{m/s}$。设货品质量均为 $m=50\text{kg}$,货物总量为 20 个。将混沌粒子群算法与基本粒子群算法、遗传算法对比。取种群规模均为 100,最大迭代次数为 100;两种粒子群 $c_1=0.6$,$c_2=0.2$,遗传算法中交叉概率为 0.7,变异概率为 0.02。三种算法求取的存取时间最优值变化曲线如图 65 所示,其中黑色线代表粒子群算法(PSO),红色线代表遗传算法(GA),绿色线代表混沌粒子群算法(CPSO)。

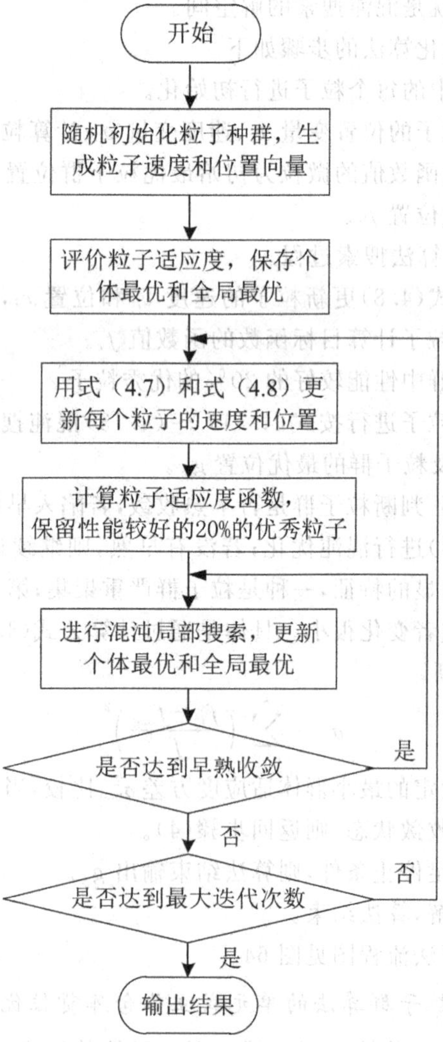

图 64　混沌粒子群算法流程图

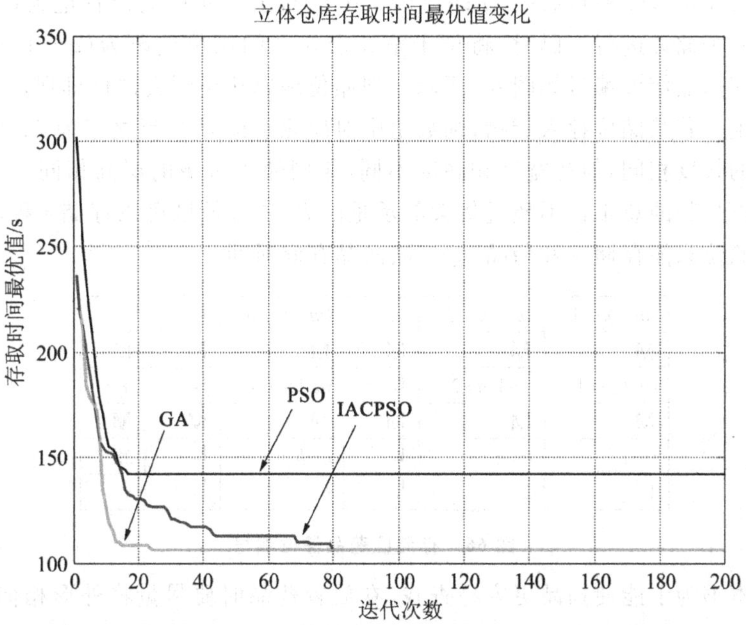

图 65 三种算法的存取时间最优值变化曲线

通过图 65 可知，由于采用了混沌搜索，扩大了搜索空间，提高了搜索效率，CPSO 算法的求解速度和稳定性明显优于 GA 和 PSO 算法。

4.3 快速出药系统储位优化方法研究

药房自动化仓储系统工作效率的高低主要取决于库区和储位的分配策略，合理地仓储布局与储位分配策略能大大提高仓库的入库效率、减少无用的消耗，也是药房实现现代化管理，改善药房功能的重要保证，对缩短处方处理时间，降低药品在搬运及存储过程中的损耗，减少药品搬运和存储的成本，提高药房收益具有重要的现实意义。本书对快速出药系统和智能存取系统分别进行了研究。

4.3.1 快速出药系统储位数学模型

在建立快速出药系统储位优化的数学模型之前，需先定义一些常量和变量。为计算方便，对仓库模型做如下假设：①设存储药库共有 m 层 n 列，将距离上药口最近的列记为第 1 列，最底层记为第 1 层，则第 a 层 b 列的储位记为(b,a),$(a=1,2,\cdots,m;b=1,2,\cdots,n)$,出入库口的位置记为(0,0)。对每一个储位进行编码时,将位于第 a 层 b 列的储位编码为$(a-1)n+b$。仓储区药品储位编号如图 66 所示。把储位编码从小到大进行排列,组成一维数组。若某储位存入货物,则数组中对应元素记为 1,反之记为 0;②每个储位的长度相同,但是宽度和高度不同,相同储存区域的层高相同;③货架上存放货物的总重量不超过货架的承重能力;④存储区可以存储 s 种药品,每个储位只能存储一种药品;⑤忽略药品存储时间。

$(m-1)n+1$	$(m-1)n+2$	L	$(m-1)n+b$	L	mn
M	M	M	M	M	M
$(a-1)n+1$	$(a-1)n+2$	L	$(a-1)n+b$	L	an
M	M	M	M	M	M
$n+1$	$n+2$	L	$n+b$	L	$2n$
1	2	L	b	L	n

图 66　存储区药品储位编号

本书为了能使药品更容易查找,在放置药品时要尽量将外形相似的药品放在一起或是相邻存放。对于某类药品放置的位置根据其入/出库频率,为其分配相应的放置区域,因而可为这类药品定义一个中心储位坐标,尽量将药品放在离这个中心坐标点较近的位置。这样放置药品时,相同形状特征的药品会尽可能放在一起,达到相邻存放的效果,这种存放的方式,根据药品的外形尺寸设置不同规格的储位,有利于最大限度地利用空间,同时这种存放有利于出库的拣选操作和库存调整操作,方便药品的查找,节省了时间,提高了工作效率。

由于要求相邻存放药品,必须将相同形状特征的药品归为一类,因此本书通过数据挖掘技术中的聚类分析方法将不同外形尺寸的药品进行归类,再根据聚类结果及本章第一节中的优化策略建立快速出药系统储位模型。

1. 聚类分析方法

所谓聚类,就是将一个数据单位的集合分割成几个称为簇或类别的子集,每个类中的数据都有相似性,其划分依据就是“物以类聚”[205]。数据聚类分析是根据事物本身的特性,研究对被聚类的对象进行类别划分的方法[206]。聚类分析依据的原则是使同一聚簇中的对象具有尽可能大的相似性,而不同聚簇中的对象具有尽可能大的相异性[207]。聚类分析主要解决的问题就是如何在没有先验知识的前提下,实现满足这种要求的聚簇的聚合。聚类与分类有其本质的不同,其中分类是具有一定的先验知识,整个过程中有监督学习,而聚类则是由数据本身来发现数据的特征,并用来作为聚类过程的依据，因此被称为无监督学习(Unsupervised Study)[208]。目前聚类分析方法在医学数据挖掘中已有应用[209－211]，如 Chae Y. M. 等[212]利用韩国医疗保险公司数据库，采用数据挖掘技术预测健康结果，并为高血压健康管理提供政策支持。

(1)聚类分析方法的分类

由于聚类分析在数据处理中的重要性和特殊性，近年来涌现出了许多聚类分析方法，这些方法几乎涉及人工智能科学的各个领域，而且在某些特定的领域中取得了理想的效果。目前聚类分析的理论正在不断发展，研究的方向也在不断得到拓展。本书采用一种常用的基于层次的分层聚类算法。

(2)分层聚类算法的基本概念

假定要根据 n 个对象的 p 个指标值进行聚类，称这 n 个对象为样品(即数据结构中的数据元素)，p 个指标为属性[213]。样本数据阵如下式(4.15)。

$$X=\begin{bmatrix} x_{11} & x_{12} & \cdots & x_{1p} \\ x_{21} & x_{22} & \cdots & x_{2p} \\ \vdots & \vdots & \vdots & \vdots \\ x_{n1} & x_{n2} & \cdots & x_{np} \end{bmatrix} \tag{4.15}$$

若把每一个样品视为 p 维欧氏空间的一个点，则聚类分析问题可归结为是给 p 维空间中 n 个点找出一种恰当的分类。根据分类对象的不同，聚类分析分为样本聚类(称为 Q 型聚类分析)和属性聚类(称为 R 型聚类分析)。为了度量分类对象之间的接近与相似程度，需定义一些分类统计量，如距离和相似系数，用作分类的数量指标，从而可定量地进行分类。

1)距离

距离是聚类分析常用的分类统计量。对于有 p 个属性的样品来说，n 个样品可视为 p 维空间的 n 个点，因此可设想用点间距离度量样品间的接近程度。

常用 d_{ij} 表示第 i 个样品与第 j 个样品间的距离。两个样品间的距离在 $0\rightarrow\infty$ 之间，距离越小，则两个样品越接近。在聚类分析中的距离定义为[214]：

$$d_{ij}^{(q)}=\left(\sum_{k=1}^{p}(x_{ik}-x_{jk})^{q}\right)^{1/q} \tag{4.16}$$

若式中 q 值为 1 时，所得结果即为“曼哈顿距离”，q 值为 2 时，即为“欧几里得距离”。

2)相似系数

对于 p 维空间的两个向量，可用相似系数度量其相似程度。相似系数的定义为：

$$r_{ij}=\frac{\sum_{k=1}^{n}(x_{ki}-\overline{x_i})(x_{kj}-\overline{x_j})}{\sqrt{\sum_{k=1}^{n}(x_{ki}-\overline{x_i})^2\sum_{k=1}^{n}(x_{kj}-\overline{x_j})^2}} \tag{4.17}$$

式中，$\overline{x_i}$、$\overline{x_j}$为均值，$\overline{x_i}=\frac{1}{n}\sum_{k=1}^{n}x_{ki}$，$\overline{x_j}=\frac{1}{n}\sum_{k=1}^{n}x_{kj}$。相似系数越大，两个属性越相似。

也可先将相似系数转化为距离，然后再做聚类，其公式为：

$$d=\sqrt{2(1-c)}\text{ 或 }d=1-c^2 \tag{4.18}$$

式中，c 为两个属性间的某种相似系数，d 为两个属性间的某种距离。

K-means 算法是最为经典的基于划分的聚类方法，是十大经典数据挖掘算法之一。K-means 算法的基本思想是：以空间中 k 个点为中心进行聚类，对最靠近它们的对象归类。通过迭代的方法，逐次更新各聚类中心的值，直至得到最好的聚类结果，即所获得的聚类满足：同一聚类中的对象相似度较高；同时，不同聚类中的对象相似度较小。其中，聚类相似度是利用各聚类中对象的均值所获得的一个“中心对象”来计算[215]。

本书采用 K-means 算法进行药房自动化仓储系统药品聚类分析，具体步骤如下[216]。

(1)从 n 个数据对象中任意选取 k 个对象作为初始的聚类中心。

(2)根据每个聚类对象的均值，分别计算每个对象到各个聚类中心的距离，把对象分配到距离最近的聚类中。

(3)重新计算 k 个聚类的中心（该聚类中所有对象的均值）。不断重复这一过程，直到标准测度函数开始收敛为止[217-218]。采用均方差作为标准测度函数，具体定义如下：

$$E=\sum_{j=1}^{k}\sum_{p=C_j}|p-m_j|^2 \tag{4.19}$$

式中，E 为数据库中所有对象的均方差之和；p 表示给定的数据对象；m 为聚类的均值。

(4)与上一次计算得到的 k 个聚类中心比较，若聚类中心发生变化，转步骤(2)，否则转步骤(5)。

(5)输出聚类结果。

K-means 聚类算法实现流程框图如图 67 所示。

利用 K-means 算法对河北某妇幼保健院药品尺寸数据进行聚类分析，

设药品种类为300种，结合药品出药频次 f，需聚类数据个数为 $n=620$，按药盒宽度（聚类个数为 $k=9$）和高度（聚类个数为 $k=4$）分别进行聚类，结果如表1、表2所示（数据经取整运算）。表中储位宽度和层高是根据聚类结果确定的快速出药系统储药槽实际宽度和层高值。

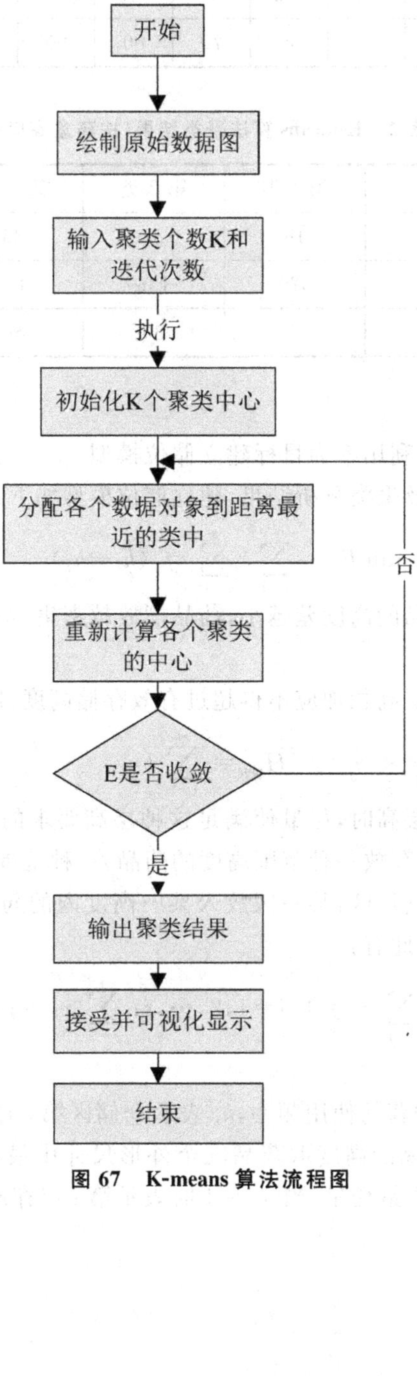

图67 K-means 算法流程图

表 1 K-means 算法聚类结果(按药盒宽度)

聚类序号	第 1 类	第 2 类	第 3 类	第 4 类	第 5 类	第 6 类	第 7 类	第 8 类	第 9 类
距离中心(mm)	32	44	55	65	74	85	96	112	131
该类个数	46	64	192	62	163	53	26	9	5
储位宽度(mm)	40	50	60	70	80	90	100	120	140

表 2 K-means 算法聚类结果(按药盒高度)

聚类序号	第 1 类	第 2 类	第 3 类	第 4 类
距离中心(mm)	18	23	33	45
该类个数	329	136	87	68
层高(mm)	25	30	40	50

2. 储位模型

(1)以提高空间利用率为目标建立储位模型

根据优化策略及聚类分析结果，建立储位模型如下：

$$\min F_1 = \sum_{i=1}^{l} \sum_{j=1, i \neq j}^{s} f_j (h_i - h_j) x_{ij} \tag{4.20}$$

即储药区与药品的高度差越小，药品摆放越密集，空间利用率越高。

其约束条件为：

所有储药层的层高相加应不得超过有效存储高度，即

$$H_{\min} = \sum_{i=1}^{m} h_i \tag{4.21}$$

在确定储药层层高时，尽量使满足这种层高要求的所有药品都能摆放在这一区域，一个区存放一种范围高度的药品，一种范围高度的药品放入某一区后不能再放入其他区，某一区放入某一高度内的药品后也不能放其他高度范围的药品，因此有：

$$x_{ij} \in \{0,1\};\ \sum_{i=1}^{l} x_{ij} = 1, j = 1,2,\cdots,s;\ \sum_{j=1}^{s} x_{ij} = 1, i = 1,2,\cdots,l \tag{4.22}$$

其中，f_j 表示第 j 种药的使用频率，h_i 表示仓储区第 i 层的层高，h_j 表示第 j 种药品的高度，药品的高度取药品三个外形尺寸中最小的值；l 表示层高为 h_i 的层数；x_{ij} 是决策变量，当 $x_{ij}=1$ 时表示第 i 层存放第 j 种药品。

(2)以提高存取效率为目标建立储位模型

基于周转率建立药品存储分区模型。根据发药清单内药品尺寸及药品使用频率将仓储区分成不同的区域,而不同区域内的储位摆放原则是保证货物既能顺利入/出库又不造成仓储空间的浪费,并且在有限的仓储空间内存储满足实际需求量。

时间目标函数见式(4.23),它表示将出药频率大的药品放于离出药口最近的位置,从而提高工作效率。

$$\min F_2 = \sum_{k=1}^{p} \sum_{i=1}^{m} \sum_{j=1}^{n} f_k d_{ij} \tag{4.23}$$

同样,所有储药层的层高相加应不得超过有效存储高度,即

$$H_{\min} = \sum_{i=1}^{m} h_i \tag{4.24}$$

其中,f_k 表示第 k 种药的使用频率;d_{ij} 表示第 i 层 j 列的储位到出入口(0,0)的距离,则 $d_{ij} = \sqrt{x_{ij}^2 + y_{ij}^2}$;$h_i$ 表示第 i 层储药槽的高度。

自动化药房在实现药品的密集存储时,为保证药品顺利入/出库,储药槽与药盒之间的间隙必须保持在一定的范围内。如果超出范围,会出现药盒不易滑入储药槽中、药盒重叠或者拱起、翻板力不足无法将药品顶出、卡药等现象,影响上药和出药操作的正常执行[35]。且储药槽的高度和宽度均应在一定范围内,则其约束公式如下所示:

$$h + h_{\min} \leqslant h_i \leqslant h + h_{\max} \tag{4.25}$$

$$w + w_{\min} \leqslant w_{ij} \leqslant w + w_{\max} \tag{4.26}$$

此外,还应保证储位槽的总高度不超过药柜的高度;每层储位槽的总宽度不超过药柜的总宽度。则其约束公式如下所示:

$$\sum_{j=1}^{n} w_{ij} \leqslant W, i = 1, 2, \cdots, m \tag{4.27}$$

式中,w_{ij} 是处于第 i 层 j 列的储药槽的宽度;H 和 W 分别表示药柜的高度和宽度;h,w 分别为药盒的高度和宽度;$h_{\min}$,$h_{\max}$,$w_{\min}$,$w_{\max}$ 分别为储药槽与药盒宽度和高度的最小、最大间隙,也即保留的裕度。

4.3.2 基于改进自适应混沌粒子群算法的快速出药系统储位优化

快速出药系统的储位分布目标既要满足药品密集存储的要求又要兼顾系统的运行效率,同时以储药库稳定性以及出药机构与药品储位的适应性为约束。

在储位优化的粒子群算法中,首先把两种存放方式的不同看作是一组

置换，即两个粒子之间的差异。X 为物品的一种存放方式，即粒子的位置；V 为两种不同存放方式的置换，即粒子的速度[186]。由于存储药品的货架被分成若干个库区，且每个分区中药品的品种和入/出库频率都不同，因此为确保经过置换后药品不会存放到其他库区，在置换时要保证是在每个库区内单独进行。以储位总数 $m\times n$ 为粒子群搜索空间维数，设 V_1 和 V_2 为物品的两种不同存放方式的置换集，则 V_1 与 V_2 的和记为 $V_1\oplus V_2$，可得到第 i 个粒子速度的迭代方程修改为：

$$v_{id}^{k+1}=w\times v_{id}^{k}\oplus c_1\times r_1\times(p_{id}^{k}-x_{id}^{k})\oplus c_2\times r_2\times(g_{gd}^{k}-x_{id}^{k}) \quad (4.28)$$

将 X 与 V 的和记为 $X\oplus V$，表示将 V 中的置换作用到 X 上，其结果仍为物品的一种存放方式，可得储位优化问题的位置迭代方程：

$$x_{id}^{k+1}=x_{id}^{k}\oplus\lambda\times v_{id}^{k+1} \quad (4.29)$$

式中，λ 是粒子飞行约束因子。

在储位分配优化问题中，速度是用于交换两种存放方式中的某对应储位的存储状态，$(p_{id}^{k}-x_{id}^{k})$ 表示自身最好的存储方式和当前物品的存储方式的置换，$(g_{gd}^{k}-x_{id}^{k})$ 表示整个群体最好的存储方式和当前物品存储方式的置换。$w\times v_{id}^{k}$，$c_1\times r_1\times(p_{id}^{k}-x_{id}^{k})$，$c_2\times r_2\times(g_{gd}^{k}-x_{id}^{k})$ 均表示一些置换的集合。

因为基于排序问题的粒子群算法解决的是全排列问题，而实际的货物存储中并不能保证每个储位均要进行存取操作，因此在做储位置换时还需要做如下处理：比较并记录当前种群的个体分别与全局最优个体 g_{gd}^{k} 和当前局部最优个体 p_{id}^{k} 之间的储位差别，如果当前个体的某个储位的存储状态由存储变为闲置则记为 0，反之记为 1。

在本书提出的改进自适应混沌粒子群算法中，选择如下式所示的 Logistic 映射来产生混沌变量。

$$z_{j,k+1}=\mu z_{j,k}(1-z_{j,k}),k=0,1,2,\cdots,0\leqslant z_{j,k}\leqslant 1 \quad (4.30)$$

式中，μ 是控制变量，当 $\mu=4$，$z_0\notin\{0,0.25,0.5,0.75\}$ 时，Logistic 完全处于混沌状态。

$$x_j=x_j^{*}+\eta_j z_{j,k} \quad (4.31)$$

式中，x_j^{*} 为当前最优解；η_j 为调节系数；$z_{j,k}$ 为处于$[-1,1]$区间的混沌变量。

在搜索初期，希望变量变动较大以便于跳出局部极值点，η_j 值应取较大；而随着搜索的进行变量逐渐接近最优值，η_j 值也应逐渐减小。本书按下式来进行 η_j 自适应变化：

$$\eta_j=\gamma[(k_{\max}-k+1)/k_{\max}]^2 x_j^{*} \quad (4.32)$$

式中，γ 为邻域半径，$\gamma=0.1$；$k_{\max}$ 为算法设置的最大迭代次数。

综上可得基于自适应参数策略的混沌粒子群优化算法的步骤如下：

(1)混沌初始化种群中每个粒子的位置和速度。

(2)评价每个粒子的适应度,保存全局最优位置 g^k 和个体最优位置。

(3)用式(4.28)和式(4.29)更新每个粒子的速度和位置,由式(4.9)更新惯性权重。

(4)计算每个粒子的目标函数值,然后保留群体中性能最好的部分粒子。

(5)对最佳粒子按式(4.30)～(4.32)执行自适应混沌局部搜索,并更新 p^k 及 g^k。

(6)若满足停止条件,搜索停止,输出结果,否则转至步骤(2)。

改进自适应混沌粒子群算法流程图见图 68。

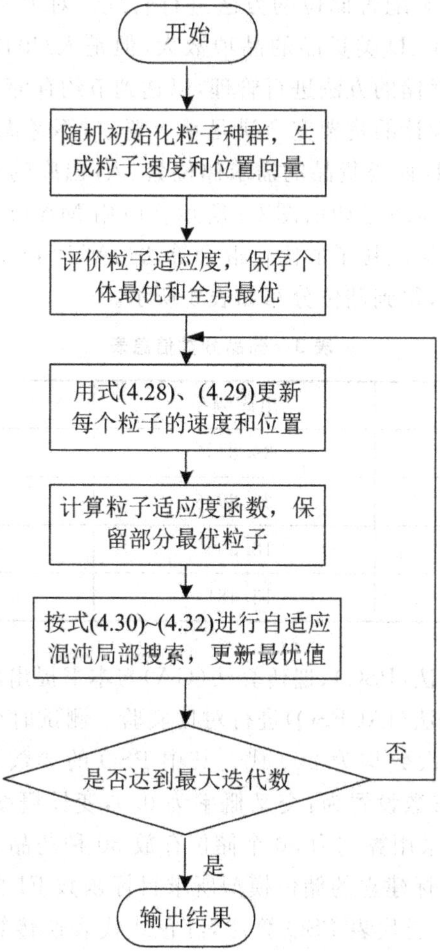

图 68　改进自适应混沌粒子群算法流程图

4.3.3 实验结果及分析

将上述优化算法用于中国某医院的快速出药系统中的储位配置。合理分配优化储药槽，不仅能够有效地提高药品入/出库效率，提高空间利用率，而且便于加工和安装。

经对河北某妇幼保健院300种药品聚类分析，所需储位为620个。因此该医院快速出药系统设计为固定式货架，共15层，最大42列，共计630个储位，剩余10个储位备用。将300种药品分为A、B、C、D四类。根据医院药房的发药需求情况判断，重点对A类药品在分类存储的基础上利用储位优化模型进行精确配置储位的方法进行管理。对B类药品我们选择基于分类定位存储。C、D类货品的品项数大，但是入/出库频次与数量都不大，可以采用随机存储的方法进行管理，以达到节约存储空间的目的。由于药品重量较轻，且设计的货架完全满足承重要求，不考虑储位承重的问题。满足计算A、B、C、D四类货品的需求储位数、入/出库的平均频率如表3所示。仓储区药品储位编号如前图66所示。应用MATLAB软件利用本书提出的改进自适应混沌粒子群优化混合算法(IACPSO)对快速出药系统仓储区储位模型求解，得到储位分布如表4所示。

表3 药品分类信息表

药品类型	出库频率	储位数
A	39.84%	247
B	26.29%	163
C	18.39%	114
D	15.48%	96

选用粒子群算法(PSO)、遗传算法(GA)与本书提出的改进自适应混沌粒子群优化混合算法(IACPSO)进行对比实验。测试时个体(粒子)数目均设为50，最大迭代次数均为200代。其中PSO的参数设置为：$w=0.73$，$c_1=c_2=2$；GA的参数设置为：交叉概率为0.9，变异概率为0.2，适配值淘汰加速指数为2。采用算例为30个储位存放30种药品。三种算法对以提高空间利用率为目标建立的储位模型所求目标函数F1的值变化曲线如图69所示，其中，黑色线代表PSO算法，红色线代表遗传算法(GA)，绿色线代表本书提出的改进算法(IACPSO)。

表 4　储位分布表

药品类型 尺寸(mm)	A(储位数)	B(储位数)	C(储位数)	D(储位数)
40	15	3	6	22
50	36	6	10	12
60	78	68	30	16
70	22	15	16	9
80	62	58	34	9
90	15	6	12	20
100	15	5	2	4
120	3	1	3	2
140	1	1	1	2

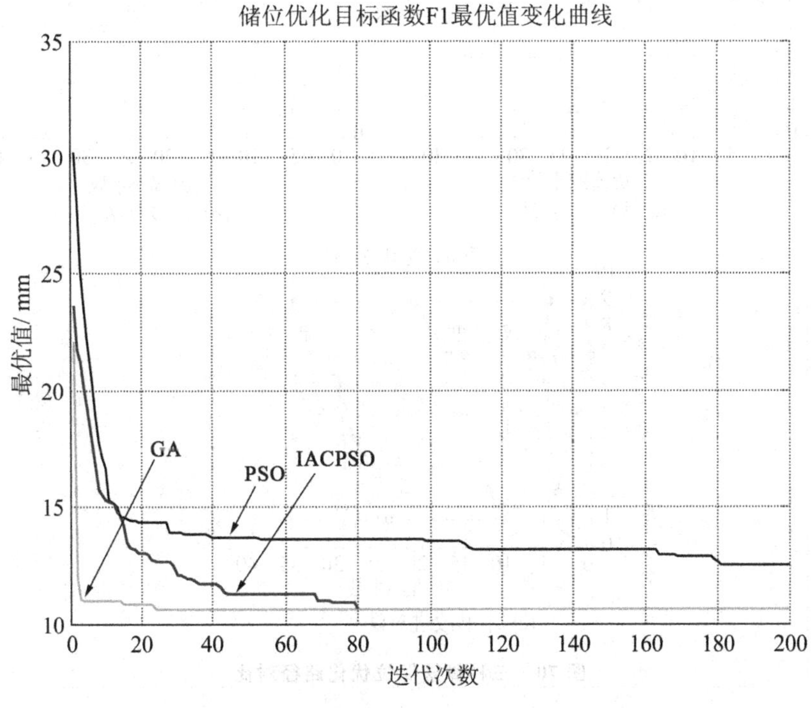

图 69　三种算法的目标函数值仿真结果

三种算法的三个技术指标：最优值、达到最优值时的迭代次数及所需优化时间对比结果见表 5。储位排列优化结果如图 70 所示。当综合考虑空间利用率和入/出库效率时，设置两个适应值函数的权重系数均为 0.5，设置 Pareto 解集容量为 2。对前述两种目标模型利用本书提出的改进算法求解，优化前后的数据如表 6 所示。

表 5　三种算法求解结果对比

算法	最优值(mm)	达到最优时迭代数	优化时间(s)	优化效率
GA	11.4189	81	176	0
PSO	13.2683	182	171	2.84%
IACPSO	11.1162	25	166	5.68%

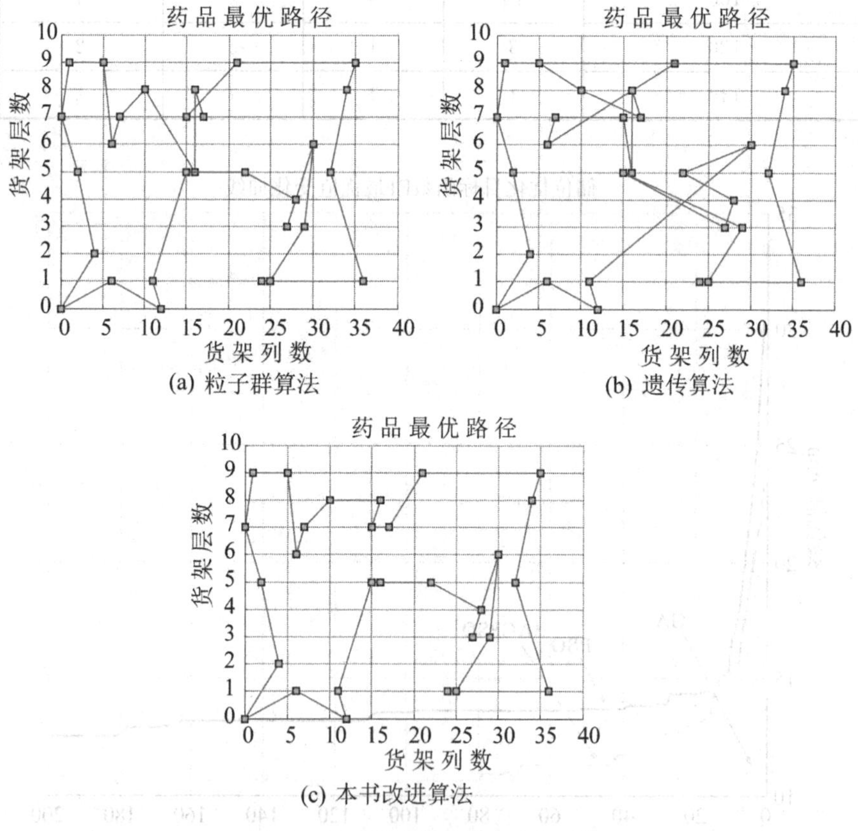

图 70　三种算法储位优化路径对比

通过图 69、70 及表 5 对比发现，IACPSO 算法的求解速度和稳定性明显优于 GA 和 PSO 算法。由于本书采用了交叉算子和变异算子，比传统的粒子群算法和遗传算法提高了求解的准确性，同时防止算法在采用粒子群方法进化阶段向粒子局部最优值集中，该算法对扩大种群的搜索空间，提高算法搜索效率起到了积极的作用。仿真结果显示本书所提算法优化效率比遗传算法提高了5.68%。为验证算法对实际系统的优化效果，将三种优化算法用VC#语言写入河北某医院快速出药系统的控制程序，对三种算法在空间利用率上的优化程度进行验证。结果表明：按本书算法优化后的储位排布，空间利用率最好，比单纯遗传算法提高了约8%，比单纯粒子群算法提高了约5%。

表6 药品储位优化前后对比

方案	目标函数1	目标函数2
1	11.34789593	1704.95898
2	11.08395729	1743.94859

多目标储位优化模型中，两个目标函数都是极小化目标函数。由表6可看出，第1个目标函数要求药品摆放高度差达到最小，第2个目标函数则要求运行时间达到最小。观察所有pareto最优解可知，使每个目标都最优的解并不存在，当第1个目标函数下降时，第2个目标函数值上升。决策者可根据实际需要和偏好，选择适当的解作为储位优化的结果。

对于药品储位的排列问题，如果想要在满足多个限制条件的情况下，想得到真正的最优解，是不可能实现的。本书采用粒子群算法得到的储位排列是次优解，但是对提高系统作业效率以及存储空间的利用率却起到了非常积极的作用。

4.4 智能存取系统储位优化方法研究

4.4.1 智能存取系统储位优化问题

智能存取系统药品的储位规划，除按照通用货品存储原则排布外，如果选择随机摆放，那么按照统计学知识，拣选用时应该在(0～旋转一周)之间呈正态分布。所以随机选择储位存放药品，不进行合理的规划，总体出药时间较长，则智能存取系统的运行效率将受到限制。

在北京某医院门诊药房使用的智能存取系统，药师按照科室对药品进行储位规划，将相同科室的药品相邻排放，根据经验判断处方发药的用时，排列后的药品出库时间缩短了很多，一天的出药用时比随机摆放药品减少了接近一半的时间，大大提高了药房的工作效率。根据药品间的关联性对医院一段时期内历史处方数据进行数据挖掘，总结出数据间的内在联系，应用于药品的储位排布，可以提高智能存取系统的工作效率。

根据《处方管理办法》[219]规定：处方是医生对病人用药的书面文件，是药剂人员调配药品的依据。处方的类型分为法定处方、协定处方和医师处方三种，法定处方是指药典、部颁标准和地方标准收载的处方；协定处方是指根据某一地区或某一医院日常医疗用药需要，由医院药剂科与医师协商共同制定的处方；医师处方是指医师对个别病人用药的书面文件。处方上标明了药物的名称、数量、剂型及用法用量。三种不同类型的处方，虽然用处不同，但是根据定义特点可以得出结论，针对相同的病症，某一医生或某些医生会使用相同的药物治疗病症，因此开具的处方上药物的配伍大致相同，分析医院处方中药物的配伍情况，以及向医生调研的情况判定，药品间存在频繁配伍使用情况。

结合数据挖掘知识，深入研究处方中药品配伍情况的关联性规律，对比数据挖掘中各挖掘算法的特点，采用关联规则的模式进行处方中药品数据挖掘，寻找药品间的频繁关联规则，为药品储位排布提供理论基础。分析关联规则模式中的各算法，由于 Apriori 算法在每次寻找 k-频繁项集时，都要对事务数据库进行扫描，计算量较大，因此采用改进的 Apriori 算法，即基于事务和项目压缩的 AprioriTid 改进算法对处方中药品数据进行挖掘，这样可减少采用 Apriori 算法对数据库的扫描次数，并且 Apriori 算法生成的 T_k 更有利于使用 SQL Server 数据库进行数据挖掘。

4.4.2 关联规则的挖掘算法描述

关联规则挖掘是数据挖掘中最活跃的研究热点[220]，它是一个重要的 KDD(数据知识发现)研究课题，由 Rakesh Agrawal 等人首先提出。关联规则挖掘反映了大量数据中项目之间有趣的关联或相关联系，其比较经典例子就是“90%的客户在购买面包和黄油的同时也购买了牛奶”[221]。随着大量数据不停地被收集和存储，许多业界人士对于从他们的数据库中挖掘关联规则越来越感兴趣。从大量商务事务记录中发现有趣的关联规则，可帮助许多商务决策的制定，如购物篮分析、分类设计、交叉购物等[222]。医学研究人员也希望从已有的病历中找出患某种疾病的共同特征，从而为治愈这种疾病提供一些帮助[223,224]。

1. 关联规则的基本定义

定义 1：设 $I=\{i_1,i_2,\cdots i_m\}$ 是全体数据项（简称项）的集合。数据项集（简称项集）是由数据项构成的非空集合。设 D 是数据事务的集合，其中每个事务 T 是项的集合，使得 $T\subseteq I$，每个事务有唯一的标识符 TID。项集包含的元素个数称为项集的长度，长度为 k 的项集称为 k 项集[225]。

定义 2：设 X,Y 分别为一个项集，关联规则的形式为 $X\Rightarrow Y$ 蕴涵式，其中 $A\subset I,B\subset I$ 并且 $X\cap Y=\phi$[226]。A 作为规则的前项集，B 作为规则的后项集。

定义 3：支持度(support)：假设 X 是一个项集，D 是事务的集合，项目集 X 的支持度表示 D 中事务包含 X 的百分比，即 D 中包含 X 的事务的个数与总的事务数之比[227]，记作 support(X)=Count(X)。关联规则 $X\Rightarrow Y$ 的支持度表示 D 中事务同时包含 X、Y 的百分比，即 Count(XY) / $|D|$，记为 support($X\Rightarrow Y$)。

定义 4：最小支持度(minimum support)：是由用户定义的衡量项集频繁程度的一个阈值，记作 min-sup。

定义 5：频繁项集(frequent itemset)：对于一个项集 X，如果 X 的支持度不小于最小支持度，即 support(X)$\geqslant$min_sup，称 X 为频繁项集。

定义 6：置信度(confidence)：对项集 X、Y 的形如 $X\Rightarrow Y$ 的关联规则，事务集 D 中既包含 X 也包含 Y 的事务的个数与 D 中包含 X 的事务的个数之比即为置信度。若用 $X\cup Y$ 表示既包含 X 也包含 Y 的项集，置信度也可说是项集 $X\cup Y$ 的支持度与 X 的支持度之比[228,229]，记作 confidence($X\Rightarrow Y$)。

$$\text{confidence}(X\Rightarrow Y)=\frac{\text{support}(X\cup Y)}{\text{support}(X)}=\text{Count}(X\Rightarrow Y)/\text{Count}(X) \tag{4.33}$$

定义 7：最小置信度(minimum confidence)：是用户定义的一个置信度阈值，表示关联规则的最低可靠性，记作 min_conf。

定义 8：强关联规则：对于给定的最小支持度和最小置信度阈值，支持度和置信度都大于相应阈值的规则成为强关联规则。即满足下列条件：

$$\text{support}(X\Rightarrow Y)=\text{support}(X\cup Y)\geqslant \text{min\_sup} \tag{4.34}$$

$$\text{confidence}(X\Rightarrow Y)=\frac{\text{support}(X\cup Y)}{\text{support}(X)}\geqslant \text{min\_conf} \tag{4.35}$$

关联规则挖掘的任务是：在给定的事务数据库 D 中，发现 D 中所有的频繁关联规则[230,231]。所谓频繁关联规则是指这些规则的支持度、置信度分别不低于用户给定的最小支持度和最小置信度。如果满足最小支持度阈值和最小置信度阈值，则认为关联规则是有趣的。这些阈值根据挖掘需要人为设定。

2. 关联规则的 Apriori 算法

在关联规则的挖掘算法中，最有影响和最为常用的关联规则挖掘算法是 Agrawal 等人提出的 Apriori 算法(包括 AprioriTid 和 AprioriHybrid 算法)[232−234]。

Apriori 算法是一种逐层搜索的迭代方法[235−239]，首先找出所有频繁 1-项目集 L_1，L_1 用于寻找频繁 2-项目集 L_2，L_2 用于寻找频繁 3-项目集 L_3，如此循环下去，直到不能找到频繁项目集为止。Apriori 算法的第一步是简单统计所有含一个元素的项目集出现的频率，来决定频繁 1-项目集；在第 k 步，分两个阶段，首先调用函数 Apriori-Gen，通过第(k-1)步中生成的频繁(k-1)-项目集 L_{k-1} 来生成候选频繁 k-项目集 C_k；其次扫描事务数据库 D 计算候选频繁 k-项目集 C_k 中各元素在 D 中的支持数或支持度。算法中的 C_k 表示候选频繁 k-项目集，所谓候选是指候选中的项目集有可能成为频繁项目集，而不属于候选的项目集均不可能成为频繁项目集。

Apriori 算法具体过程如下[240]。

输入：D，事务数据库；min_sup，最小支持度阈值。

输出：L，D 中的频繁项集。

具体算法：

(1) $L_1 = find\_frequent\_1-itemsets(D)$；

(2) $for(k=2; L_{k-1} \neq \Phi; k++)\{$

(3) $\quad C_k = apriori\_gen(L_{k-1})$；

(4) $\quad foreach$ 事务 $t \in D\{$ //扫描 D 用于计数

(5) $\quad C_t = subset(C_k, t)$； //得到 t 的子集，它们是候选集

(6) $\quad foreach$ 候选 $c \in C$；

(7) $\quad c.count++;\}$

(8) $\quad L_k = \{c \in C_k \mid c.count \geqslant \text{min\_}sup\}\}$

(9) Return $L = \bigcup L_k$；

Procedure apriori_ gen(L_{k-1}：frequent(k-1)-itemsets)

(1) for each 项集 $l_1 \in L_{k-1}$

(2) for each 项集 $l_2 \in L_{k-1}$

(3) If $((l_1[1]=l_2[1]) \wedge (l_1[2]=l_2[2]) \wedge \cdots \wedge (l_1[k-1]=l_2[k-1]))$ then {

(4) c $= l_1 \times l_2$； //连接步，产生候选集

(5) If has_ infrequent_ subset(c, L_{k-1}) then

(6) Delete c to C_k； //剪枝步，删除非频繁项集

(7) else add c to C_k}

(8) Return C_k;

Procedure has_ infrequent_ subset(c: candidate k-itemset;

(1) L_{k-1}:frequent(k-1)-itemsets)　　　　　//使用先验知识

(2) for each(k-1)-subset s of c

(3)　　　if $s \notin L_{k-1}$ then

(4)　　　　　Return TRUE;

(5) Return FALSE;

Agrawal 等人建立了项目集格理论,其核心原理是:频繁项目集的所有非空子集也是频繁项目集;非频繁项目集的任何超集亦是非频繁项目集[241,242]。

现举例说明 Apriori 算法过程。假设事务数据库 D 中有 9 个事务记录,即 $|D|=9$。在 Apriori 算法中每一步创建该步的候选集,统计每个候选项目集的支持度,并和最小支持度比较,来确定该步的最大项目集。详细步骤如图 71 所示。

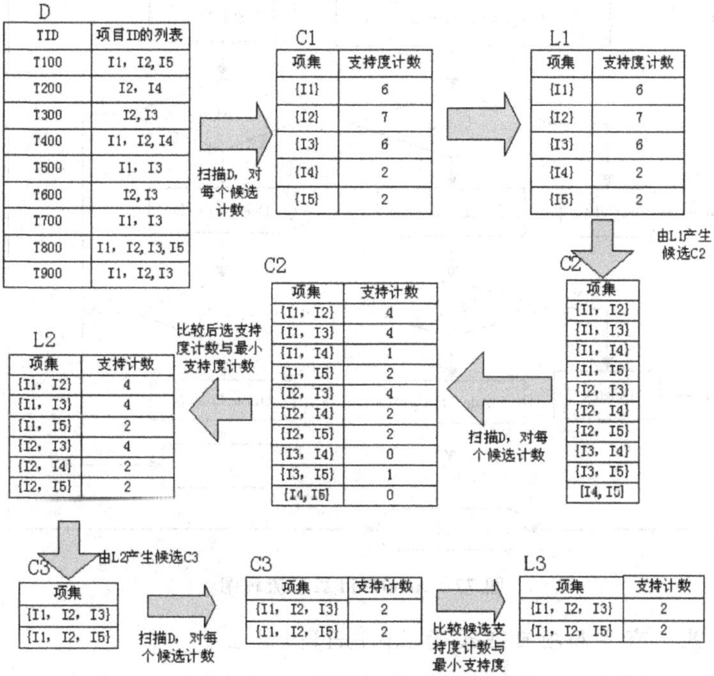

图 71　Apriori 算法详细步骤

3. 关联规则的 AprioriTid 算法

AprioriTid 算法使用了 Apriori-Gen 函数以便在遍历之前确定候选频繁项目集[243-245]。在第一次扫描之后用另外一个集合 T_k 来计算支持数,集合

T_k 中每个成员的形式为(TID,{X_k}),其中每个 X_k 都是一个潜在的频繁 k-项目集。$k=1$ 时,T_k 对应于事务数据库 D。$k>1$ 时,由算法产生 T_k,与事务 t 相对应的 T_k 成员是($t.TID$,{$T \in C_k \mid t$ 中包含的 T})。若某个事务不包含任何候选频繁 k-项目集,则对这个事务 T_k 就没有条目。这样 T_k 中条目数量比事务数据库 D 中的事务数少。AprioriTid 算法流程图如图 72 所示。

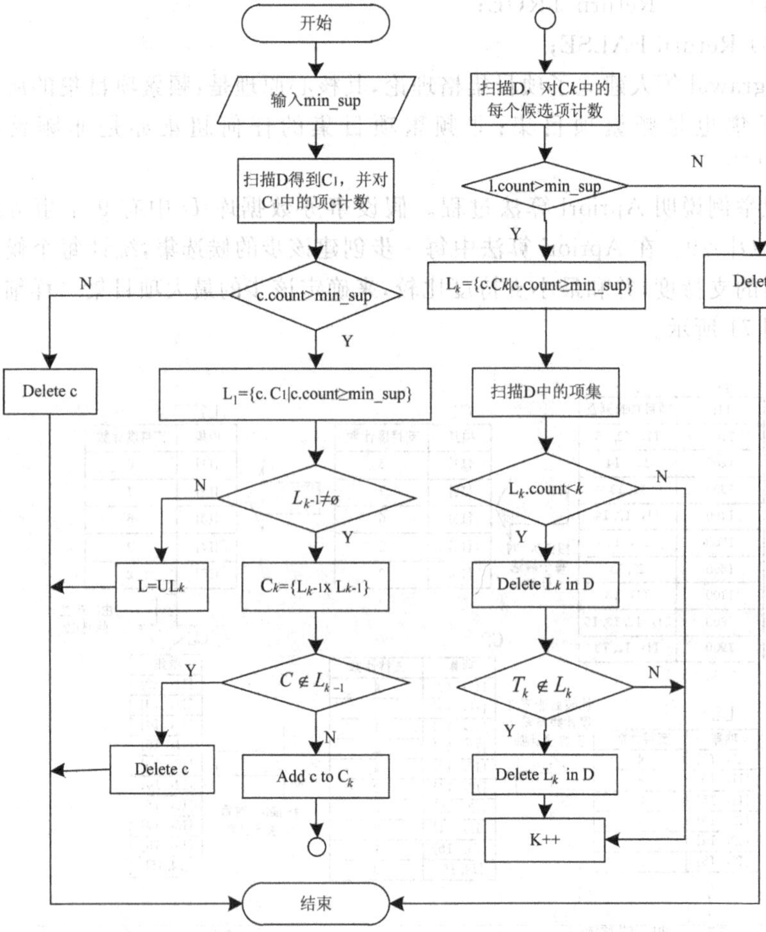

图 72　ArioriTid 算法流程图

4. 基于事务和项目压缩的 AprioriTid 算法

AprioriTid 算法改进的主要思想:事务压缩和项目压缩[246]。在生成候选项目集 C_k 的同时,剔除事务数据库中的不支持 L_k 的事务以及事务中的项目。候选项目集的产生不是由 L_{k-1} 联接剪枝后产生,而是在扫描事务数据库时产生,对每条事务联接产生候选集的同时运用函数运算生成联接后候选项集的关键字,以此统计支持数,而不是字符串的模式匹配。

原算法及改进算法中涉及的性质及证明如下：

性质1：任何频繁项集的所有非空子集也是频繁项集，非频繁项集的超集是非频繁项集。证明见文献[242]。

性质2：如果频繁 k 项集还能产生频繁 $k+1$ 项集，则频繁 k 项集中的项集的个数必大于 k。

证明：由性质1可知，$k+1$ 每个项集的 $k+1$ 个不同的 k 项子集必在频繁 k 项集中，证毕。

性质3：支持频繁项集 L_k 的任意一条事务至少支持 L_{k1} 中的 k 个 $k-1$ 项集。

证明：由候选项集 C_k 的生成函数 apriori_gen( )的定义可知，如果一条事务 t 支持 L_k 中某个项集 L_1，而 L1 的 k 个 $k-1$ 项子集必在 L_{k-1} 中，所以事务 t 至少支持 L_{k-1} 中的 k 个 $k-1$ 项集。

基于事务和项目压缩的 AprioriTid 改进算法基本步骤。

输入：事务数据库 D，及最小支持度 minsupp；

输出：频繁项目集 L_k。

主程序：

(1) L_1 = find_ frequent_Itemset(D)；　//找出 L_1，在 L_k 中加入频繁1项集，在 C_k 中加入候选1项集

(2) *for*(k=2;*count*(L[k-1]>k-1);k++) { //*count*(L[k-1])为频繁 $k-1$ 项集的数目

(3) for each transaction $t \in D$　　　　//对一事务数据库扫描

(4) {if *t. count* < k then {delete t from D, next for},//事务压缩，t. count 为事务所包含的项数

(5)　for each *t. item* $\notin L_{k-1}$ {delete t. item from t}；　//项目压缩

(6)　t = appriori _ x(t, k)　　//对每条事务，生成候选集，计算支持度

}//将大于最小 minsupp 的 k 项集按顺序加入 L_k 库中，并在库中按顺序生成关键字

(7) for each candi_k_itemset　$c \in C_k$

(8)　if　c. supp>_ minsupp　then{c insert intoL_k}

(9) }

(10) }

apriori _ x(t,k){

//事务 t 中的项目按 apriori_gen 方法进行两两连接，连接后产生候选集 C_k 和新的事务项集 t，并运用函数计算连接后的关键字，根据关键字计算候选集的支持度

(1) Temp_ t="",*t. count*=0；　//初始化，Temp_t 为事务 t 联接生成的 k_2 项集，*t. count* 为 Temp_ t 中项集的个数

(2) for each p,$q \in t$ {

(3) if($p[1]=q[1],\cdots,p[k-2]=q[k-2],p[k-1]=q[k-1]$)then{

(4) $i=p.L_{id}$;$j=q.L_{id}$;//i,j 分别为 p,q 在 L_k 库中的关键字

(5)$id=L[k-1]*(i-L[k-2]-1)+j-L[k-2]*(i-L[k-2]+1)/2+Csum[k-1]+1$

//id 的结果为生成候选项目的关键字,L[k −1]为频繁 $k-1$ 项集的数目,$Csum[k-1]$为候选 1,2,…,$k-1$ 项集个数的总和

(6) Temp_t=Temp_t&(p∞q);//p∞q 为 $k-1$ 项集 p,q 连接所生成的候选 k 项集

(7) t. count++;

(8) if $id \in C_k.D$ then

(9) $C_k[id].count$++;

(10) else

(11) {Insert {Insert{id, p∞q,1} into C_k;}

(12) }}

(13) return Temp_ t;}

基于事务和项目压缩的 AprioriTid 改进算法,在计算候选频繁 k-项目集 C_k 中各元素在 D 中的支持数或支持度时,不再每一次都扫描事务数据库 D,也不是扫描事务数据库 T_k,而是扫描压缩后的事务数据库。事务数据库 t2 压缩过程如图 73 所示。

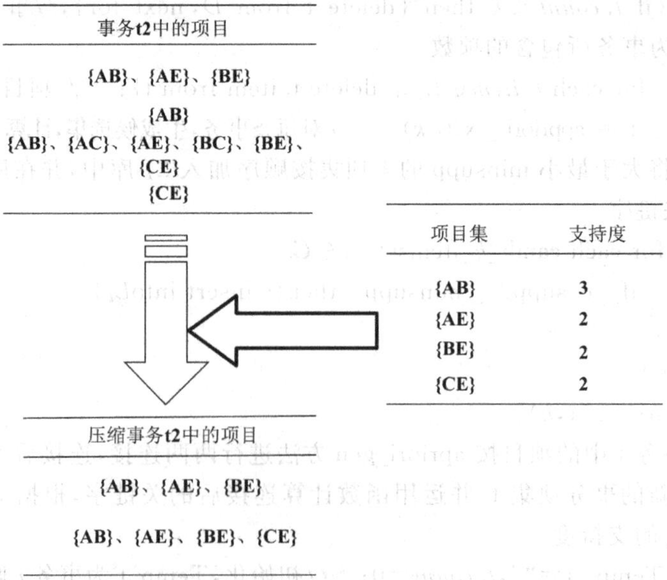

图 73 事务数据库 t_2 压缩过程

4.4.3 电子处方关联规则挖掘过程

1. 数据源与挖掘工具

(1)处方挖掘期。利用对处方的数据挖掘找出药品间的频繁关联规则，设计出更加合理的药品储位规划方法，根据本目标判定，药品的储位规划在智能存取系统的使用过程中，应是经常进行的，随着药品品种的更换和季节的变化引起的药品使用情况变化，都会影响药品储位的排布方式，所以，根据药品出库的情况，应该不定期地对历史处方进行数据挖掘，并产生符合设置的置信度阈值的频繁关联的药品种类，对目前的药品储位规划进行核查，提出一个规划阈值，如果新产生的关联药品和目前使用的关联药品符合度达不到规划阈值，则需要进行新一轮的药品储位排布。

(2)处方挖掘工具。处方挖掘期的设定，决定了智能存取系统信息管理软件必须具备处方挖掘和药品储位规划的功能，因此若采用常规的数据挖掘工具，如 DB Miner 公司的 DBMiner 和 IBM 公司 Intelligent Miner，都需要另外安装挖掘软件。根据实际情况的要求，设计处方挖掘工具为 VC# 程序开发软件和 SQL Server 2008 数据库。由于智能存取系统的信息管理软件采用 VC# 开发，药品信息的后台数据库采用 SQL Server 2008 管理，因此在信息管理软件中开发出处方挖掘的功能，可保证药房工作人员可以在不学习其他挖掘软件的基础上操作药品储位规划；可减少软件开发人员对处方挖掘进行编程的难度，缩短了软件开发周期；可为建立药房自动化系统自学习能力提供一个初步的实践环境和理论基础。

(3)处方数据源。处方数据的关联规则发现，需要设计出一个事务数据库和一个项目数据库，根据实际情况需要，采用河北某医院的一段时期历史处方作为研究对象，确保数据的正确性，智能存取系统的使用频率每天应保证在 8h 以上，后台数据库备份了正常工作情况下的药品出库记录，包括处方信息和药品信息，并存储在 outmedtable 表中。如下表 7 所示，即为处方数据源中的信息。

表 7 处方数据源信息

信息类别	信息数据
数据采集时间段	2013 年 3 月 1 日—2013 年 5 月 31 日
数据总量	460732 条
处方量	163927 张
处方中药品种类	1527 种

outmedtable 表为智能存取系统正常工作时处方存储表，作为本书数据挖掘的数据源表，其各字段如下：

[OprescriptionID] [int] NULL ,//处方顺序号

[Oprescriptionnum] [varchar](100) COLLATE Chinese_PRC_CI_AS NULL ,//处方编码

[Omedonlycode] [varchar](100) COLLATE Chinese_PRC_CI_AS NULL ,//药品唯一编码

[Omedname] [varchar](100) COLLATE Chinese_PRC_CI_AS NULL ,//药品名称

[Omedproductarea] [varchar](50) COLLATE Chinese_PRC_CI_AS NULL ,//药品产地

[Omedproarea] [varchar](50) COLLATE Chinese_PRC_CI_AS NULL ,//药品产地代码

[Omedamount] [int] NULL ,//药品出库数量

[Omedunit] [varchar](10) COLLATE Chinese_PRC_CI_AS NULL ,//药品单位

[Opatientnum] [varchar](50) COLLATE Chinese_PRC_CI_AS NULL ,//患者编码

[Opatientname] [varchar](100) COLLATE Chinese_PRC_CI_AS NULL ,//患者名称

[Opatientsex] [varchar](10) COLLATE Chinese_PRC_CI_AS NULL ,//患者性别

[Omedouttime] [datetime] NULL ,//药品出库时间

[Opresendstate] [varchar](1) COLLATE Chinese_PRC_CI_AS NULL ,//药品出库状态

[Opremode] [varchar](1) COLLATE Chinese_PRC_CI_AS NULL,//药品出库模式

[Oprepriority] [varchar](1) COLLATE Chinese_PRC_CI_AS NULL// 药品出库优先级

如果采用 outmedtable 表作为事务数据表，显然不合适，因为对处方的数据挖掘，outmedtable 表中很多数据为冗余信息，会影响对数据的信息扫描时间。所以需要构建中间数据表，分离出需要的处方信息和药品信息，存储在 PresMed 表中。构建中间数据表的作用是减少对数据源表的描述工作量，缩短数据挖掘的时间，将数据源表中的关键数据提取出来，作为研究

的重点对象。PresMed 表与 outmedtable 表为 master-detail 关系，outmedtable 表为 master 表，PresMed 表为 detail 表，PresMed 表只存储了处方编码，药品编码，药品名称，药品出库数量等于挖掘有关的字段，药品编码为药品的唯一标识，不同药品的药品编码是不同的，处方编码也具有唯一性，不同处方的处方编码也是不同的。PresMed 表的字段如下：

[Oprescriptionnum] [varchar](100) COLLATE Chinese_PRC_CI_AS NULL ,//处方编码

[Omedonlycode] [varchar](100) COLLATE Chinese_PRC_CI_AS NULL ,//药品唯一编码

[Omedname] [varchar](100) COLLATE Chinese_PRC_CI_AS NULL ,//药品名称

[Omedamount] [int] NULL //药品出库数量

根据 PresMed 表与 outmedtable 表的关系，将 outmedtable 表中信息提取到 PresMed 表中，在 PresMed 表中处方编码与药品编码是一对多的关系，代表着同一处方中存在一条或多条药品信息。

2. 数据清理

数据清理过程通常包括：填充空缺的值、识别删除孤立点、平滑噪声数据、并纠正数据中的不一致[247]。有问题的数据将会误导数据挖掘的搜索过程，不利于迅速有效地发现希望得到的信息，因此在进行数据挖掘之前需要对 PresMed 表进行数据清理，这是进行处方数据挖掘的一个关键步骤。需要对以下几种数据进行清理。

(1)按照国家出台的《处方管理办法》要求，医生开具的处方中，西药、中成药药品种类不能超过 5 种(中草药除外)。但是从 PresMed 中分析，也存在着超过 5 种药品的处方，但是数量很少，所以将此类信息作为噪声进行清除。

(2)处方中含有一种药品的情况，不能作为研究的对象，一种药品不能形成配伍规则，也不能挖掘出有效的药品关联规则，将此类信息清除。

(3)西药和中成药都是有外包装的，所以能够存放在智能存取系统中，但是中草药因为没有完好的外包装，所以不宜存放在智能存取系统中，由于电子处方在接收时，没有删除中草药类型的处方，所以需要根据药房提供的中草药清单，将数据源表中的中草药信息删除，只对西药和中成药进行研究。

(4)智能存取系统的根本目的是减轻工作人员的劳动强度，所以对使用量较大、周转频率较高、药盒体积大的药品不放入智能存取系统中，减少因药品频繁出库和入库产生的高强度劳动和能源浪费，如生理盐水、葡萄糖

等。根据本条件，需要筛选使用量较大的药品种类，并由药房工作人员配合，进行必要的药品信息删减。

(5)医院药房在使用智能存取系统中，一般会将规则包装的盒装药品放置在一个储药柜中，如西药和中成药；将不规则包装的药品放置在另一个储药柜中，如针剂和粉剂类药品，这样便于库存管理和盘库操作，所以在进行数据挖掘时，需要对药品信息进行分类，抽取放入同一储药柜的药品信息，建立数据源进行挖掘。

3. 求取药品频繁项目集

对智能存取系统中提取的处方信息进行分析，寻找药品之间的常用配伍关联规则，分析满足最小支持度和最小置信度的频繁 k-项集($k \geqslant 2$)。进行数据挖掘的数据源是从 outmedtable 数据表中抽取，并存取在 PresMed 表中，根据设定的数据清理条件将冗余信息清理。由条件(1)和条件(2)，将药品种类超过 5 种的处方和药品种类只有一种的处方信息清理掉，为一次清理，处方量减少的情况下，药品种类也有所减少。按照条件(3)对药品类型进行清理，把中草药从 PresMed 表清理掉，然后按照条件(4)将用量较大的药品进行清理。本次挖掘的药品主要以盒装规则的西药和中成药为主，不对针剂和粉剂进行挖掘，因此清除针剂和粉剂的药品数据，为二次清理。两次清理产生的如下表 8 所示。

表 8 挖掘数据源数据清理情况对比

信息类别	数据未清理情况	数据一次清理情况	数据二次清理情况
数据总量	460732 条	267957 条	47573 条
事务数据量(处方数量)	163927 张	86159 张	33024 张
项目数据量(药品种类)	1527 种	1226 种	171 种

根据关联规则挖掘模式中定义 3 和定义 6，即对支持度和置信度的定义，事务数据库 D 的总事务数即为总的处方量 $|D| = 33024$，项目集 X 为频繁 k-项目集，采用最小支持度阈值进行频繁 k-项目集的求取，每级 k-项目集都会使用相同的最小支持度阈值进行筛选候选频繁项目集中符合标准的项目集，但是，以本书数据源作为研究对象，171 种药品以不同的组合方式出现在处方中，候选频繁 1-项目集的特点是，项目数量不多，项目的支持度可能很大；而候选频繁 k-项目集($T \geqslant 2$)的特点是，项目数量会很多，即不同药品的组合会很多，但是项目的支持度可能很小。因此采用相同的最小支持度阈值求取频繁 k-项目集是不能有效的求取药品的关联规则。针对药

品间的关联规则，本书提出一种有效支持度进行频繁 k-项目集的求取。有效支持度的定义为：

$$Sup(X \rightarrow Y)=Count(X \rightarrow Y)/|T2|$$

式中，T_2 为采用基于事务和项目压缩的 AprioriTid 改进算法求取的含有两种以上项目组合的事务数据库。这样避免了为设置最小支持度阈值，造成频繁 1-项目集中噪声数据增多的情况，有利于求取基于处方的药品间关联规则。因此设置有效最小支持度阈值和有效最小置信度阈值如下：

有效最小支持度阈值 minsupp ＝ 0.22%。

有效最小置信度阈值 minconf ＝1% 。

(1)生成事务数据库 T1

根据算法的要求，T1 事务数据库采用事务数据库 D，即 PresMed 表，如图 74 所示，为经过清理后的 PresMed 表数据。事务数据库 D 中总的事务数为 $|D|=33024$。

(2)生成候选频繁 1-项目集 C1

PresMed 表中的 171 种药品均为候选频繁 1-项目集中的项目，如图 75 所示。

	prescriptionnum	mednolycode	medname
1	10037225	186200490	复方维生素B
2	10037225	282100533	维生素C
3	10004823	109300528	施尔康
4	10004823	282100533	维生素C
5	10013477	304200411	甲硝唑
6	10013477	217200510	万古霉素
7	10042348	304200411	甲硝唑
8	10042348	282100038	青霉素钠
9	10001785	305200521	复方地芬诺脂片
10	10001785	185200223	盐酸洛哌丁胺
11	10024767	128200424	苯苯拉明
12	10007645	128200673	氟西汀
13	10007645	217240022	维生素B1
14	10007645	305300236	谷维素
15	10005224	762300903	氨酪酸
16	10005224	217200822	维生素B1
17	10000356	872300471	润舒滴眼液
18	10000356	874500784	萘敏维滴眼液
19	10022783	305300236	谷维素
20	10022783	305500421	多维元素片
21	10022783	192200761	银翘解毒丸
22	10008143	203300993	复方甘草合剂
23	10008143	192200761	银翘解毒丸
24	10032632	355400723	氯化铵
25	10032632	192200761	银翘解毒丸

图 74　事务数据库 T1

	mednolycode	medname
1	128200535	阿莫西林
2	192200761	银翘解毒丸
3	329700883	沙丁胺醇
4	355400723	氯化铵
5	177300665	地西泮
6	282200553	氨苄西林
7	322900435	氯硝柳胺
8	199200571	甲氧苄啶
9	176200811	泼尼松
10	186200490	复合维生素B
11	128300548	利巴韦林
12	366900138	复方氨基比林
13	188300635	阿苯达唑
14	339100276	阿替洛尔
15	217240022	维生素B1
16	399700591	地塞米松
17	199200638	罗红霉素
18	287300291	复方磺胺甲噁唑
19	301800443	10%氯化钾合剂
20	217240018	维生素B6
21	263100572	诺氟沙星
22	762200694	氨茶碱
23	287900519	阿奇霉素
24	188500368	硫酸亚铁控释片
25	155200581	肠溶阿司匹林

图 75　项目集 C1

采用 VC 程序结合 SQL 语句，将候选 1-项目集中的 171 种药品信息抽取出来，转存到临时表 C1Table 表中。C1Table 表中设计药品支持数字段 medsup，储存每种药品的支持数。

(3)生成频繁 1-项目集 L1

由于本研究没有采用专用的数据挖掘软件，因此 Apriori-Gen 函数需自行编写，采用 C＋＋程序进行扫描数据库，计算出每种药品的支持数，由于数据量庞大，扫描数据库会花费很多时间，这里只计算项目的支持数。扫描事务数据表 PresMed 表，计算每种药品的支持数，并存储在 C1Table 表中，如图 76 所示。事务数 $|T_1|=22457$，因此设定频繁 1-项目集的最小支持数阈值为 50，将 C1Table 表中支持数符合要求的数据抽取到 L1Table 表中，形成频繁 1-项目集 L1，频繁 1-项目集的项目数量为 $m=89$，如图 77 所示。

(4)生成事务数据库 T2

根据生成的频繁 1-项目集，对事务数据库 T1 进行筛选，抽取含有频繁 1-项目集中药品的所有信息，转存到临时表 T2Table 表中，药品在处方中的组成形式，即一个处方编码对应多个药品，可以使 T2Table 具有事务数据库 T2 的功能，因此 T2Table 表作为事务数据库使用，如图 78 所示，为 T2Table 表。事务数据库 T2 的事务总数为 $|T_2|=4528$。

	mednolycode	medname	medsup
1	282100533	维生素C	4475
2	304200411	甲硝唑	974
3	328800623	庆大霉素	962
4	128200535	阿莫西林	853
5	322600723	枸橼酸铋钾	733
6	282100532	维生素D	724
7	765200251	氨酚麻敏	664
8	142300616	氧氟沙星	637
9	328100557	溴已新	625
10	287900519	阿奇霉素	584
11	28200043	红霉素	563
12	244300421	黄连素	549
13	203300993	复方甘草合剂	525
14	192200761	银翘解毒丸	501
15	142200672	环丙沙星	486
16	263100572	诺氟沙星	472
17	287300291	复方磺胺甲噁唑	465
18	355400723	氯化铵	457
19	342900183	双黄连口服液	449
20	128300548	利巴韦林	435

图76 药品支持数

	mednolycode	medname	medsup
1	217240018	维生素B6	51
2	429300156	思密达	52
3	177200543	地高辛	54
4	328100627	美托洛尔	55
5	254900536	克霉唑	59
6	158500549	云南白药气雾剂	62
7	465900311	急支糖浆	65
8	182200132	骨质增生一贴灵	67
9	366400275	达克宁栓	71
10	17200042	布洛芬	73
11	352900265	抗病毒口服液	74
12	342300647	康妇栓	75
13	135000659	王氏保赤丸	78
14	186200490	复合维生素B	78
15	199200523	头孢氨苄片	80
16	165200832	葡萄糖酸锌	83
17	453700624	小儿止咳糖浆	85
18	146000257	健胃消食片	86
19	345400372	洁尔阴洗液	89
20	155200581	肠溶阿司匹林	93

图77 项目集L1

(5)生成基于压缩事务和项目的候选频繁2-项目集C2

创建候选频繁2-项目集的数据需要存储的数据表C2Table表，其各字段信息如下：

[medonlycode1] [varchar](100) COLLATE Chinese_PRC_CI_AS NULL ,//药品编码一；

[medonlycode2] [varchar](100) COLLATE Chinese_PRC_CI_AS NULL ,//药品编码二；

[supcount] [int] NULL//药品支持数；

对事务数据库T2，即T2table表进行扫描，提取出89种药品编码，两两进行组合，药品组合不分排列顺序，存储到C2Table表中的medonly-code1和medonlycode2两个字段中，并生成基于压缩事务和项目的候选频繁2-项目集，如图79所示，即为存储在C2Table表中的候选频繁2-项目集信息，此时新的事务总数为$|T'_2|=3542$，事务量减少21.8%。

(6)生成频繁2-项目集L2

根据生成的候选频繁2-项目集，即C2Table表中存储的药品编码信息，扫描事务数据库T2Table表，计算出候选频繁2-项目集中每两种药品组合出现的次数，并存储在C2Table表中的SupCount字段中，事务数据库中药品组合次数为0的，从C2Table表中删除，如图80所示，即为生成支持数的候选频繁2-项目集，项目数量为512条，并计算出了每条项目的支持数。根据设置的有效最小支持度阈值0.22%，则有效最小支持数应为7.8，抽取C2Table表中符合要求的数据，转存到L2Table表中，形成频繁2-项目集L2，频繁2-项目集的项目数量为$m=61$，如图81所示，项目压缩率为 8.2%。

	prescriptionnum	mednolycode	medname
1	10004819	287300291	复方磺胺甲噁唑
2	10004819	282100038	青霉素钠
3	10004819	186200488	复合维生素B
4	10013472	282100533	维生素C
5	10013472	301800443	10%氯化钾合剂
6	10042341	244300421	黄连素
7	10042341	263100572	诺氟沙星
8	10001717	244300421	黄连素
9	10001717	142200672	环丙沙星
10	10032613	244300421	黄连素
11	10032613	287300291	复方磺胺甲噁唑
12	10007649	244300421	黄连素
13	10007649	328800623	庆大霉素
14	10037226	355400723	氯化铵
15	10037226	282100532	维生素A
16	10004822	192200761	银翘解毒丸
17	10004822	282100532	维生素A
18	10013467	28200043	红霉素
19	10013467	199200571	甲氧苄啶
20	10042347	287900519	阿奇霉素
21	10042347	199200571	甲氧苄啶
22	10008142	176200811	泼尼松
23	10008142	329700883	沙丁胺醇
24	10032613	28200043	红霉素
25	10032613	199200571	甲氧苄啶

图 78　事务数据库 T2

	mednolycode1	mednolycode2
1	282100533	304200411
2	282100533	328800623
3	282100533	282100038
4	282100533	28200043
5	282100533	244300421
6	282100533	203300993
7	282100533	282100532
8	282100533	129300518
9	282100533	138900722
10	282100533	305300236
11	282100533	128200535
12	282100533	192200761
13	304200411	328800623
14	304200411	282100038
15	304200411	28200043
16	304200411	244300421
17	304200411	203300993
18	304200411	282100532
19	304200411	129300518
20	328800623	282100038
21	328800623	28200043
22	328800623	244300421
23	328800623	203300993
24	328800623	282100532
25	328800623	129300518

图 79　事务数据库压缩后候选频繁 2-项目集

(7)生成事务数据库 T3、候选频繁 3-项目集 C3 和频繁 3-项目集 L3

同样,基于压缩事务和项目,生成事务数据库 T3。创建候选频繁 3-项目集的数据需要存储的数据表 C3Table 表,其各字段信息如下:

[medonlycode1] [varchar](100) COLLATE Chinese_PRC_CI_AS NULL ,//药品编码一;

[medonlycode2] [varchar](100) COLLATE Chinese_PRC_CI_AS NULL ,//药品编码二;

[medonlycode3] [varchar](100) COLLATE Chinese_PRC_CI_AS NULL ,//药品编码三;

[supcount] [int] NULL//药品支持数;

对事务数据库 T3,即 T3table 表进行扫描,提取出 43 种药品编码,每三种药品进行组合,药品组合不分排列顺序,存储到 C3Table 表中的 medonlycode1、medonlycode2 和 medonlycode3 三个字段中,生成基于压缩事务和项目的候选频繁 3-项目集,如图 82 所示,为存储在 C3Table 表中的候选频繁 3-项目集信息。

计算每条项目的支持数,如图 83 所示。根据设置的有效最小支持度阈值 0.22%,有效最小支持数应为 7.2,从各项目的支持数可知,没有符合有效最小支持数的项目,因此,频繁 3-项目集中没有项目,为空集,至此求取

频繁 k-项目集结束。

	mednolycode1	mednolycode2	supcount
1	282100533	138900722	3820
2	304200411	282100038	628
3	328800623	244300421	482
4	128200535	282100532	332
5	322600723	186200488	178
6	282100532	282100533	119
7	765200251	301800443	103
8	142300616	244300421	98
9	328100557	263100572	98
10	128200535	304200411	98
11	28200043	128200535	98
12	244300421	192200761	77
13	203300993	328800623	77
14	282100532	282100038	77
15	142200672	287900519	77
16	244300421	199200571	72
17	287300291	176200811	70
18	244300421	329700883	70
19	328800623	28200043	68
20	355400723	301800443	65
21	282100532	244300421	65

图 80　生成支持数的候选频繁 2-项目集

	mednolycode1	mednolycode2	supcount
1	332700182	355400723	10
2	199200523	192200761	11
3	328100557	192200761	11
4	287600381	203300993	11
5	142300616	305500421	11
6	322600723	872300471	12
7	282100532	874500784	12
8	765200251	305300236	13
9	177200543	762300903	13
10	342900183	217200822	13
11	325800177	305300236	14
12	155200581	128200673	14
13	177900223	217240022	14
14	188500368	128200424	15
15	287900519	185200223	15
16	762200694	305200521	15
17	328100627	155200581	15
18	188500368	282100533	15
19	322600723	128200535	16
20	199200638	328100557	16

图 81　频繁 2-项目集 L2

	mednolycode1	mednolycode2	mednolycode3
1	282100533	263100572	282100532
2	282100533	263100572	186200488
3	282100533	263100572	244300421
4	282100533	328100557	282100038
5	282100533	328100557	287900519
6	282100533	128200535	287300291
7	282100533	128200535	244300421
8	282100533	128200535	244300421
9	282100533	765200251	305300236
10	282100533	142300616	305500421
11	282100533	142300616	192200761
12	282100533	287600381	203300993
13	282100533	762200694	305200521
14	282100533	287900519	185200223
15	282100533	287900519	128200424
16	304200411	155200581	128200673
17	304200412	155200581	217240022
18	304200413	325800177	305300236
19	304200414	325800177	287300291
20	304200415	177200543	282100532

图 82　基于压缩事务和项目的候选频繁 3-项目集

	mednolycode1	mednolycode2	mednolycode3	supcount
1	304200411	282100532	263100572	2
2	304200411	186200488	263100572	2
3	304200411	244300421	263100572	2
4	282100533	282100038	328100557	2
5	304200412	287900519	328100557	2
6	765200251	287300291	128200535	2
7	328800623	244300421	128200535	1
8	328800623	244300421	128200535	1
9	328800623	305300236	765200251	1
10	328800623	305500421	142300616	1
11	328800623	192200761	142300616	1
12	128200424	203300993	287600381	1
13	128200673	305200521	762200694	1
14	217240022	185200223	287900519	1
15	305300236	128200424	287900519	1
16	192200761	128200673	155200581	1
17	203300993	217240022	155200581	1
18	305200521	305300236	325800177	1
19	185200223	287300291	325800177	1
20	203300993	282100532	177200543	1

图 83　生成支持数的候选频繁 3-项目集

(8)求取所有频繁项目集 L

事务数据库中的所有频繁项目集应为符合有效最小支持度阈值的频繁项目集，但是根据求取目标的特殊性，频繁 1-项目集和频繁 2-项目集使用的最小支持度阈值不同，但是都属于事务数据库中的所有频繁项目集，即

$L=L1\cup L2$。

4. 求取频繁关联规则

根据事务数据库中的所有频繁项目集 L,求取事务数据库中的所有频繁关联规则,从以上求取的频繁项目集中可知,只需要求取频繁 2-项目集中的项目的频繁关联规则即可。创建 ConfTable 表,用于存储频繁 2-项目集生成的置信度数据,根据置信度定义,ConfTable 表的各字段如下:

[medonlycode1] [varchar](100) COLLATE Chinese_PRC_CI_AS NULL ,//药品 $X1$ 编码;

[medconf1] [varchar](53) COLLATE Chinese_PRC_CI_AS NULL,// $X1 \rightarrow Y$ 的置信度;

[medonlycode2] [varchar](100) COLLATE Chinese_PRC_CI_AS NULL ,//药品 X2 编码;

[medconf2] [varchar](53) COLLATE Chinese_PRC_CI_AS NULL,// $X2 \rightarrow Y$ 的置信度;

[supcount] [int] NULL 药品组合 Y 的支持数;

如图 84 所示,即为求得的各药品间关联规则的置信度值。有效最小置信度阈值为 1%,所以删除 ConfTable 表中不满足有效最小置信度阈值的频繁项目集,则 ConfTable 表中的数据为最终求取药品间的频繁关联规则。

	mednolycode1	medconf1	mednolycode2	medconf2	supcount
1	328800623	0.489723	282100532	0.098286	128
2	328800623	0.447354	186200488	0.077365	47
3	128200424	0.321891	244300421	0.076981	39
4	128200673	0.332783	282100038	0.069831	119
5	217240022	0.228543	287900519	0.05298	87
6	305300236	0.215921	287300291	0.051279	49
7	192200761	0.203912	244300421	0.050038	114
8	203300993	0.192265	244300421	0.050038	32
9	305200521	0.152873	305300236	0.049372	29
10	185200223	0.144389	192200761	0.048663	88
11	203300993	0.144389	203300993	0.047525	43
12	304200411	0.138923	203300993	0.047525	53
13	304200411	0.138923	185200223	0.044328	37
14	304200411	0.138923	128200424	0.042199	33
15	282100533	0.108745	128200673	0.040382	12
16	304200412	0.106539	217240022	0.038231	18
17	765200251	0.100532	305300236	0.033549	41
18	328800623	0.100047	305300236	0.033549	29
19	328800623	0.100047	177200543	0.032871	23
20	328800623	0.100047	177200543	0.032871	21

图 84　药品间关联规则的置信度值

5. 药品关联规则分析

根据使用 AprioriTid 算法求得的药品间频繁关联规则,挖掘出了基于处方的药品之间的配伍关系,对求取的各种药品配伍组合进行分析,可以得出以下结论：一种药品与其他几种不同的药品分别组成配伍关联规则，不同的组合其置信度不同，按照置信度的大小排序，可以得出药品之间配伍的紧密度，置信度越大，药品间配伍关系越紧密，在处方中组合出现的频率越高；置信度越小，药品间配伍关系越稀疏，在处方中组合出现的频率越低。

4.4.4 基于关联规则的智能存取系统储位优化

1. 药品储位规划模型

智能存取系统的储药库为垂直旋转的立体货架，整个货架由悬挂在左右两侧链条上的多个箱斗组成，内部传动结构如图 85 所示，按照设备内部垂直旋转单元的数量分为单回转体智能存取系统和多回转体智能存取系统，现以单回转体智能存取系统为研究对象。箱斗数量为 10 个，即货层分为 10 层，每个货层中间设计一个隔板，将货层分为上下两个小货层，每个货层共有 20 个药盒，即 20 个货位，上、下两层分别有 10 个货位，每个货层存储一种药品，如图 86 所示。

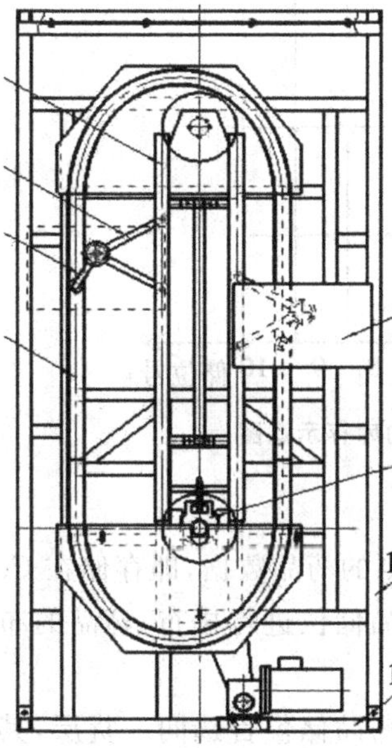

图 85 智能存取系统内部传动结构

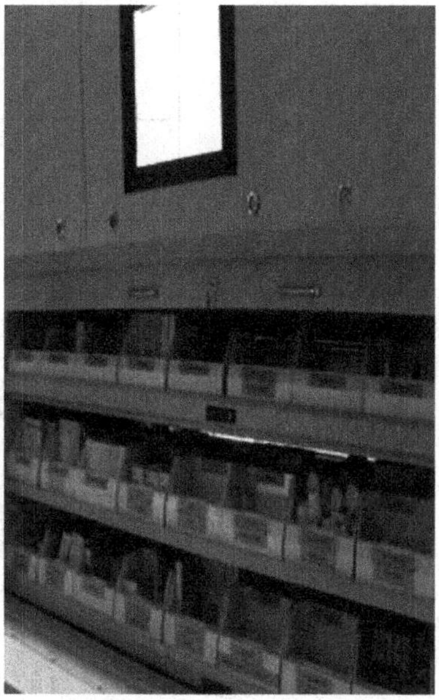

图 86 智能存取系统实物图

系统在进行药品出库拣选时，所运行的路径是，以当前货层为拣选起始点，可正向转动和反向转动到达目标货层。从拣选路径上来看，药品储位的分布是：首先，位于同一层的 20 个药品储位可以同时进行拣选，没有拣选时间的差别，是药品储位排布的首选；其次，顺时针靠近或逆时针靠近的两个货层拣选时间较其他货层要少，是药品储位排布的次选；最后，以 10 个货层的总量计算，货层号相差 5 个的两个货层，药品拣选时需要运行的路径最远，拣选时间最长，所以是药品储位排布的最差情况。药品储位和货层的库存示意图如图 87 所示。

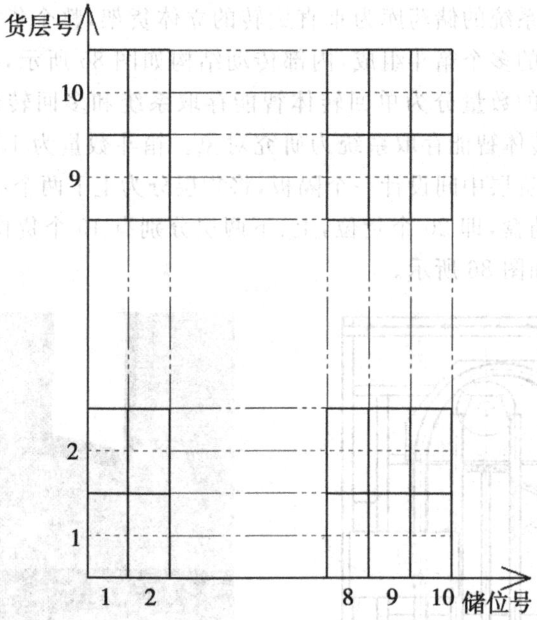

图 87　药品储位和货层的库存示意图

2. 基于药品关联规则的储位分布

根据上述章节求取的具有频繁关联规则的药品数据，即存储在 ConfTable 表中的药品信息对智能存取系统的药品储位进行排布，药品的布局采用的排布原则如下。

(1)具有频繁关联规则的药品，排布的药品储位首选同一货层，其次选择货层靠近的储位。

(2)置信度的值越大的两种药品，排布的储位越靠近，随着置信度的值减小，储位的靠近距离越远。

(3)首先从置信度最大的关联药品进行储位排布，选择置信度最大的几组药品配伍组合，如果这几组药品间没有共有药品关联，则排布在不同的货层，为后续置信度小的药品留出同层中足够的药品储位。

(4)没有足够的药品排布储药库中的剩余药品储位，可以在剩余的药品储位中排布同层使用量较大的药品，增大了某些药品的库存量，减少了用量大的药品的库存周转。

3. 实验结果与分析

(1)药品储位排布

对智能存取系统的储药库进行药品储位排布，采用药品频繁关联规则的药品储位排布方法，设计药品储位编码为：编码共由六位数组成，前两位代表储药库编号，根据药房使用智能存取系统的数量定义，这里为 01；中间两位代表货层的层号，01～10，共 10 个货层；最后两位代表药品储位号，01～20，共 20 个药品储位，其中 01～10 代表靠里摆放的储位，11～20 代表靠外摆放的储位。如图 88 所示，为排布好的药品库存信息表。

	positioncode	mednolycode	medname
1	010103	344300546	复合维生素B
2	010101	329500739	维生素C
3	010309	301800443	10%氯化钾合剂
4	010205	333800666	呋塞米
5	010217	187300525	螺内酯
6	010112	177200543	地高辛
7	011016	339100276	阿替洛尔
8	010705	177900223	尼群地平
9	010215	129300518	卡托普利
10	010411	138900722	氢氯噻嗪
11	010315	304200411	甲硝唑
12	010104	287900519	阿奇霉素
13	010603	465900311	急支糖浆
14	010408	277300952	维拉帕米
15	010802	352900265	抗病毒口服液
16	010314	142300616	氧氟沙星
17	010510	328400331	贝那普利
18	010208	128200535	阿莫西林
19	010305	248300677	辅助Q10
20	010212	128300548	利巴韦林

图 88　排布后药品库存信息表

(2)排布结果验证

完成药品储位排布后，进行实际运行验证。运行时间为一周，处理的处方为实际处方，处方条数为 2512 条。其中 262 条处方含有的药品，其药品储位在同一列的不同层。2085 条处方中的药品，其药品储位或均在同一层，或在不同层不同列，则药品出库拣选时，83.0%的处方药品升降机只需一次运行就将处方中药品拣选完毕；17.0%的处方药品升降机需要二次或三次运行将处方中药品拣选完毕。

经过关联挖掘的储位分配比随机进行的储位分配的智能存取系统，单个处方的平均运行时间缩短了45%左右，见表9。可以看出，使用基于处方的药品间关联规则算法进行药品储位排布，获得了良好的效果，可大大缩短药品的出库拣选时间，提高智能存取系统的工作效率。

关联规则算法进行储位排布的方法也可用于立体药库、自动化立体仓库等仓储系统，同样可获得良好效果，提高货品出入库时间。

表9　单个处方平均运行时间对比

处方规模(条)	随机储位分配单个处方运行时间(s)	关联储位分配单个处方运行时间(s)
500	24	14.3
800	22.3	12.2
1000	21.8	11.9
1500	20.1	10.7

4.5　本章小结

本章首先介绍了仓储系统储位优化的基础理论及优化方法和策略。

其次，建立了单元式立体仓库的货位优化模型，利用混沌粒子群算法进行求解。

再次，针对快速出药系统，利用数据挖掘技术中的聚类分析方法及储位优化策略，建立了两种储位模型。为了求解储位模型，提出了基于改进自适应混沌粒子群算法，并从最优拣选时间、迭代次数、优化率三种衡量指标，与前人针对快速出药系统储位优化问题所提出的遗传算法、基本粒子群算法等进行了性能对比分析，结果表明所提出的算法在求解质量和收敛速度上均有显著改善。

最后，介绍了关联规则的数据挖掘算法，比较了 Apriori 算法和 AprioriTid 算法挖掘性能，提出了应用基于事务和项目压缩的 AprioriTid 改进算法进行药品数据挖掘。建立了挖掘的数据模型，并对数据进行了挖掘前的预处理，求取了药品的频繁 k-项目集，提出了针对处方药品挖掘的有效最小支持度阈值和有效最小置信度阈值定义，生成了药品间频繁关联规则的药品数据信息。设计了药品储位排布原则，采用挖掘出了频繁关联规则药品进行药品储位排布，将排布好的药品储位进行理论验证和实际运行测试验证，均收到了良好的验证效果。

第5章 物流仓储系统调度优化方法研究

固定货架系统属于典型的自动化仓储系统存储单元，在诸如单元式立体仓库、立体车库、快速出药系统等系统中广泛的应用。因此对这种结构的系统的入/出库作业调度进行优化，具有现实的应用前景，而且有很好的理论研究价值。除固定货架系统，本书还以智能存取系统为例，研究了旋转货架系统的调度优化方法。

5.1 立体车库调度规划优化方法研究

5.1.1 立体车库调度规划研究现状

近年来，我国机动车拥有量持续高速增长，私人小汽车的年均增长率更是迅速。根据对停车设施普查及初步预测的结果发现，停车泊位存在大量缺口[248]。随着城市汽车保有量的急速增长，交通拥堵和城市停车已成为阻碍城市发展的重要因素，使用立体车库是解决城市车辆停放的有效方法[249]。巷道堆垛式立体车库自动化程度高、无空行程、存取方便、库存容量大，是较先进的立体车库之一。而其不足之处在于：虽然一般的巷道堆垛式立体车库库存量较大，但出入口少，因此存取车辆的效率较低，用户的平均等待时间较长，尤其是在上下班高峰，存取车辆频繁操作的高峰期。如何既充分利用巷道堆垛式的优点，又利用优化的车库存取调度策略来减少用户的平均等待时间，使总的操作时间最短成为一个急需解决的问题。

立体车库存取和调度优化主要算法有：Onieva 等[250]提出了遗传算法，Mariano 等[251]提出了粒子群算法，Linsker 等[252]提出了病毒算法，Cortes 等[253]提出了神经网络算法以实现对被控对象的群控调度[254]。这些算法都存在着处理时间较长，效率低等问题。

国内学者也提出了很多方法来解决各类型立体车库的调度优化问题，如基于排队论的存车优先、取车优先等方法[255,256]，根据车库的不同应用需求确定不同的存取车策略;基于广度优先算法的调度[257,258],主要是用状态空间法求解问题,通过在某个可能的解空间来寻找可行解,较适用于升降横移类型车库的优化;能耗最优化控制方法[259],是针对立体车库不同的运行策略的能耗为目标进行优化,较适合利用载车板方式存取的车库类型;基于改进遗传算法的调度优化[6],再适当地选取改进方法即可用于各种类型车库的调度优化。本书在前人基础上,提出了混沌和粒子群相结合的改进混沌粒子群算法来求解立体车库调度规划问题。

5.1.2 改进混沌粒子群算法数学模型

构造改进混沌粒子群的算法模型。由于 Logistic 映射搜索盲区较大,改进算法采用 Henon 映射进行混沌搜索,具体步骤如下。

(1)随机初始化种群中每个粒子的位置和速度。

(2)评价每个粒子的适应度,保存全局最优位置 g^k 和个体最优位置 p^k。

(3)用式(4.7)和式(4.8)更新每个粒子的速度和位置,按式(4.9)更新惯性权重。

(4)计算每个粒子的目标函数值,即适应度函数,然后保留群体中性能最好的部分粒子。

(5)对群体中的最佳粒子按式(5.1)～(5.3)执行混沌局部搜索:$k=0$,$r=0$,$x=x^*$,$a_i^r=a_i$,$b_i^r=b_i$,r 为细搜索标志,k 为混沌变量迭代标志。以当前的最优值的位置 $mx_i^k=x_i^*$ 为初值,根据 Henon 映射[260]:

$$\begin{cases} x_{k+1}=1-ax_k^2+by_k \\ y_{k+1}=x_k \end{cases} \tag{5.1}$$

产生[0,1]区间中不同的混沌序列:

$$z_i^k=\frac{mx_i^k-a_i^r}{b_i^r-a_i^r},i=1,2,\cdots,n \tag{5.2}$$

再对当前最优混沌变量 z_i^k 进行逆映射,变换到原解空间:

$$mx_i^k=a_i^r+(b_i^r-a_i^r)z_i^k \tag{5.3}$$

并更新 p^k 及 g^k。

(6)若满足停止条件,搜索停止,输出结果,否则转至步骤(2);

改进混沌粒子群算法流程图如图 89 所示。

5.1.3 巷道堆垛式立体停车库调度规划模型

巷道堆垛式立体停车库是一种高度智能化的立体停车库,使用巷道堆垛机将汽车水平且垂直移动到停车位旁，并用存取交接机构存取汽车，如图 90 所示。存车入库时，司机直接驶车进入库口，在停车状态指示灯的指引下将车在转盘上停好，在出入口刷卡器上进行刷卡操作，入口转盘进行一定角度的旋转；堆垛机上的交接机构将入库车辆移至堆垛机中，同时将入库车辆自动对中；然后堆垛机根据控制中心的指令进行水平和垂直方位的复合运动到达停放的库址；再由交接机构将车辆存进停车库位。取车时，在刷卡后整个过程与存车时相反，车辆由系统自动送到出口。

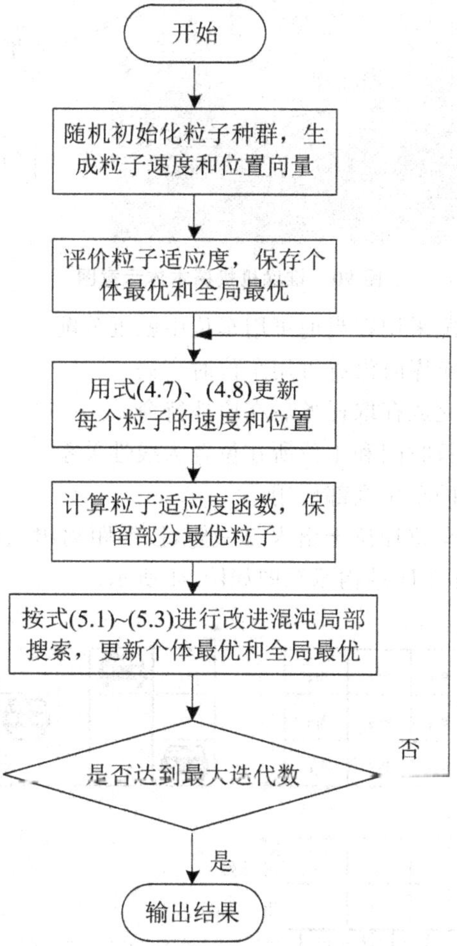

图 89 改进混沌粒子群算法流程图

考虑立体车库实际使用情况，仿真模型的建立采用以下原则[261]。

(1)车辆的到达时间服从泊松分布。

(2)车辆在车库内存放时间服从正态分布。

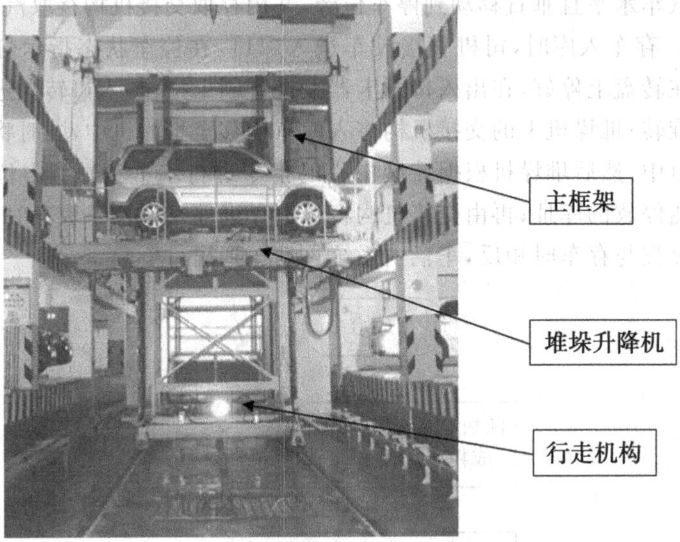

图 90　堆垛机机械本体示意图

(3)车位的分配采用在当前可用车位中就近分配。

(4)车辆到达车库时没有可用车位时离去。

(5)堆垛机在完成存取任务后在原地待命。

(6)堆垛机运行时间和车位所在位置为线性关系。

(7)认为给定的车位全部可用。

(8)所有可用车位均位于出入口一侧,按照距离出入口列数编号,距离近者编号小。立体车库结构示意图如图 91 所示。

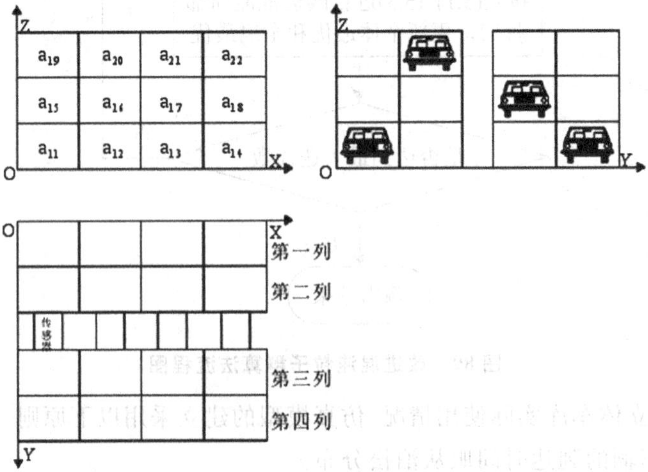

图 91　立体车库结构示意图

假设堆垛机在 x、y、z 坐标方向上一个车位的长度分别为 L、W、H，堆垛机在 x、y、z 方向上移动一个车位所需时间分别为 t_x、t_y、t_z，上一个工作状态完成时车位坐标为 $(x_{i-1}, y_{i-1}, z_{i-1})$，当前要完成的目标车位坐标为 (x_i, y_i, z_i)。考虑堆垛机加减速所需时间 t_a，存车所需时间为 T_1，取车所需时间为 T_2，T 为一辆车存取车的总时间，则

$$T_1=\frac{x_i-x_{i-1}}{L}\cdot t_x+\frac{y_i-y_{i-1}}{W}\cdot t_y+\frac{z_i-z_{i-1}}{H}\cdot t_z+\frac{x_i}{L}\cdot t_x+\frac{y_i}{W}\cdot t_y+\frac{z_i}{H}\cdot t_z+t_a \tag{5.4}$$

$$T_2=\frac{x_i}{L}\cdot t_x+\frac{y_i}{W}\cdot t_y+\frac{z_i}{H}\cdot t_z+t_a \tag{5.5}$$

$$T=T_1+T_2=\frac{3x_i-x_{i-1}}{L}\cdot t_x+\frac{3y_i-y_{i-1}}{W}\cdot t_y+\frac{3z_i-z_{i-1}}{H}\cdot t_z+2t_a \tag{5.6}$$

5.1.4 仿真实验结果

本书通过对车辆存取顺序进行决策控制，来提高车库整体效率，减少车辆存取时间[262,263]。常见的存取车策略有：存车优先策略、原地待命策略、交叉存取策略。

存车优先策略：当提升机构完成存取操作后回到地面，有且仅有一块载车板在提升机构上，以供下辆来车可立即开进载车板，无需等待。原地待命策略：当车库完成一次存取车操作后，停在原地等待下次操作。交叉存取策略：从车辆存取顺序上进行优化的策略，即：当同时有几辆车需要存入和取出时，选择一定的服务顺序，使用户等待时间最少，目标函数最佳，以提高车库工作效率。

利用改进混沌粒子群算法针对不同存取车策略对上述模型进行求解，仿真结果如表10和图92所示，其中黑色代表存车优先，红色代表原地待命，绿色代表交叉存取。由表10和图92可知交叉存取车库的总操作时间最短，这是因为交叉存取策略不遵循 FCFS(First Come First Served，先到先服务)的规则，而是对同一时间内所需服务的存取车辆进行存车和取车分组，然后对两组服务对象进行存取车交叉服务，具体对存车或取车对象仍采取先到先服务规则，因此车库就可在交叉服务时减少总行程从而减少服务时间，达到优化目的。

表 10　三种策略的存取车时间比较

时间段	入库数	出库数	不同存取策略所需时间(s)		
			存车优先	原地待命	交叉存取
8—9	25	6	50.42	48.65	46.39
9—10	16	10	45.08	44.53	41.74
10—11	21	7	52.58	46.81	44.07
11—12	6	16	40.37	39.72	38.16
12—13	8	14	44.25	41.91	39.27

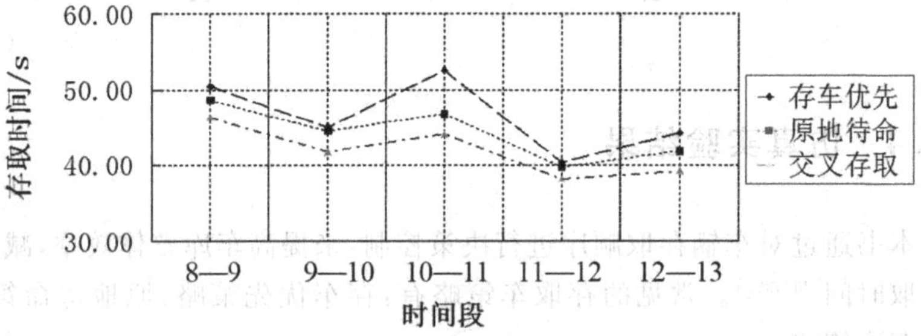

图 92　三种存取车策略时间对比

5.2　快速出药系统调度规划优化方法研究

随着药房自动化仓储系统逐渐被各医院药房接受，有效地解决快速出药系统和智能存取系统的存取及入/出库作业调度规划问题成为提高存取效率、节约劳动力和存取时间的主要研究目标之一。

由于药房自动化仓储系统存取及调度规划优化问题的复杂性，目前关于这方面的研究还不多。已有的文献大多集中于自动化立体仓库单拣选台的路径优化、AGV 小车路径规划问题方面[264-268]，而对于固定货架不规则货物拣选路径规划和垂直多拣选台旋转货架拣选优化问题的研究还很少。本章在其他学者研究的基础上，对固定货架不规则货物拣选路径规划和垂直多拣选台旋转货架拣选优化问题的优化算法提出了改进。将改进的混沌粒子群算法和改进的遗传-混沌粒子群算法应用于调度规划，实验验证了所提出方法大大提高了对药房自动化仓储系统存取及调度规划问题求解的优化效果。快速出药系统采用倾斜式固定货架储药，通过上药机械手、出药拣选操作机等设备进行药品的存取及入/出库调度操作。快速出药系统存取及调度问题主要解决多个货位点的存/取作业路径优化问题，即针对多个货位点，对入/出库调度进行优化决策。这类问题与车辆路径问题（VRP问题）有着一定的相似性[269]，可以被归结为有能力约束的车辆路径调度问题（Capacitated Vehicle Routing Problem，CVRP），如图93所示。

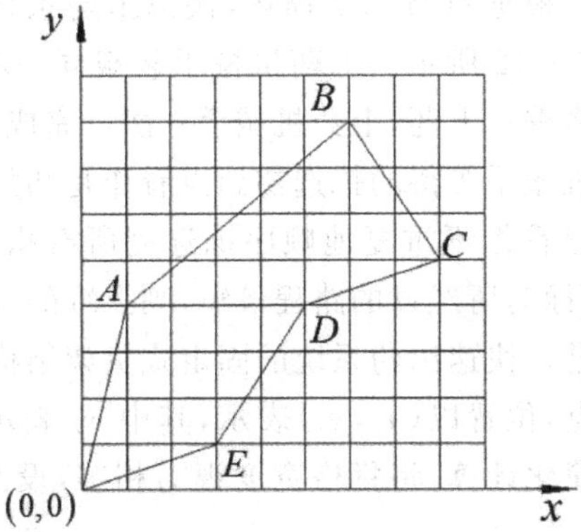

图93 快速出药系统入/出库调度作业路径图

随着拣选货位点数量的增加，CVRP问题的规模和求解难度也逐渐增加，具有典型的NP-hard问题特性。1979年Christofides等[270]提出两阶段启发式算法，通过对点的调整，始终保证解的可行性，同时渐进向最优目标靠近；禁忌搜索（Tabu Search或者Taboo Search，TS）的思想是由Fred Glover（美国工程院院士）在1986年提出[271]，采用对局部领域搜索的一种扩展，先构造一系列的解，然后对所得结果不断进行改进。1998年Augerat等[272]将禁忌搜索方法应用于CVRP问题的解决。禁忌搜索算法虽然能够保证有效路径的搜索，但涉及的转换和求解较为复杂，不易实现。因此，一些智能化算法，如遗传算法[273]、粒子群算法[274]和蚁群算法[275]等，被用于求解自动化仓库的拣选作业调度问题，取得了较好的优化效果。

5.2.1 快速出药系统入库调度规划优化方法研究

据统计，目前我国共有98.1万家医疗机构，2.5万家医院，医疗市场巨大。目前只有不到200家医院使用药房自动化仓储系统，并且都是大型医院。药房自动化仓储系统在推广中面临的最核心问题是效率问题，只有在系统效率上满足医院的需求，才能够让市场主动选择药房自动化仓储系统。已知的医院里处方量很少有超过3000处方/d，多数为1000～2000处方/d。而快速出药系统的出药拣选周期平均在8～9s/处方，即使在医院取药的高峰时段也能够满足医院的出药需求。但是快速出药系统的储药量在10000～15000盒，面对每天5000盒以上的出药量，如何快速补充药品及如何快速出药都是整个系统的关键。因此，快速出药系统的上药机械手设计和上药、出药的路径规划问题成为药房自动化仓储系统研究的重点。

上药机械手设计见前述第2章。这里首先研究上药路径规划及快速出药系统的入库调度。根据章节2.2描述，快速出药系统的上药部分由XY坐标机械手完成，如图12所示。上药机械手装载同一种药品，根据上药量依次对需上药储药槽进行上药，上药机械手一次可完成最多20盒药品的上药过程。若将每次机械手等待的拣选初始点看作是初始拣选点(0,0)，将对不同储药槽上药过程看作不重复地顺序拣选完所有指定的任务A，B，…，最后回到出发点，目标为所经过的路程最短，则三维的仓储拣选过程化简为二维的组合优化问题。快速出药系统的固定式货架结构原理如图94所示。图中结点处为储位点，位置以(x_i,y_j)表示，其中x_i表示x向第i列，y_j表示y向第j层。为简化计算，将货格宽度视为相等，设为w；层高也视为相同，设为h。

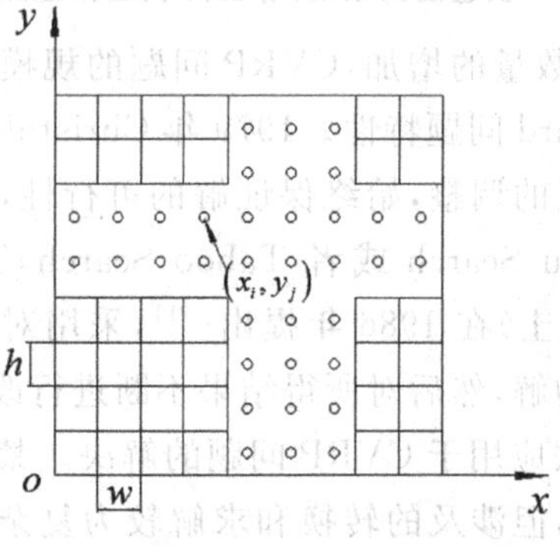

图94 固定式货架结构主视原理图

对于快速出药系统的入库拣选作业来说，上药速度有严格要求，本书组车红磊[263]针对药品的入库情况进行分析，充分研究了拣选路径的运动规则，建立了数学模型，并应用基于CVRP的遗传算法对拣选路径进行优化。该算法求解步骤：

Step1：选用0，1，…，n作为储位号的编码排序，0为初拣选点，1，…，n代表储位点，设置终止条件为迭代次数到预设定的代数和种群规模。

Step2：迭代次数t＝0；随机生成初始种群P(0)，初始种群是从解中随机选择出来。

Step3：对种群的每个个体，计算适应度值。

Step4：选择最优个体，即保留当前适应度值最好的个体。

Step5:剩余个体进行交叉和变异操作,生成下一代种群 P(t)。

Step6:若满足算法终止条件,则停止;否则,令迭代次数 t=t+1,转至 step3。

文献中选取某种药品(生血宁片)进行实例测试,算法可以有效地减少上药机械手总的路径值,优化比例超过 15%以上,并明显减少了入库次数,对整个入库的时间有明显改进。在实际运用中,不但节省入库时间,而且减少了人为操作时间和次数。

5.2.2 快速出药系统出库调度规划研究

对于快速出药系统出库调度规划问题,本书采用前述 5.1 节的改进混沌粒子群算法来求解。

1. 快速出药系统出库建模

快速出药系统出药机构分为三种类型:直线定位推杆出药机构[276],矩阵型拉杆出药机构[277]和矩阵型布局出药动作器[278]。

直线定位推杆出药机构由电机、翻板和推杆组成,如图 95 所示。斜坡式储药库中的储药槽按行列划分,每个储药槽上装有一个翻板机构。设计可以垂直运动的出药升降机,该升降机上水平分布一系列的电磁铁。利用升降机的垂直运动实现"行"定位,利用升降机上水平分布的电磁铁实现"列"定位,升降机、电磁铁和翻板机构的动作组合实现给定位置的出药动作。电磁铁是"列"复用的。但宽度不等的 U 型储药槽交错排列使得电磁铁相对于出药翻板的作用点有一个限制范围。

矩阵型拉杆出药机构由行拉杆、列拉杆、行列电磁铁和拨杆等组成。储药柜中放置多层药品放置架,药品放置架采用倾斜放置方式,并被分隔成多个与药盒宽度相吻合的药盒滑槽。每个药盒滑槽低端边缘设有向上倾斜挡板,每行药盒滑槽下方都有可以左右移动的横向移动杆,每列药盒滑槽旁侧边装有列拉杆。需要某药盒滑槽中药品出药时,其药盒滑槽下方横向移动杆对应的电磁铁首先通电,横向杆带动拨杆向左移动,推动药盒进入列拉杆上拨杆的动作范围,列拉杆电磁铁随后通电并带动拨杆推动药盒越过挡板,实现出药。如图 96 所示。该机构节约了 I/O 点,其缺点是机构复杂,装配要求高,机械结构容易卡死,且行电磁铁通电时间长,电磁铁容易故障,因此没有大范围推广。

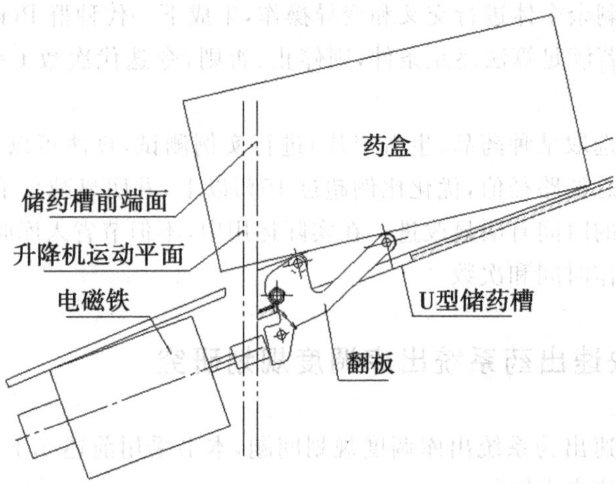

图 95　直线定位推杆出药机构图

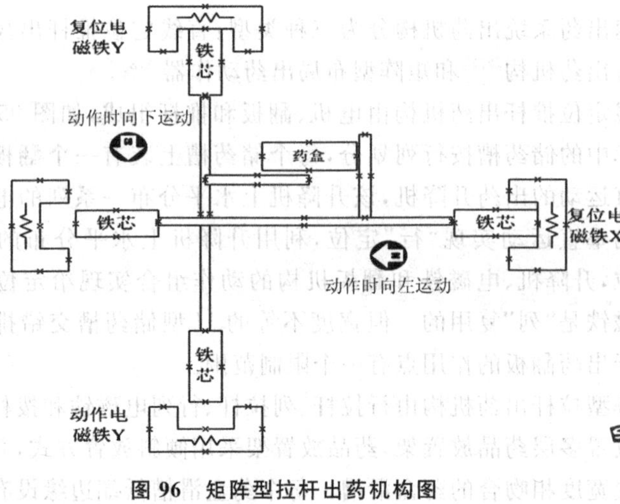

图 96　矩阵型拉杆出药机构图

矩阵型布局出药动作器由电磁铁和翻板以及安装架组成。如图 97 所示。每个储药槽底部配有一套出药动作器。需要某滑槽中药品出药时，该滑槽对应的电磁铁立即动作，并带动翻板旋转，翻板推动滑槽中的药品越过档杆实现出药。当某一通道需要取出药品时，此通道的电磁铁 3 将通电，铁芯 5 会克服弹簧 4 的作用力带动翻板 2 旋转，将药盒 1 顶过挡轴 6，后续药盒在重力作用下会把越过挡轴 6 的药盒顶出去。接着电磁铁 3 断电，在弹簧 4 的作用力下，铁芯 5 带动翻板 2 回到起始位置。顶出的药盒经过计数器 7 实现计数，并将记录的数量反馈到上位机数据库中，完成一个出药过程。矩阵型布局出药动作器，执行效率高，机械结构简单，不会出现卡死现象，缺点是每个滑槽对应一套动作器，硬件成本较高。实施过程中可采用矩阵式接线法来节省 PLC 的 I/O 点，也能降低快速出药系统一部分硬件成本。矩阵式接线图如前述 3.4 节图 60 所示。

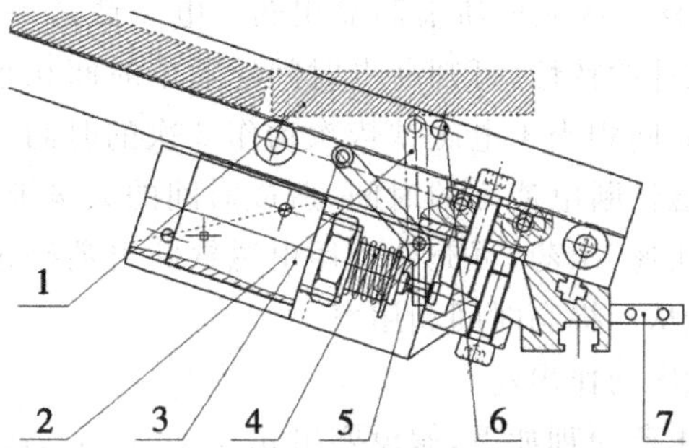

1. 药盒 2. 翻板 3. 电磁铁 4. 电磁铁弹簧 5. 铁芯 6. 挡轴 7. 计数器

图 97 矩阵型布局出药动作器机构图

两种常用结构中，直线定位推杆出药机构药品出库调度规划已有研究[279]，因此本书主要研究矩阵式布局动作器药品出库调度问题。建立矩阵式布局动作器药品出库模型如下。

假设忽略出药升降机加速时间，认为是匀速运动。升降机初始位置位于储药库底部坐标为 y_0，出药口位于升降机初始位置 y_0。升降机初始位置和出药口位于储药库最底部，低于最下面一层的储药槽，即 $y_0<y_1$，且升降机不再具有升降功能，简化为传送带。

矩阵式布局出药机构的运动流程为快速出药系统接到出药处方，其中药品种类为 m，出药总数量为 n，需要出药的储药槽数量为 p，需要出药的储药槽层数为 q。皮带线启动，矩阵式布局的动作器逐层动作，拉动出药翻板完成该层的出药，药品自由落体落在皮带线上，皮带线运动把药品传送到出药口一侧的出药挡板，药品出来时滑过计数器，计数传感器计数，当要出的药品数量计数正确，所有需要出药的 q 层都出药完成，皮带线打开出药挡板将药品传送到出药口，完成一个处方的出药。

采用矩阵式接法使得 PLC 的 I/O 点的数量大为减少，但矩阵式接法同时出多种药时容易出错，即当 2 个及以上药品处于不同行列时，同时出这些药会使交叉点处的所有电磁铁动作。例如：要出 $a_{n,n}$ 和 $a_{i-1,j-1}$ 通道的药品时，$a_{i,j}$ 和 R_{i-1} 通电，R_i 和 C_{i-1} 通电。则 C_i、$a_{i-1,j-1}$、$a_{i-1,j}$、$a_{i,j-1}$ 这 4 个电磁铁将全部动作。$a_{i-1,j-1}$、$a_{i-1,j}$ 通道的药不该出而多出了，无法满足出药要求。

(1)电磁铁按层出药

为解决电磁铁同时动作的问题，目前市场上大部分出药方式都是按层出药，即一层一层出药。例如：要出 $a_{i,j}$、$a_{i-1,j-1}$、$a_{i,j}$、$a_{i,j+1}$ 通道的药品，且每个通道出 2 盒。首先 $a_{i+1,j+1}$ 和 R_{i-1} 通电，C_{j-1} 电磁铁动作 2 次；然后 $a_{i-1,j-1}$、R_i 和 C_j 通电，C_{j+1}、$a_{i,j}$ 电磁铁接着动作 2 次；最后 $a_{i,j+1}$ 和 R_{i+1} 通电，C_{j+1} 电磁铁动作 2 次完成所需药品出药。电磁铁是一个间歇性的工作部件，分析铁磁元件的特性，可知断电时间比通电时间长很多倍，全部完成所需药品出药的时间相当于电磁铁依次动作 6 次的时间。因此，按层出药没有充分利用电磁铁断电消磁的时间，造成时间的大量浪费。为提高出药效率，真正实现"快速"出药，可充分利用电磁铁断电消磁这段时间，使电磁铁顺序动作出药，从而提高时间利用率。

(2)电磁铁顺序动作出药

电磁铁顺序出药原理如下，假设要出 $a_{i+1,j+1}$、$a_{i-1,j-1}$、$a_{i,j}$、$a_{i,j+1}$ 通道的药品，且每个通道出 2 盒。首先 $a_{i+1,j+1}$ 和 R_{i-1} 通电，C_{j-1} 电磁铁动作；在 $a_{i-1,j-1}$ 和 R_{i-1} 断电时将 C_{j-1} 和 R_i 通电，C_j 电磁铁动作；然后 $a_{i,j}$ 和 R_i 断电时将 C_j 和 R_i 通电，C_{j+1} 电磁铁动作；最后 $a_{i,j+1}$ 和 R_i 断电时将 C_{j+1} 和 R_{i+1} 通电，C_{j+1} 电磁铁动作；等 $a_{i+1,j+1}$ 和 R_{i+1} 断电后立即从头操作一遍。电磁铁顺序出药方式可以在 2 个电磁铁动作周期内将 3 层药品全部出完，比按层出药的方式大为节省时间，从而实现快速出药。如 3.4 节图 60 所示。

(3)按层出药和顺序出药的时间对比

假设快速出药系统有 m 层，单个处方出药时间为 T，且对电磁铁按层出药时间为 T_1，对电磁铁顺序动作出药时间为 T_2。每个处方有 s 种药，s 种药共摆放在 n 层上，设药品随机摆放在储药槽内，传送带长为 L，皮带传输速度为 V，电磁铁动作一次时间为 t，电磁铁通电率为 a。

对电磁铁按层出药，处理一个处方的时间为：

$$T_1 = \sum_{i=1}^{n} M_i t + \frac{L}{V} \tag{5.7}$$

式中，M_i 表示该处方中所有摆放在第 i 层的药品中最大出药盒数，即 $M_i = \max\{m_1, m_2, \cdots, m_p\}$，$p$ 为该处方中摆放在第 i 层的药品种类，$m_1, m_2, \cdots, m_p$ 为该处方中摆放在第 i 层的每种药品的最大出药盒数。

对电磁铁顺序动作出药，处理一个处方的时间为：

$$T_2 = kMt + \frac{L}{V} \tag{5.8}$$

式中，k 表示时间系数，且 M 表示该处方的最大出药盒数，$M = \max\{m_1, m_2, \cdots, m_s\}$。

根据文献[280]的结论，药品摆放位置对传统的按层出药方式时间上影响非常大，但对电磁铁顺序动作方式几乎没有影响。层数和出药数量越多，传统的按层出药方式出药时间会成倍增长，而顺序动作方式出药时间几乎不变。因此顺序动作出药比按层出药的方式节省时间。本书采用电磁铁顺序动作出药模型实验，其单个处方平均出药时间为：

$$T=k\sum_{i=1}^{s}(m_i p(i))t+\frac{L}{V} \tag{5.9}$$

式中，k 表示时间系数，且 $k=\sum_{i=1}^{s}([(i-1)a+1])q(i)$，$[x]$表示对 x 取整，$q(i)$表示处方中有 i 种药的概率，每种药出 m_i 盒，$p(i)$表示某种药出药数量为 m_i 的概率。

2. 数据分析及结论

运用 Matlab 语言对改进混沌粒子群算法进行编程，并对实际快速出药系统进行储位分配，测试算法的性能。由于最大允许出药数量是 30 盒，一个上药周期需要停靠的储药槽不会多于 30 个，现分别对药品储位数 N 为 5 个、10 个、20 个、30 个的拣选作业进行仿真，30 个储药槽及其坐标见表 11。所有参数带入式(4.7)、(4.8)求解出药时间最短的路径。由于假设升降机匀速运动，因此求最短出药时间的问题也被化简为求解出药的最短路径。首先以储位编号 1～5，1～10，1～20，1～30 通过改进混沌粒子群算法求解最短路径。图 98 至图 101 分别表示在种群规模为 500 时，从机械手原点出发分别遍历 5 个、10 个、20 个、30 个储药槽，获得最优拣选路径时的迭代进化曲线和最优路径图。

表 11　30 个储位点编号及坐标

序号	储位编码	行列位置	储位坐标(cm)	序号	储位编码	行列位置	储位坐标(cm)(cm)
1	1	(1,1)	(8,5)	16	423	(10,3)	(80,15)
2	12	(1,12)	(8,60)	17	223	(6,13)	(48,65)
3	262	(7,10)	(56,50)	18	131	(4,5)	(32,25)
4	50	(2,8)	(16,40)	19	174	(5,6)	(40,30)
5	339	(9,3)	(72,15)	20	218	(6,8)	(48,40)
6	128	(4,2)	(32,10)	21	95	(3,11)	(24,55)
7	173	(5,5)	(40,25)	22	213	(6,3)	(48,15)
8	385	(10,7)	(80,35)	23	141	(4,15)	(32,75)

续表

序号	储位编码	行列位置	储位坐标(cm)	序号	储位编码	行列位置	储位坐标(cm)(cm)
9	91	(3,7)	(24,35)	24	177	(5,9)	(40,45)
10	255	(7,3)	(56,15)	25	354	(9,18)	(72,90)
11	62	(2,20)	(16,100)	26	184	(5,16)	(40,90)
12	101	(3,17)	(24,85)	27	301	(8,7)	(64,35)
13	153	(4,9)	(32,45)	28	137	(4,11)	(32,55)
14	224	(6,14)	(48,70)	29	214	(6,4)	(48,20)
15	304	(8,10)	(64,50)	30	309	(8,15)	(64,75)

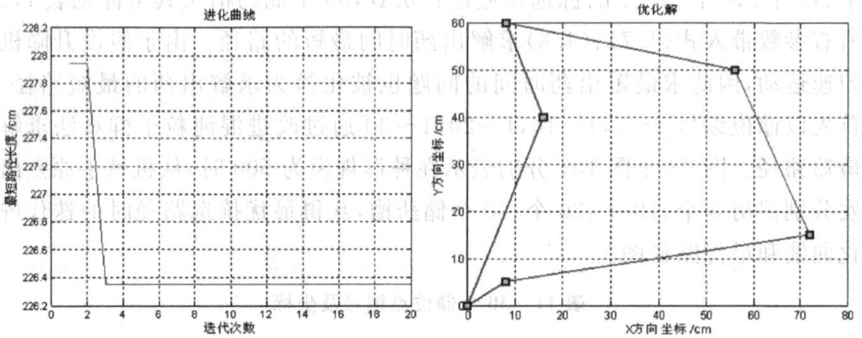

图 98　5 个储位时的最优路径及其进化曲线

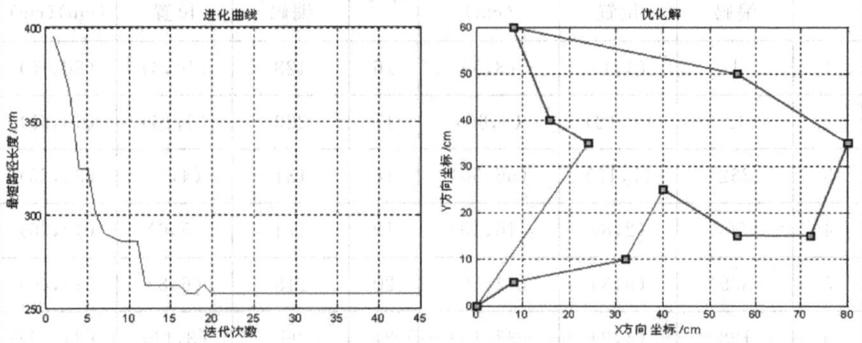

图 99　10 个储位时的最优路径及其进化曲线

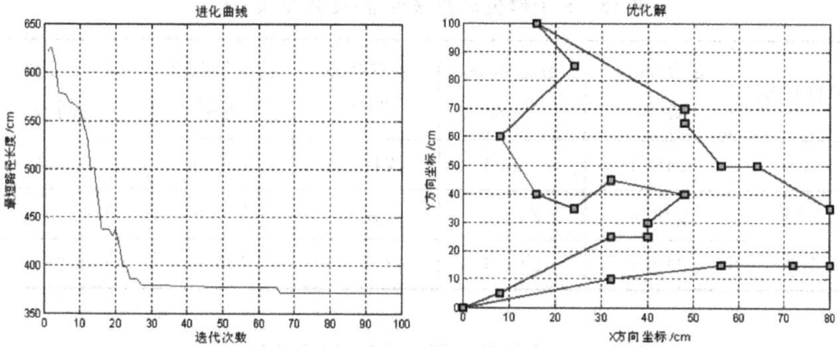

图 100　20 个储位时的最优路径及其进化曲线

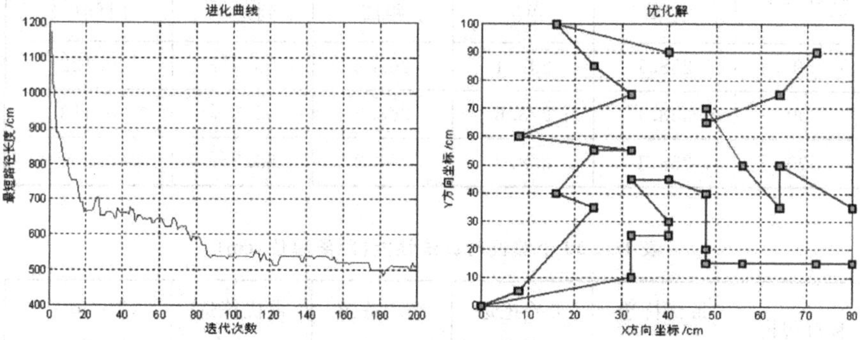

图 101　30 个储位时的最优路径及其进化曲线

表 12　改进混沌粒子群算法出库调度路径优化结果

停靠点数量	出库路径	最优出库路径长度(cm)
6	0—4—2—3—5—1—0	248.4
11	0—9—4—2—3—8—5—10—7—6—1—0	258.1
21	0—1—18—7—19—20—13—9—4—2—12—11—14—17—3—15—8—16—5—10—6—0	371.5
31	0—1—9—4—21—28—2—23—12—11—26—25—30—17—14—3—27—15—8—16—5—10—22—29—20—24—13—19—7—18—6—0	557.8

表 13　5 个储位时算法性能(距离单位:cm)

种群规模	最优拣选距离	最差拣选距离	平均拣选距离	最优拣选到达率	CPU 运行时间(s)
50	248.4	248.4	248.4	100%	0.048
200	248.4	248.4	248.4	100%	0.114
500	248.4	248.4	248.4	100%	0.268

表 14　10 个储位时算法性能(距离单位:cm)

种群规模	最优拣选距离	最差拣选距离	平均拣选距离	最优拣选到达率	CPU 运行时间(s)
50	258.1	297.1	269.2	53.9%	0.122
200	258.1	273.6	263.9	62.5%	0.413
500	258.1	268.2	261.2	69.8%	0.909

表 15　20 个储位时算法性能(距离单位:cm)

种群规模	最优拣选距离	最差拣选距离	平均拣选距离	最优拣选到达率	CPU 运行时间(s)
50	371.5	517.8	458.2	41.8%	0.249
200	371.5	429.4	402.3	50.1%	0.847
500	371.5	405.2	384.5	62.7%	1.948

表 16　30 个储位时算法性能(距离单位:cm)

种群规模	最优拣选距离	最差拣选距离	平均拣选距离	最优拣选到达率	CPU 运行时间(s)
50	557.8	723.5	673.4	30.4%	0.384
200	557.8	647.3	609.3	42.5%	1.392
500	557.8	614.1	587.2	48.0%	3.160

改进混沌粒子群算法求解 CVRP 问题实验结果分析如下。

(1)算法在出药储位数为 20 个以内时,优化效果很好。根据表 13 至表 16,当拣选点较少的时候,算法效果很好。当储药槽数量为 5 个时,算法能够 100%到达最优拣选路径。由图 98 可知，粒子群达到最优解的速度很快，迭代次数少于 10 次就获得了最优解，算法响应时间极快。粒子种群规模达到 200 时，CPU 运行时间仅需要 0.114 秒。由图 98 至图 101 可知，当需要出药的储药槽数量增加时，算法到达最优路径的概率逐渐减小，种群规模达到 200 时 CPU 响应时间逐渐增加，但仍小于 3.160s，能完全满足实际出药需要。对于实际出药情况（根据北京、山西、河北等数家医院数据），处方最大药盒数一般不超过 30 盒，因此本算法完全满足药房自动化物流仓储系统的实际需求。

(2)算法的收敛速度很快。根据图 98 至图 101 的进化曲线图发现，即使在停靠点数达到 30，种群规模达到 500 时，改进混沌粒子群发现最优出库路径的迭代次数小于 200。

5.3 智能存取系统调度规划优化方法研究

药房智能存取系统采用垂直旋转式货架。旋转式货架操作简单，存取效率高，存取作业迅速，安装容易，适用于小批量多品种高效率的存取。药房智能存取系统通过计算机控制实现药品自动存取和自动管理，取药口高度适合操作人员长时间作业，且存取出入口固定，因此空间利用率较高。垂直旋转式货架的原理与水平旋转式货架大致相同，只是旋转方向垂直与水平面，充分利用了上部空间，比一般传统式平置轻型货架节省了 1/2 以上的货架摆放面积。垂直旋转式货架可设计成独立式的，也可根据用户需要任意组合。

目前，国内外对旋转货架的存储规划研究大多针对多层水平旋转货架，其中各水平旋转货架可独立运行，并采用可移动式的拣选台。对多个旋转货架系统的组合研究，也是建立在有拣选台的基础上，针对垂直旋转货架存储规划的研究并不是很多，已有的研究论点也是停留在概念层的研究上，没有针对某种货物存储的数学模型，所以垂直旋转货架的研究只是给出了一些存储的限制条件而已。

5.3.1 组合智能存取系统调度规划问题概况

组合智能存取系统是多个单独的回转单元组成，每个单独的回转单元就是一个单回转体智能存取系统。因此组合智能存取系统处理处方的原理和单回转体智能存取系统处理处方原理相同，当处方中的药品分布在不同的回转单元中时，多个回转单元同时动作，这样就节约了医师等待药品回转到工作台的时间，提高了处方的执行效率。

对于智能存取系统出入库调度规划问题的研究目前文献并不多，但智能存取系统作为旋转货架的一种，其调度规划问题和旋转货架的路径优化问题是类似的。而关于旋转货架的路径规划问题，已有很多研究。文献[281]通过虚拟点法把双拣选台问题转化为单拣选台问题，并将启发式规则与遗传算法相结合，提出了两级遗传算法进行求解。文献[45]在单层旋转货架中待拣选货物的最优拣选顺序将依次出现在对整个作业中所有待拣货物的最优拣选顺序中，针对该特点，提出了层序邻域的概念及其快速局部搜索算法，同时将其与遗传算法相结合设计了一种用于解决 MCS-OOP 的新型混合遗传算法。文献[282]给出了单个水平旋转货架的动态规划的方法，证明了单层旋转货架要想得到最优解，货架旋转方向最多只能改变一次。但该算法时间复杂度高，适合于小规模问题，不适合大规模问题。文献[279]将单旋转货架路径规划归结为一个离散的图论问题，可看作固定起点的动态非闭环的旅行商问题，并运用改进离散粒子群进行求解，获得了较好的效果。

对于组合智能存取系统路径优化的文章并不多，李一吾[283]在硕士论文中对组合智能存取系统路径规划做了简单的说明，并就组合智能存取系统和单回转体智能存取系统执行处方时间进行了比较。但文章对这个问题研究比较浅，没有详细给出优化过程。赵雪峰[284]在博士论文中研究了双向拣选的多垂直旋转货架系统和任务均分的双向拣选的多垂直旋转货架系统的路径规划问题，并就该系统和路径规划问题建立相应的数学模型，采用了两级遗传算法进行求解，得出优化结果，但如何实现拣选路径没有进行说明。文献[285]应用两级遗传算法对双拣选台多层旋转货架的拣选路径进行了优化，取得了一定的成果。该算法不能排除每一层的货架的方向次数过多这种情况，因此不能保证每一层的货架的拣选顺序是最优的。文献[286]给出了一个两层水平旋转货架的几个启发式求解过程。过程叙述比较简单，也没有给出具体选择路径操作过程。樊明等[287]研究了自适应粒子群-遗传混合算法求解多垂直旋转货架拣选路径优化问题，并建立了相应的模型，结果表明，自适应粒子群-遗传混合算法在最优拣选时间、优化率、迭代次数这三个指标上在求解质量和收敛速度上均有明显改善。

本书在前人研究基础上，提出了应用改进遗传-混沌粒子群算法对组合智能存取系统调度规划问题进行求解，并用实验对该算法与遗传算法、改进离散粒子群算法、模拟退火算法进行了对比分析。

5.3.2　组合智能存取系统出库调度规划数学模型

组合智能存取系统的出库调度规划要比单回转体智能存取系统的拣选路径问题复杂很多，将药品清单上的药品从不同的回转单元中选出来，然后将各个回转单元中的药品进行排序，生成各个回转单元的子货单，最后根据每个回转单元中的药品序列控制组合智能存取系统进行运动。

组合智能存取系统拣选药品流程：医院将划过价的电子处方由 HIS 系统发给药房的服务器，药房的服务器根据电子处方中的药品信息从药房数据库中选出药品所在储位，然后将这些储位编号通过上位机发送给控制器和底层 PLC，由控制器和底层 PLC 控制回转单元运动，实现药品的出库拣选。具体操作流程如下：拣选开始时，所有回转单元都处在初始零位置，当上层发送至指令时，所有的回转单元同时运动，药剂师准备拣选药品。当有回转单元运动到位时，药剂师移动到该回转单元，开始拣选药品；当药剂师拣选完毕后，点击确认按钮，该回转单元接着运动到下一个药品储位，同时药剂师移动到离得最近的已经运动到位的另一个回转单元进行下一次拣选，若没有回转单元运动完成，则药剂师等待回转单元运动完成，然后运动到离自己最近的回转药柜进行药品拣选。以此类推，直到所有的药品拣选完成，整个拣选过程完毕。因此，对于组合回转药柜的出库调度路径优化，就是寻找具有最短出库作业时间的问题，最短作业时间即为出库调度路径优化的目标。

下面建立组合智能存取系统出库调度路径的数学模型。为了方便研究，又不失一般性，对本书所用到的参数做如下假设。

(1)相邻的两个储位是等间距分布。

(2)对回转单元进行编号，依次为 $1,2,\cdots,M$。

(3)将储位进行编号，顺时针进行，依次是 $1,2,\cdots,N$。

(4)每个回转单元均为 m 层，且结构尺寸都相同。

(5)每个回转单元运行速度恒定，正反转速度相同，回转单元运行一层的时间设为 T_{rotate}，则运行 s 层所需时间为 sT_{rotate}。

(6)药剂师运动速度恒定，移动一个回转单元所需时间为 T_{walk}，则移动 l 个回转单元所需时间为 lT_{walk}。

(7)每个储位只存放一种药品。

(8)药剂师一次拣选只能拣选一个储位的药品。

(9)一次拣选的药品总数不超过药剂师的拣选能力。

(10)假设药剂师开始时在 1 号回转单元处。

(11)忽略药剂师拣选药品时间,即只考虑药剂师行走时间 T_{walk} 和设备垂直回转时间 T_{rotate}。

设定垂直组合智能存取系统由 n 个垂直旋转货架组成,货架与货架之间的距离为 L,每个货架有 m 层货位,每层货位的高度为 H。因此,垂直旋转货架在顶点处展开的图形如图 102 所示。

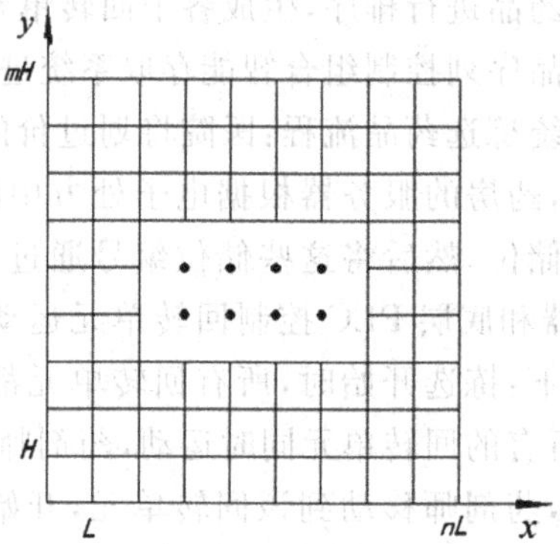

图 102　组合智能存取系统顶点展开原理图

假设 x 表示水平方向,即药剂师的运行方向或组合智能存取系统摆放方向,y 表示垂直方向,即组合智能存取系统的垂直旋转方向。所有储位点的坐标由集合表示 $\{(x,y)|(L,H),(2L,2H),\cdots,(nL,mH)\}$。设备从初始点出发,拣选所有药品。组合智能存取系统在进行 y 方向上旋转时,货品位置坐标动态变化,在完成某一货架位置为(x,y)的物品后,需要更新位置坐标。设初始位置为(x,y')更新后的坐标为(x,y''),则

$$y''=\begin{cases} y'+mH-y & y'<y \\ y'-y & y'>y \end{cases} \tag{5.10}$$

假设某一可行储位出库顺序为 $P=\{(x_1,y_1),(x_2,y_2),\cdots,(x_p,y_p)\}=\{p_1,p_2,\cdots,p_p\}$,其中 $p_i,i=1,2,\cdots,p$ 为储位编号。$t(i,j)$表示拣选完第 p_i 储位开始到拣选完第 p_j 储位的时间。需拣选的第 p_i 个储位所在的智能存取单元所执行的最后一个储位为 p_k 储位,则该货架拣选完 p_k 储位到拣选设备再次拣选该货架的时间为 $t(k,i-1)$。

$$t(k,i-1)=\sum_{j=k+1}^{i-1}t(j-1,j) \tag{5.11}$$

从拣选完储位 p_{i-1} 至储位 p_i,药剂师等待旋转货架 p_i 储位旋转至出库口所用的时间为 $t_{wait}(i-1,i)$,考虑到旋转货架正反转,则

$t_{wait}(i-1,i)=$

$$\begin{cases} 0, & \dfrac{\min\{y_i, mH-y_i\}}{H}T_{rotate} < t_{walk}(k,i-1) \\ \dfrac{\min\{y_i, mH-y_i\}}{H}T_{rotate} - t_{walk}(k,i-1), & \dfrac{\min\{y_i, mH-y_i\}}{H}T_{rotate} \geqslant t_{walk}(k,i-1) \end{cases} \tag{5.12}$$

式中，$t_{walk}(i-1,i)$表示药剂师从储位 p_{i-1}移动至储位 p_i 所需时间。

拣选完储位 p_{i-1}到拣选完第 p_i 个储位所需要的总时间为

$$t(i-1,i) = \max\left\{\frac{|x_i - x_{i-1}|}{L}T_{walk}, t_{wait}(i-1,i)\right\} \tag{5.13}$$

货架拣选完全部 p 个储位点所用的时间为

$$T_{total} = \sum_{i=1}^{p} t(i-1,i) \tag{5.14}$$

拣选路径的优化目标为：求取最优拣选序列，使得总的拣选时间 T_{total} 最小，即求式(5.15)的最大值。

$$T_{total} = \sum_{i=1}^{p} t(i-1,i) = \sum_{i=1}^{p} \max\left\{\frac{|x_i - x_{i-1}|}{L}T_{walk}, t_{wait}(i-1,i)\right\} \tag{5.15}$$

组合智能存取系统的配货顺序优化问题为：在给定的 n 个拣选货位点，在可行解的集合 $F\in\{n$ 个待拣选的所有排列$\}$找出一个排列 f_1，使得对一切 $f\in F$，$T_{total}(f_1)\leqslant T_{total}(f)$，则称 f_1 为该问题的最优解，也即拣选货位点的所有排列中找到一种排列顺序，使得完成任务单中所有拣选点所需时间最短，则问题化简为求解单源最短路径问题。

定理：在组合智能存取系统问题的最优解中，各组层序所含货物的排列是相应单层旋转货架中待拣选货物的最优拣选排序[279]。

因此组合智能存取系统路径拣选最优化问题转化为单回转智能存取系统最短路径求解问题。

5.3.3 改进遗传-混沌粒子群算法

1. 引入遗传算法

交叉操作：假设有 n 个储位，则路径优化的解为这 n 个数间的排列组合。定义交换因子为：设两个优化解分别为 $x_i=\{x_{i1}, x_{i2}, \cdots, x_{in}\}$，$x_j=\{x_{j1}, x_{j2}, \cdots, x_{jn}\}$，如果两个优化解在相同的位置数值不同，即 $x_{in}\neq x_{jn}$，就称(x_{in}, x_{jn})为交换因子，记为 $V_{ij}(x_{in}, x_{jn})$。则交换序列定义为：由交换因子组成的序列 $V=(V_1, V_2, \cdots, V_n)$，其中 n 为 2 个优化解对应的序列相同但数值不同位置的个数。例如：假设储位为 10 个，$x^t=(6,3,7,8,5,1,2,4,9,10)$，交换因子为(2,7)，则交换序列为 $v^t=(3,7,8,5,1,2)$，更新粒子位置为$x^{t+1}=(6,4,9,10,3,7,8,5,1,2)$。

变异操作：在 n 个储位中，随机选取两个位置，将其位置对换，其余保持不变。如：$x^t=(6,3,7,8,5,1,2,4,9,10)$，随机位置为 2,4，则 $x^{t+1}=(6,8,7,3,5,1,2,4,9,10)$。

由分析可知粒子速度的更新由三部分组成，而混合粒子群算法的本质是利用这三个部分，指导粒子下一步迭代位置。可将式(4.7)中的 $w\times v_{id}^t(t)$项看作遗传算法的变异操作，$c_1 * rand_1 * (x_{pd}^t(t)-x_{id}^t(t))+c_2 * rand_2 * (x_{gd}^t(t)-x_{id}^t(t))$项看作遗传算法的交叉操作，使当前解与个体极值和全局极值分别做交叉操作，产生的解为新的位置。此时将式(4.7)、(4.8)更新如下：

$$v_{id}^{t+1}(t+1)=v_{id}^t(t)\otimes x_{pd}^t(t)\otimes x_{gd}^t(t) \tag{5.16}$$

$$x_{id}^{t+1}(t+1)=x_{id}^t(t)\otimes v_{id}^{t+1}(t+1) \tag{5.17}$$

式中，$\otimes$代表交叉操作。

2. 改进遗传-混沌粒子群混合算法的步骤

引入遗传变异算子的改进混沌粒子群优化算法的步骤如下。

(1)混沌初始化种群中每个粒子的位置和速度。

(2)评价每个粒子的适应度，保存全局最优位置 g^k 和个体最优位置。

(3)用式(5.16)和式(5.17)执行遗传操作，更新每个粒子的速度和位置，仍由式(4.9)更新惯性权重。

(4)计算每个粒子的目标函数值，然后保留群体中性能最好的部分粒子。

(5)对群体中的最佳粒子按式(4.30)～(4.32)执行自适应混沌局部搜索，并更新 p^k 及 g^k。

(6)若满足停止条件，搜索停止，输出结果，否则转至步骤(2)。

改进遗传-混沌粒子群混合算法流程图见图 103。

5.3.4 组合智能存取系统实验结果和分析

将本书提出的改进的遗传-混沌粒子群混合算法应用于河北某妇幼保健院的组合智能存取系统上，该系统中共有 3 个智能存取单元，即 3 组垂直旋转货架，每组旋转货架系统共有 10 层货架；旋转货架旋转速度 0.2m/s，储位斗高度为 0.4m；药师行进速度为 0.5m/s，两货架间距为

1m。对储位坐标归一化处理，货架转过 1 层的时间为 0.4/0.2＝2s，相邻两个智能存取单元药剂师行进时间为 1/0.5＝2s，可得归一化储位坐标，如第 1 个智能存取单元的第 1 层货架坐标为(0,2)，第 2 个智能存取单元的第 5 层可以表示为(2,10)。假设药剂师初始位置坐标为(0,0)，其编码为 0。设所需拣选的药品在货架中的储位均为随机选取，待拣选的 15 个储位点的数据信息见表 17。运用 Matlab 语言对上述算法编程测试算法的性能，并与模拟退火、遗传算法、改进离散粒子群算法相比较，四种算法的出库调度优化结果以及适应度变化曲线分别如图 104 至图 107 所示，其中，种群规模均为 500，最大迭代次数为 2000 次。算法中最小的权重系数 w_{min}＝0.01，最大权重系数 w_{max}＝0.96。四种算法路径优化结果对比如下表 18 所示。

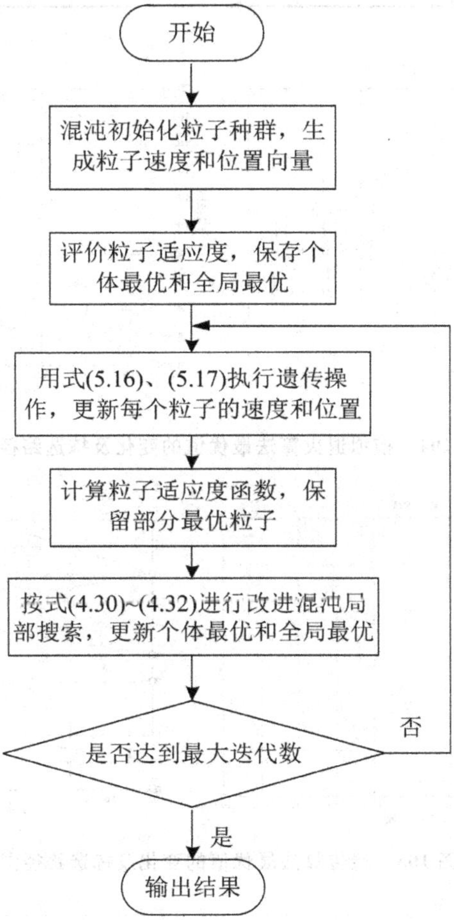

图 103　改进遗传-混沌粒子群混合算法流程图

表 17　药品拣选储位信息

储位编号	储位坐标	储位编号	储位坐标
1	0，2	9	2，6
2	4，6	10	4，12
3	2，8	11	4，0
4	0，16	12	0，8
5	2，4	13	0，10
6	2，14	14	2，12
7	4，18	15	4，8
8	2，20	0	0，0

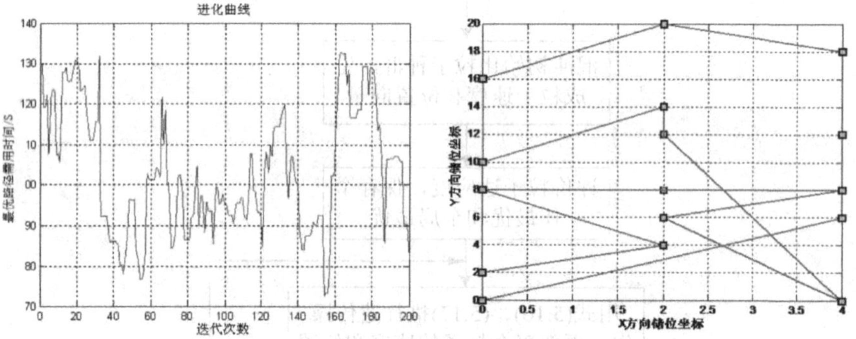

图 104　模拟退火算法最优值的变化及拣选路径图

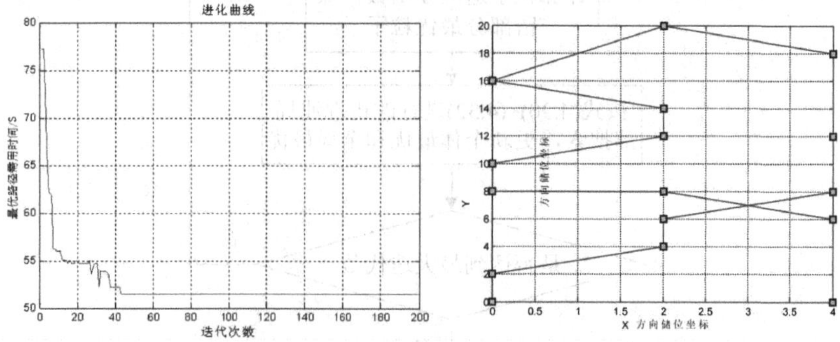

图 105　遗传算法最优值的变化及拣选路径图

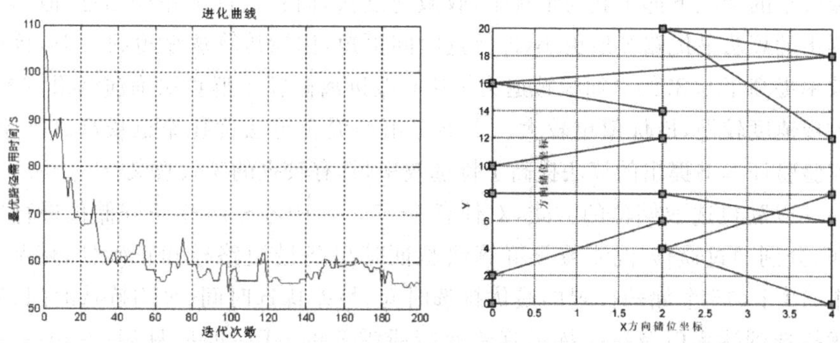

图 106　改进离散粒子群算法最优值的变化及拣选路径图

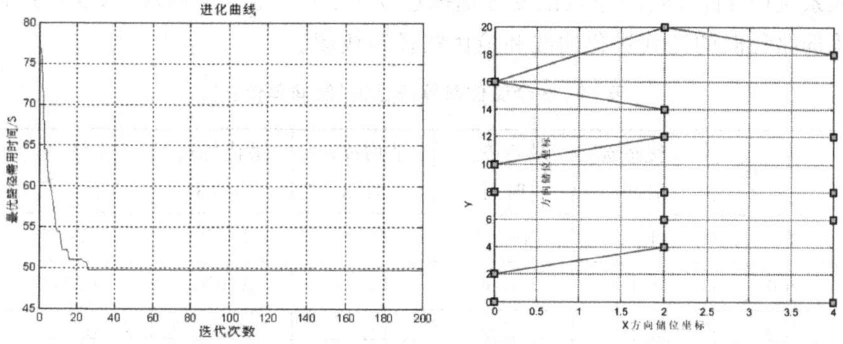

图 107　本书混合算法的最优值的变化及拣选路径图

表 18　不同算法路径优化结果对比

算法实例	优化路径	最优路径需用时间(s)	优化率
模拟退火	0—1—5—12—3—15—9—11—14—6—13—4—8—7—10—2	79.28	0
遗传	0—1—5—9—15—10—7—8—4—6—14—13—12—3—2—11	52.45	33.8%
改进离散粒子群	0—1—9—2—3—12—13—14—6—4—7—8—10—15—5—11	56.62	28.6%
本书算法	0—1—5—9—3—12—13—14—6—4—8—7—10—15—2—11	49.37	37.7%

通过图 104 至图 107 和表 18 可知，模拟退火算法、遗传算法、改进离散粒子群算法以及本书提出的混合算法中，遗传算法和本书提出的算法在迭代次

数较小的情况下即可获得最优解,收敛速度快,而且最优解路径相近,但本书提出的算法最优路径值更小,即拣选时间更短,比遗传算法缩短约 3.1s,拣选效率提高了 5.87%。而模拟退火算法和改进离散粒子群算法饰演结果较差,收敛速度较慢,最优值也较大。本书提出的混合算法优化率也最高。因此,实验验证本书提出的算法提高了拣选效率,具有较强的实践意义。

以随机选取储位的方式,对任意 1~5,1~10,1~15 个不同储位进行出药,分别通过遗传-混沌粒子群算法验证其出药最短路径和正确性,停靠 5 个、10 个、15 个储药位置的最优拣选时间、最差拣选时间、平均拣选时间、最优拣选到达率以及每次拣选算法运行所需要的 CPU 时间见表 19 至表 21 所示。图 108 至图 110 分别表示在种群规模为 500 时,药师从组合智能存取系统(3 组回转体)原点出发分别拣选 5 个、10 个、15 个储药位,获得最优拣选路径时的迭代进化曲线和最优路径路线图。

表 19　5 个储位时算法性能(时间单位:s)

种群规模	最优拣选时间	最差拣选时间	平均拣选时间	最优拣选到达率	CPU 运行时间
50	14.89	14.89	14.89	100%	0.048
200	14.89	14.89	14.89	100%	0.114
500	14.89	14.89	14.89	100%	0.268

表 20　10 个储位时算法性能(时间单位:s)

种群规模	最优拣选时间	最差拣选时间	平均拣选时间	最优拣选到达率	CPU 运行时间
50	31.27	42.85	33.02	94.4%	0.122
200	31.27	37.49	31.30	99.9%	0.414
500	31.27	31.27	31.27	100%	0.912

表 21　15 个储位时算法性能(时间单位:s)

种群规模	最优拣选时间	最差拣选时间	平均拣选时间	最优拣选到达率	CPU 运行时间
50	49.37	67.24	56.24	86.1%	0.205
200	49.37	59.32	53.52	91.6%	0.727
500	49.37	54.38	50.96	96.8%	1.604

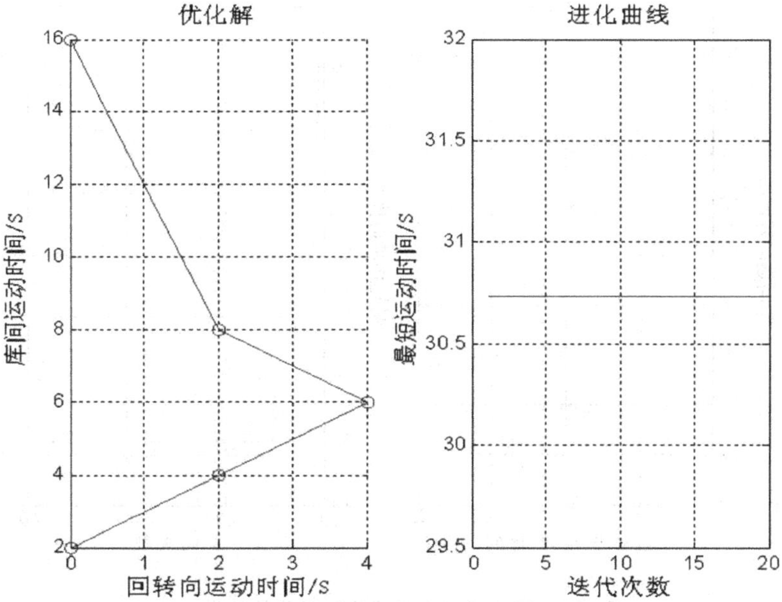

图 108　5 个储位时的最优路径及其进化曲线图

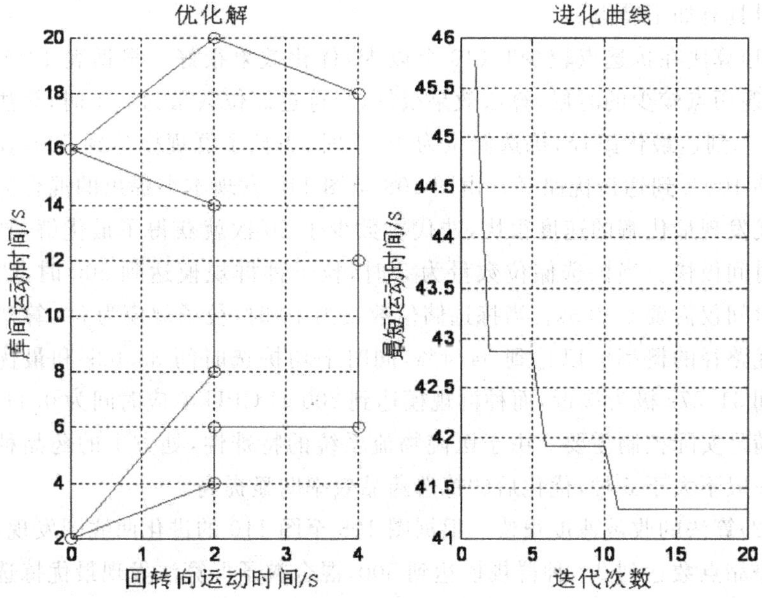

图 109　10 个储位时的最优路径及其进化曲线

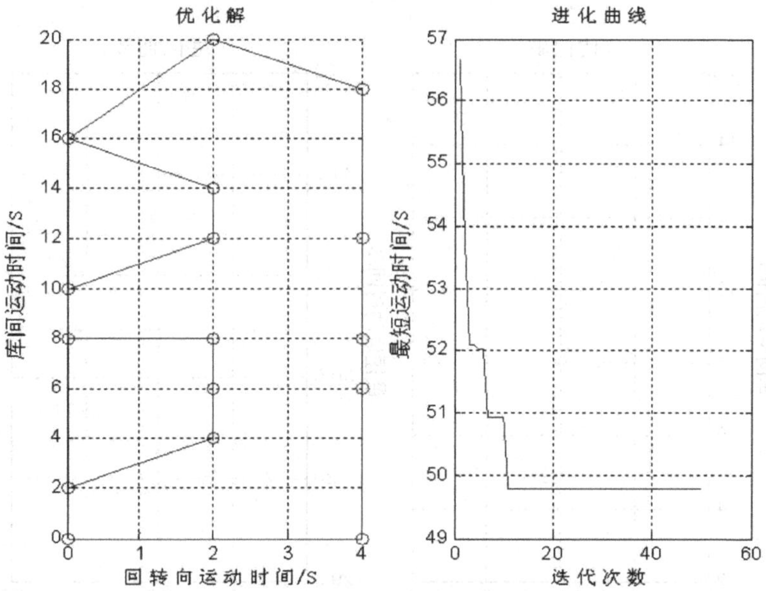

图 110　15 个储位时的最优路径及其进化曲线

改进的遗传-混沌粒子群混合算法在求解组合智能存取系统最短路径问题时具有如下特点。

(1)算法在拣选点较少时(10 个以内)优化效果很好。根据表 19 至表 21,当遍历点较少的时候,算法效果很好,当拣选储位数量为 5 个时,算法能够 100%到达最优路径,拣选储位为 10 个时,当粒子群规模达到 500,算法也能够 100%到达最优路径。由图 108 至图 110 发现本书提出的混合粒子群迭代发现最优解的速度很快,迭代次数少于 20 次就获得了最优解,算法响应时间极快。当拣选储位数量为 5 时,粒子种群规模达到 500 时,CPU 运行时间仅需要 0.268s。当拣选储位数量为 10 时,粒子规模为 50,算法到达最优路径的概率可以达到 94.4%,同时平均拣选时间 33.02s 和最优拣选时间 31.27s 极为接近,而种群规模达到 200 时 CPU 响应时间为 0.414s,完全满足实际控制需要。由于医院物流系统的特殊性,处方上的药品种类规定一般不大于 5 种,优化后的拣选药品效率明显提高。

(2)算法的收敛速度很快。根据图 108 至图 110 的进化曲线图发现,即使在停靠点数达到 20,种群规模达到 500,混合粒子群算法发现最优拣选路径的迭代次数小于 20。

由于每次拣选都是从组合智能存取系统默认的初始点(1 号柜 0 号编码)出发,按照处方需要出药的种类对应药品储位进行取药,因此该问题中的停靠点数量应该是需要出药的药品储位数加1,如遍历1～5号储位时,实际停靠点为6个,以此类推。表22为改进的遗传-混沌粒子群混合算法优化路径结果。

表22 改进的遗传-离散粒子群混合算法路径优化结果

停靠点数量	优化路径	最优路径需用时间(s)
6	0—1—5—2—3—4	14.89
11	0—1—3—6—4—8—7—10—2—9—5	31.27
16	0—1—5—9—3—12—13—14—6—4—8—7—10—15—2—11	49.37

5.4 基于多传感器信息融合的药房自动化仓储系统自动盘点

5.4.1 药品自动盘点系统设计

目前,传统的医院药房药品的盘点基本上是由医务人员人工完成的,药品盘点速度慢,药品数目统计出错的情况也常有发生。为满足盒装药品及部分异型包装药品自动盘点的要求,本书所设计的自动盘点系统采用激光测距、数据采集和计算机管理技术来实现药品的自动盘点。在上药机械手上安装测距传感器,后者随上药机械手运动,可进行逐个储位的定位,如图111所示。

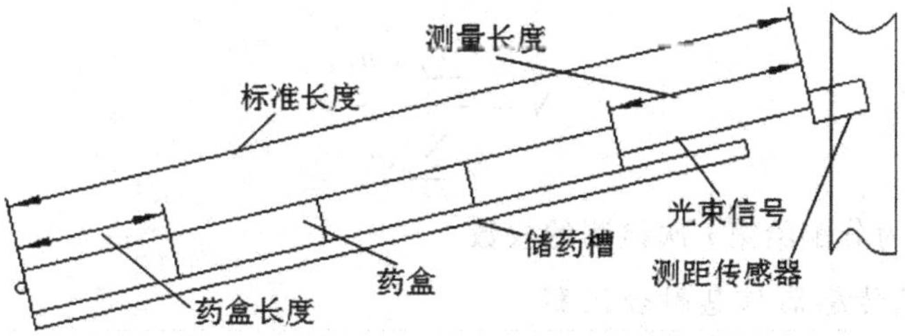

图111 自动盘点系统工作原理图

将快速出药系统各个储药槽的位置、规格、存放药品的品种、药品的尺寸参数、测距传感器与各个储药槽出口处距离的信息均记录在自动盘点系统的数据库中。当需要快速盘点药品时，自动盘点子系统通过反射回的光束信号计算得出测距传感器与储药槽中最后一盒药品的距离，同时通过从数据库中获取测距传感器与储药槽出药口的距离、药品尺寸参数等信息，运算得出储药槽中药品数目，实现药品的自动快速盘点。

因为盘点涉及药品库存数据的准确性，所以在选择盘点时间时，尽量选择下班或周末或其他不影响正常药房业务的时间盘点[288]，一般采用每月一次盘点，时间选择在下班半个小时以后。因为这段时间，所有药房药品的入/出库单据都已经确认，而且急诊患者不多。

5.4.2 基于多传感器信息融合算法的自动盘点

为实现药房自动化仓储系统自动盘点以及保证库存数据的准确性，引入多传感器信息融合算法，利用综合平均法[289]将药房入/出库数据与激光测距所获得数据进行融合，确定库存的真实数据。

1. 多传感器信息融合算法

多传感器信息融合就是利用计算机技术对时序获得的若干传感器的观测信息在一定准则下加以分析、综合，以完成所需的决策和估计任务而进行的信息处理过程[290]。采用多传感器信息融合，能够增加测量的维数和置信度；改进系统的探测性能和生存能力；改进系统可靠性和可维护性；提高系统容错性和鲁棒性，达到系统内优势互补，资源共享，提高了资源的利用率[291-293]。

为有效降低计算量，本书采用综合平均法融合算法，将多个传感器所获得数据进行融合。综合平均法是把来自多个传感器的众多数据进行综合平均，适用于多个同样的传感器检测同一个检测目标。如果对一个检测目标进行了 k 次检测，其平均值

$$\overline{N}=\frac{\sum_{i=1}^{k}w_i n_i}{\sum_{i=1}^{k}w_i} \tag{5.18}$$

式中，w_i 为分配给第 i 次检测的权数。

2. 多传感器信息融合流程

快速出药系统中用于药品计数的传感器有 4 类，条码扫描仪、上药计数传感器、出药计数传感器和激光测距传感器。条码扫描仪为初始上药时药品管理人员手工操作，将各种待入库药品的信息写入数据库；上药机械手自动上药时上药计数传感器记录数据并传回计算机；按照电子处方自动出药

时出药计数传感器记录数据并传回计算机，算出存储药品数量；药品自动盘点时激光测距传感器记录数据并传回计算机，最终算出药品数量。根据 4 类传感器记录的数据可知，储药库中关于药品数量的数据在计算机中会有 2 组：条码扫描仪和上药计数传感器数据匹配时保存在数据库中的药品数据总量，减去出药计数传感器记录的出药数据得到的值；由激光测距传感器测出的药品数量。多传感器的应用极大保证了库存数据的准确性。同时，多数据运算后得到的储药数量有出入会导致有用信息错乱。针对计算机中采用不同途径记录的药品数量，获得储药库中存储的真实药品数量，为快速出药系统稳定可靠运行提供技术支持。对储药库中某储药槽存储的某种药品数量进行处理流程如下。

(1)假定条码扫描仪记录上药药品总数量为 D_1，上药计数传感器记录上药药品总数量为 D_2，由出药计数传感器记录的出药药品数量为 D_3，激光测距传感器运算后得到的药品数量为 D_4，则式(5.18)中，$i=3$，$n_1=D_1$，$n_2=D_2$，$n_3=D_3+D_4$；取 $w_1=0.34$，$w_2=w_3=0.33$。

(2)根据式(5.18)求出的平均值即为储药槽上药量总数，将之与各传感器数据对比。若 $D_1=D_2=\overline{N}$，则计算机数据库记录上药数据；$D_1=\overline{N}$，$D_2\neq\overline{N}$或 $D_1\neq\overline{N}$，$D_2=\overline{N}$，则修改 D_2 或 D_1；若 $D_1\neq\overline{N}$且 $D_2\neq\overline{N}$，则排空重新上药。因此数据库中 D_1 和 D_2 的值恒等于$\overline{N}$。

(3)D_1 减去 D_3 的值为储药库该储药槽当前存储的药品数量，若 $D_1-D_3=D_4$，即 $D_3+D_4=\overline{N}$时，数据真实可信，将 D_3、D_4 录入数据库，即分别为出药数据与当前库存量。

(4)若 $D_1-D_3\neq D_4$，则激光测距传感器需要进行多次测量并去掉原始数据中极大和极小值，然后取平均值，即算出当前药品数量 D'_4。若 $D_1-D_3=D'_4$，数据可采信；若 $D_1-D_3\neq D'_4$，说明储药槽中药品可能卡药导致药品间距过大或药品重叠，可采用排空法重新上药，并校准激光测距传感器。

流程图如图 112 所示。

影响盘点准确性的要素分析如下。

(1)药品信息的维护。由于药品品种及其包装多种多样，时常会发生因为供货原因而更换包装或者厂家的现象。为了便于账务的管理，现将同通用名但不同包装或厂家的药品单独建立药品信息档案，这样就无需在盘点时对这些品种的库存做合并处理，价格核算也更为精准。

(2)申请单的处理。申请单包括目标科室为药库的领/退药单和部门间的流转单。日常工作需要及时处理这些单据。盘点前需要进入“申请单管理”，查看是否还有未结束的单据，全部处理后才能开始盘点。

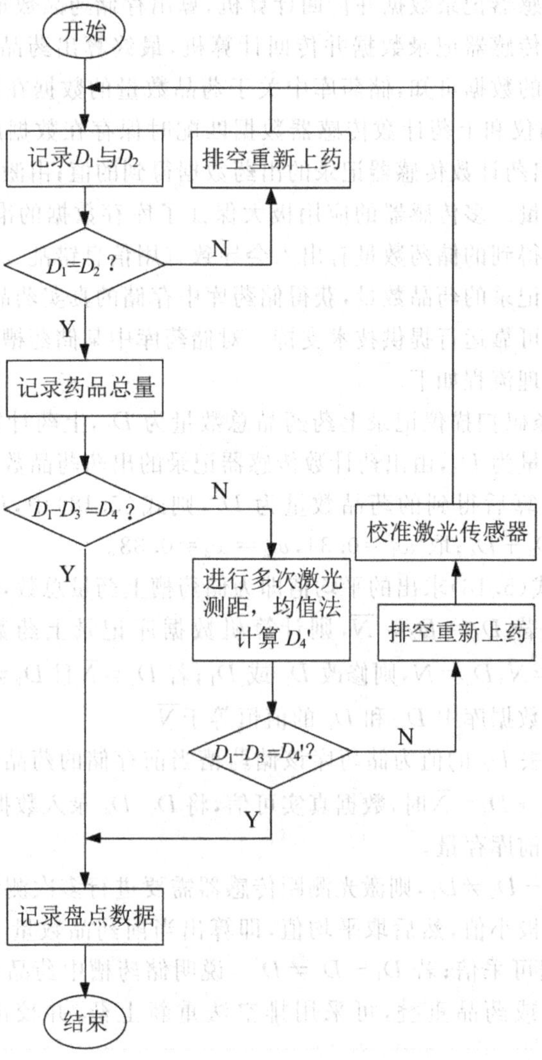

图 112　多传感器信息融合流程图

(3)患者处方的核发。调剂部门进出库账务比较频繁、数据量大,因此需要窗口核发人员严格按照发药情况将处方做核发处理,这是保证账物相符的重要因素之一。考虑到有患者开了药但未取的情况,因此库存扣减的关键设置在药师发药窗口的"核发"行为上,这有利于保障调剂部门库存的准确性,也自然规避了某些医院由于计费即扣库存而造成的盘点误差。由于普通药品已全部应用电子处方,而"精麻"药品按规定需采用手工处方,有些老年患者会遗忘出示手工处方,这就要求我们的核发人员严格核对电脑信息,提醒患者出示手工处方,或者仅在电脑上勾选发放药品未取药,以保证账务的准确性。

(4)及时归还未取的药品。由于现在处方信息都记录在卡中,因此很多老年患者会遗忘取药。调剂部门需要每日将已调剂后的未取药品归位,并将未取药的单据收集起来以备患者来取药,这样才能更好地保证账物相符。

(5)未核发处方的核对。该模式设计了一个独立的界面,可查询某时间周期内未核发的处方,这一设计在应用中非常实用。窗口核发人员有时会因疏忽或其他原因而未将某张处方做核发处理,这样就会影响盘点准确性。但是当发现账务不符再来查究竟哪张处方未核发时,就像大海捞针一样困难,因此,该功能的设计方便了医院对未取药的处方和遗漏核发的处方进行核对。

(6)清点借药记录。医院药房不可避免地会存在一些借药情况,诸如紧急抢救、外出会诊或者其他特殊情况下的借药。日常工作中应逐笔记录,在盘点前清点借药记录,这也是保障盘点准确性不可忽视的因素之一。

(7)清点破损药品记录。在药品流转过程中如有破损应及时以盘亏形式进入系统,以保证盘点准确性。

5.5 本章小结

本章首先研究了立体车库调度规划的优化方法,提出了改进混沌粒子群算法对车辆调度规划问题求解,获得良好效果。

其次,以药房自动化物流仓储系统中的快速出药系统为研究对象,对药品出库调度路径进行了研究,得出了拣选路径的运动规则。简单介绍了近年来出药机构主要形式,并针对矩阵式布局动作器形式,建立了出药拣选路径的数学模型。通过改进混沌粒子群算法,对快速出药系统的出库调度路径进行求解,针对实际药房的上药系统讨论了模型的优缺点,该算法满足实际系统需要。

再次,介绍了求解组合智能存取系统拣选时间优化问题的一种解决思路。先对路径问题建立数学模型,把问题抽象成单源最短路径问题,目标函数是求解拣选所需时间最小值。用图论的方法对问题进行分析,利用改进的遗传-混沌粒子群混合算法针对河北某妇幼保健院实际情况进行求解。分析在拣选数量较少(拣选点少于 10 个)时,拣选算法优化效果优异,当拣选点增多拣选效率显著下降,当拣选点超过 20 个时,方法失效。由于医院物流系统的特殊性,处方上药品种类一般不大于 5 种,优化后的拣选药品效率显著提高。

最后，进行了药房自动化仓储系统自动盘点子系统的设计与优化。引入了多传感器数据融合算法，利用综合平均法融合算法将药房入/出库数据与激光测距所获得数据进行融合，确定库存的真实数据，从而实现药房自动化仓储系统库存自动盘点，并分析了影响盘点准确性的要素。

结论与展望

尽管本书完成了以上研究内容，但是由于时间和精力有限，还有许多工作未来得及进行，对物流仓储系统的研究有待进一步开展的工作如下。

(1)本书提出的改进混沌粒子群算法中，粒子群群体规模、初始种群、粒子的搜索空间以及飞行速度等参数是参考其他文献确定的，而由于物流仓储系统优化问题的复杂性，这些参数的设定还需反复进行实验调整。

(2)药品储位优化问题十分复杂，由于各医院药房的药品管理业务不尽相同，除了本书考虑的提高工作效率和提高存储空间利用率的目标外，还需考虑其他方面，诸如：提高药品出库的准确率、减少成本等，因此药品储位优化模型还需完善。

(3)研究存取和调度规划优化问题时，为计算方便及验证算法的有效性，本书采用的模型中，快速出药系统的上药机械手、升降机和智能存取系统的回转柜都是匀速运动，未考虑加速度影响，今后的研究应该更深入一步。

(4)本书讨论的自动化药房系统和单元式立体仓库都是二维货位优化问题，若自动化立体药库或单元式立体仓库为双排货架或多排，则为三维货位优化问题，对于这个问题，需要进一步研究。

参考文献

[1] 中国仓储协会秘书处．中国仓储业发展调研报告[J]．商品储运与养护，2006，12(6)：13－18

[2] 陈政明．21世纪仓储与物流技术的发展趋势[J]．商品储运与养护，2000，2(1)：28－30

[3] 周万森．仓储配送管理[M]．北京：北京大学出版社，2005：3－10

[4] 周奇才．基于现代物流的自动化立体仓库系统(AS/RS)管理及控制技术研究[D]．成都：西南交通大学，2002

[5] 田国会，刘长有，林家恒等．自动化立体仓库若干优化调度问题及其研究进展[J]．山东工业大学学报，2001，31(1)：12－17

[6] 李剑锋，段文军，方斌，等．基于改进遗传算法立体车库存取调度优化[J]．控制工程，2010，17(5)：658－661

[7] 韩晋，刘丽萍，谢进，等．自动化设备对医院药房的影响[J]．中国药房，2006，17(19)：1469－1471

[8] (美)爱德华．弗雷兹(Frazell，Edward)著；刘庆林译．当代仓储及物料管理[M]．北京：人民邮电出版社，2004：1－12

[9] 刘超．自动化立体仓库通信网络和监控系统的研究与设计[D]．太原：太原理工大学，2008

[10] 李梅娟．自动化仓储系统优化方法的研究[D]．大连：大连理工大学，2008

[11] 赵秋红，汪寿阳，黎建强．物流管理中的优化方法与应用分析[M]．北京：科学出版社，2006：22－38

[12] 邓爱民，蔡佳，毛浪．基于时间的自动化立体仓库货位优化模型研究[J]．中国管理科学 ISTIC PKU CSSCI，2013，21(6)：107－112

[13] 朱耀明．自动化立体仓库优化调度研究[D]．济南：山东大学，2006

[14] 赵景波．基于数据库和组态软件的自动化仓库管理与监控[D]．成都：西南交通大学，2005

[15] 刘权卫．自动化立体仓库货位分配与任务调度集成研究[D]．济南：山东大学，2013

[16] 丛奎荣．自动化仓储系统调度与优化研究[D]．济南：山东大学，2010

[17] 郑凌莺，言勇华，陈建平．物流中心仓库货位优化系统的研究[J]．物流技术，2004,(8):28—30

[18] 李希霖，田国会，林家恒．自动化技术在仓储领域中的应用与展望[J]．基础自动化，1994，1(1)：5—7

[19] Van den Berg J. P. , Zijm W. H. M. Models for warehouse management: Classification and examples [J]. Int J Production Economics, 1999, 59: 519—528

[20] Park B. C. , Foley R. D. , Frazelle E. H. Performance of miniload systems with two-class storage [J]. European Journal of Operational Research,2006, 170:144—155

[21] Hsieh S. , Tsai K. C. A. BOM oriented class-based storage assignment in an automated storage/retrieval systems[J]. Int J Adv Manuf Techol ,Springer 2001,17:683—691

[22] Thonemann U. V. Y. , Brandeau M. L. Optimal storage assignment policies for automated storage and retrieval systems with stochastic demands[J]. Management Science, 1998,44(1): 142—148

[23] Mansuri M. Cycle-time computation, and dedicated storage assignment for AS/RS systems. g [C]. 21st International Conference on Computer and Industrial Engineering, 1997, 33(1-2):307—310

[24] Poulos P. N. , Rigatos G. G. , Tzafestas S. G. A Pareto-optimal genetic algorithm for warehouse multi-objective optimization [J]. Engineering Applications of Artificial Intelligence, 2001, 14 (6): 737—749

[25] Muppani V. R. , Adil G. K. A branch and bound algorithm for class based storage location assignment[J]. European Journal of operational Research, 2007, 1—15

[26] Bartholdi J. J. ,Platzman L. K. Retrieval trategies for a Carousel Conveyor [J]. IIE Transactions, 1986, 18(2): 166—173

[27] 常发亮，刘长有．一类物资配送中心的库存管理与布局优化[J]．应用基础与工程科学学报，1998，6(2)：201—207

[28] 严云中，孙小明，潘尔顺．立体仓库货位号与堆垛机运作效率关系的探讨[J]．工业工程与管理，2000，5(6):29—33

[29] 刘金平，周炳海，奚立峰．在线自动化立体仓库的库位分配方法及其

实证研究[J]. 工业工程与管理，2005，10(1)：11－16
[30] 柳赛男，柯映林，李江雄，等. 基于调度策略的自动化仓库系统优化问题研究. 计算机集成制造系统，2006，12(9)：1438－1443
[31] 韩彩云. 基于遗传算法的自动化立体仓库的货位优化研究[D]. 太原：太原科技大学，2009
[32] 银光球，何福英，盛冬发. 自动化立体仓库中库位优化模型研究[J]. 福建工程学院学报，2006，4(3)：347－350
[33] 银光球，盛冬发. 库位优化模型在自动化立体仓库中的应用[J]. 中国工程机械学报，2009，(1)：118－121
[34] 别文群，李拥军. 遗传算法在立体仓库货位优化分配中的研究[J]. 计算机工程与应用，2009，45(29)：211－219
[35] 赵雪峰，贠超，刘相权. 自动化药房系统调度的优化[J]. 计算机工程，2009，35(10)：193－195
[36] Van den Berg J. P. Analytic expressions for the optimal dwell point in an automated storage/retrieval system[J]. Int. J. Production Economics，2002，76(1)：13－25
[37] Hu Y. H.，Huang S. Y，Chen C.，et a1. Travel time analysis of a new automated storage and retrieval system[J]. Computers & Operations Research，2005，32(6)：1515－1544
[38] Wen U. P.，Chang D. T.，Chen S. P. The Impact of Acceleration/Deceleration on Travel-Time Models in Class-Based Automated S/R System[J]. IIE Transactions，2001，33(7)：599－608
[39] Chang S. H.，Egbelu P. J. Relative Pre-Positioning of Storage/Retrieval Machines in Automated Storage/ Retrieval System Successful Response Time[J]. IIE Trans，l997，29(4)：302－312
[40] 宁春林，田国会，尹建芹，等. Max-Min 蚁群算法在固定货架拣选路径优化中的应用[J]. 山东大学学报，2003，6(33)：676－680
[41] 田国会，张攀，李晓磊，等. 一类仓库作业优化问题的混合遗传算法研究[J]. 系统仿真学报，2004，6(16)：1198－1201
[42] 田伟，田国会，张攀，等. 应用改进 LK 算法求解固定货架拣选优化问题[J]. 计算机应用，2004，6(24)：167－170
[43] 王钊，林家恒，刘长有，等. 用改进的模拟退火算法实现对单伺服机分层水平旋转货架存取路径的优化[J]. 控制与决策，1996，11(1)：182－187
[44] 林家恒，李国锋，李建勋. 遗传算法在双拣选台旋转货架拣选路径中

的应用[J]. 山东工业大学学报，1997，27(3)：236－239
[45] 张攀，田国会，贾磊，等．旋转货架拣选作业优化问题的新型混合遗传算法求解[J]. 机械工程学报，2004，40(6)：34－38
[46] 田国会，李晓磊，杨西侠．Petri 网方法及其在离散事件动态系统研究中的应用[J]. 山东工业大学学报，2000，Kru30(4)：322－329
[47] 刘烽．基于多目标进化算法的流程工业生产调度问题研究[D]. 长沙：国防科学技术大学，2009
[48] Grötschel M.，mke S. O.，Rambau J.，et al. Combinatorial online optimization in real-time[M]. Springer Berlin Heidelberg，2001：679－704
[49] Yamaha H.，Yohsioka H.，Tomita S. Acquisition of AGV control rules using profit sharing method and evaluation of the rules[J]. Knowledge-Based Intelligent Information and Engineering Systems，Springer 2004，3214：405－411
[50] Winter T.，Zimmermann U. Discrete online and real-time optimization[C]. Proceedings of the fifth IFIP World Computer Congress，Buclapest/Vienna，l998：334－340
[51] Joon-Mook L. Genetic algorithm for determining the optimal operating policies in an integrated-automated manufacturing system [J]. Journal of Engineering Valuation and Cost Analysis，2000，3(4)：291－299
[52] Gintner V.，Kliewer N.，Suhl L. Solving large multiple-depot multiple-vehicle-type bus in practice[J]. Springer，2005，27：507－523
[53] 田国会．自动化仓库输送调度问题的建模与控制研究[J]. 控制与决策，2001，16(4)：29－32
[54] 剡昌锋，胡赤兵，呈黎晓，等．自动化仓库调度问题的研究进展[J]. 甘肃科学学报，2002，14(4)：58－61
[55] 师向丽，白尚旺，谭瑛，等．自动化立体仓库中作业调度的研究[J]. 物流技术，2004(3)：29－32
[56] 徐香玲，傅卫平，李德信，等．基于专家系统的自动化立体仓库出入库调度研究[J]. 物流技术，2005(2)：38－41
[57] 玄光男，程润伟著；子歆杰，周根贵译．遗传算法与工程优化[M]. 北京：清华大学出版社，2004：76－82
[58] 雷德明，严新平．多目标智能优化算法及其应用[M]. 北京：科学出版社，2009：31－35
[59] 李阳．三层光网络中静态虚拓扑设计的多目标智能优化算法研究

[D]. 西安：西安电子科技大学，2012
[60] Pareto V. Cours d'économie politique[J]. volume I and II. Rouge, Lausanne, Paris, 1896.
[61] Neumann J., Morgenstern O. Theory of Games and Economic Behavior[M]. (60th Anniversary Commemorative Edition), New Jersey: Princeton University Press, 2007.
[62] Kuhn H. W., Tucker A. W. Nonlinear programming [C]. Proceedings of the second Berkeley symposium on mathematical statistics and probability. 1951, 5: 481—492
[63] 左军主编．多目标决策分析[M]．杭州：浙江大学出版社，1991:1—12.
[64] 张楠．智能优化算法及其在 TSP 和极小碰集问题上的应用[D]．长春：吉林大学，2006
[65] Schaffer J. D. Multiple objective optimization with vector evaluated genetic algorithms [C]. Proceedings of the First International Conference on Genetic Algorithm. Lawrence Erlbaum, 1985:93—100
[66] 郑丽君．基于遗传算法的多目标优化与决策方法研究[D]．长沙：国防科学技术大学，2003
[67] Coello C. A., Pulido G. T., Lechuga M. S. Handling multiple objectives with particle swarm optimization[J]. IEEE Transactions on Evolutionary Computation, 2004,8(3):256—279
[68] 陈绍新．多目标优化的粒子群算法及其应用研究[D]．大连：大连理工大学，2007
[69] 刘麟．基于粒子群算法的多目标函数优化问题研究[D]．武汉：武汉理工大学，2005
[70] 张美菊．基于多目标粒子群算法的锌电解能耗优化方法研究及应用[D]．长沙：中南大学，2009
[71] 张勇德，黄莎白．多目标优化问题的蚁群算法研究[J]．控制与决策，2005，20(2):170—173
[72] Schaffer J. D. Multiple objective optimization with vector evaluated genetic algorithms[C]. Proceedings of the First International Conference on Genetic Algorithms and Their Applications, 1986: 93—100
[73] Fonseca C. M., Fleming P. J. Genetic Algorithms for Multiobjective Optimization: Formulation Discussion and Generalization [C]. ICGA, 1993, 93: 416—423

[74] Srinivas N., Deb K. Muiltiobjective optimization using nondominated sorting in genetic algorithms[J]. Evolutionary computation, 1994, 2(3): 221—248

[75] Horn J., Nafpliotis N., Goldberg D. E. A niched Pareto genetic algorithm for multiobjective optimization[C]. Proceedings of the First IEEE Conference on Evolutionary Computation, IEEE World Congress on Computational Intelligence, 1994: 82—87

[76] Knowles J., Corne D. The Pareto Archived Evolution Strategy: A New Baseline Algorithm for Multiobjective Optimization [C]. Proceedings of the 1999 Congress on Evolutionary Computation, IEEE, 1999, 1: 98—105

[77] Zitzler E., Thiele L. An Evolutionary Algorithm for Multiobjective Optimization: The Strength Pareto Approach[M]. Computer Engineering and Communication Networks Lab(TIK), Swiss Federal Institute of Technology, Zürich, Switzerland, 1998:1—35

[78] Deb K., Agrawal S., Pratab A., et al. A Fast Elitist Non-Dominated Sorting Genetic Algorithm for Multi-Objective Optimization: NSGA-II [J]. Lecture notes in computer science, 2000, 1917: 849—858

[79] Zitzler E., Laumanns M., Thiele L. SPEA2:Improving the Strength Pareto Evolutionary Algorithm [J]. Technical Report TIK-Report 103. Swiss Federal Institute of Technology Zurich(ETH), 2001,5

[80] Jansen M. T. Reducing the Run-Time Complexity of Multiobjective EAs:The NSGA-II and Other Algorithms[J]. IEEE Transactions on Evolutionary Computation, 2003, 7(5) :503—515

[81] Kennedy J., Eberhart R. C., Shi Y. Swarm intelligence[M]. Morgan Kaufman Publishers Inc., San Francisco, 2001.

[82] Kennedy J., Eberhart R. Particle swarm optimization[J]. IEEE Int'l Conf. on Neural Networks. Perth, Australia, 1995: 1942 —1948

[83] Eberhart R., Kennedy J. A new optimizer using particle swarm theory[J]. Proc. of the sixth intl. symposium on Micro Machine and Human Science ,Nagoya ,Japan ,1995: 39—43

[84] Li Xiaodong. A Non-dominated Sorting Particle Swarm Optimizer for Multiobjective Optimization[J]. Genetic and Evolutionary Computation-GECCO 2003, Springer-Verlag Berlin Heidelberg,2003, 7:37—48

[85] Pulido G. T. , Coello C. A. Using Clustering Techniques to Improve the Performance of a Multi-objective Particle Swarm Optimizer [J]. Genetic and Evolutionary Computation GEECO 2004, Springer-Verlag Berlin Heidelberg, 2004: 225—237

[86] Fieldsend J. E. , Singh S. A Multi-Objective Algorithm Based upon Particle Swarm Optimization, An Efficient Data Structure and Turbulence[C]. Proceedings of the 2002 U. K. Workshop on Computational Intelligence,Birmingham, UK, 2002: 37—44

[87] Bartz-Beielstein T,Limbourg P. , Mehnen J. , et al. Particle Swarm Optimizers for Pareto Optimization with Enhanced Archiving Techniques[C]. Proceedings of the 2003 Congress on Evolutionary Computation. Canberra, Australia, 2003,12:1780—1787

[88] Mostaghim S. , Teich J. Strategies for Finding Good Local Guides in Multi-objective Particle Swarm Optimization(MOPSO) [C]. 2003 IEEE Swarm Intelligence Symposium Proceedings. Indianapolis, Indiana, USA, IEEE Service Center, 2003:26—33

[89] Angeline P. J. Evolutionary optimization versus particle swarm optimization :Philosophy and performance differenees[C]. Evolutionary programming Ⅶ, 1998:601—610

[90] Shi Y. , Eberhart R. A modified particle swarm optimizer[C]. IEEE World Congress on Computational Intelligence, 1998: 69—73

[91] Shi Y. , Eberhart R. C. Fuzzy Adaptive particle swarm optimization [C]. Proc. of the Congress on Evolutionary Computation ,Seoul Korea,2001: 101—106

[92] Clerc M. The swarm and the Queen :Towards a deterministic and a daptive particle swarm optimization[C]. Proc. of the Congress of Evolutionary Computation ,1999:1951—1957

[93] Lovbjerg M. , Rasmussen T. K. , Krink T. Hybrid particle swarm optimization with breeding and subpopulations[C]. Proc. of the third Genetic and Evolutionary computation conf. San Francisco, USA, 2001: 469—476

[94] Higasshi N. , Iba H. Particle swarm optimization with Gaussian mutation[C]. Proc. of the Congress on Evolutionary computation , 2003: 72—79

[95] Van den Bergh F. , Engelbrecht A. P. Training product unit networks u-

sing cooperative particle swarm optimizers[C]. Proc. of the third Genetic and Evolutionary computation conf. , San Francisco, USA, 2001, 1: 126－131

[96] Van den Bergh F. , Engelbrecht A. P. Effects of swarm size cooperative particle swarm optimizers [C]. Proc. of the third Genetic and Evolutionary computation conf. , San Francisco, USA, 2001: 892－899

[97] Kennedy J. , Eberhrt R. C. Diserete binary version of the particle swarm algorithm[C]. IEEE International Conference on Computational Cybernetics and Simulation ,1997: 4104 －4108

[98] Clerc M. Discrete particle swarm optimization illustrated by the traveling salesman problem [M]. New optimization techniques in engineering. Springer Berlin Heidelberg, 2004: 219－239

[99] 魏武，郭燕．基于拥挤距离的动态粒子群多目标优化算法[J]. 计算机工程与设计，2011，32(4)：1422－1425

[100] 李兵，蒋慰孙．混沌优化方法及其应用[J]. 控制理论与应用，1997，14(4):613－615

[101] 张国平，王正欧，袁国林．求解一类组合优化问题的混沌搜索法[J]. 系统工程理论与实践，2001，21(5)：102－105

[102] 高鹰，谢胜利．混沌粒子群优化算法[J]. 计算机科学，2004,(8)：13－15

[103] Meng H. J. , Zheng P. , Wu R. Y. , et al . A hybrid particle swarm algorithm with embedded chaotic search[C]. Proceedings of the 2004 IEEE Conference on Cybernetics and Intelligent Systems. Singapore, 2004:367－371

[104] Xiang T. , Liao X. F. , Wong K. An improved particle swarm optimization algorithm combined with piecewise linear chaotic map [J]. Applied Mathematics and Computation, 2007,190(2): 1637－1645

[105] Alatas B. , Akin E. , Ozer A. B. Chaos embedded particle swarm optimization algorithms [J]. Chaos Solitons & Fractals, 2009, 40(4): 1715－1734

[106] Coelho L. D. , Marini V. C. A novel chaotic particle swarm optimization approach using Henon map and implicit filtering local search for economic load dispatch[J]. Chaos Solitons & Fractals, 2009, 39(2):510－518

[107] Zhang Yudong, Jun Yan, Wei Geng, et al. Find multi-objective

paths in stochastic networks via chaotic immune PSO[J]. Expert Systems With Applications, 2010, 37(3): 1911—1919

[108] 刘相权. 药房自动化设备机构优化设计与动态特性研究[D]. 北京: 北京航空航天大学, 2009

[109] 黄维, 黄荣瑛, 贠超, 等. 基于MATLAB的智能存取药品输送机械结构研究[J]. 机械设计与制造, 2010,(6): 91—93

[110] 韩晋, 刘丽萍, 谢进, 等. 自动化设备对医院药房的影响[J]. 中国药房,2006,17(19):1469

[111] 樊明. 药房自动化仓储系统理论与实现关键技术研究[D]. 北京: 北京航空航天大学, 2012

[112] 李成群, 王伟, 贠超, 等. 自动化药房的现状和新进展[J]. 机器人技术与应用, 2007,(5): 27—32

[113] Subramanyan G. S., Yokoe D. S., Sharnprapai S., et al. Using Automated Pharmacy Records to Assess the Management of Tuberculosis[J]. Emerging Infectious Disease, 1999, 5(6):788—791

[114] Coleman B. Hospital pharmacy staff attitudes towards automated dispensing before and after implementation[J]. Hospital Pharmacy, 2001,11:248—254

[115] Thomsen C. J. A Real Life Look at Automated Pharmacy Workflow Systems[J]. National Association of Chain Drug Stores, 2005,1: 29—36

[116] 贠超. 自动化药房研究和应用物流学探讨[C]. 2007 先进制造与数据共享国际研讨会, 2007 :266—277

[117] 赵新先, 徐文, 周东斌, 等. 中药电子调配方法及设备[P]. 中国专利. 1240747, 2000—01—12

[118] 赵新先, 吴平龙, 李展翅, 等. 盒装药品自动售药机[P]. 中国专利. 2549544, 2003—05—07

[119] 贠超, 刘相权, 马永波, 等. 药房自动分拣系统[P]. 中国专利. 100534637, 2007—10—17

[120] 贠超, 赵雪峰, 王伟, 等. 自动化药房出药控制管理的方法和系统[P]. 中国专利. 101140451 , 2008—03—12

[121] 贠超, 马永波, 宁凤艳, 等. 斜坡式储药库[P]. 中国专利. 101054127, 2007—10—17

[122] 中华人民共和国国家卫生和计划生育委员会. 2014 年 7 月底全国医疗卫生机构数[EB/OL]. http://www.moh.gov.cn/mohwsbwstjxxzx/s7967/201409/5a1b1358b1794aaea934cde77467ca9e.shtml,

2014－09－19
[123] Chen L., Sakaguchi T., Frolick M. N. Data mining methods, applications, and tools[J]. Information Systems Management, 2000, 17(1): 65－70
[124] Chatfield C. Model uncertainty, data mining and statistical inference [J]. J Roy Statist Soc. A Part. 1995,(3): 419－466
[125] Glymour C., Madigan D., Pregibon D., et al. Statistical inference and data mining[J]. Communication of the ACM. 1996,39(11): 35－41
[126] 何月顺．关联规则挖掘技术的研究及应用[D]. 南京：南京航空航天大学，2010
[127] 董俊龙．关联规则和聚类分析在方剂配伍规律研究中的应用[D]. 沈阳：东北大学，2010
[128] 李玉霞，李景亭．试论图书馆在知识生产与消费中的地位和作用[J]. 学术交流，1992,(5)：139－141
[129] 马玉宝．基于数据仓库的知识发现模式的研究[D]. 合肥：合肥工业大学，2003
[130] 陈安，陈宁，周龙骧，等编著．数据挖掘技术及应用[M]. 北京：科学出版社，2006：25－30
[131] Wu Xindong, Kumar V., Quinlan J. R., et al. Top 10 algorithms in data mining [J]. Knowledge and Information Systems, 2010, 14(1): 1－37
[132] 朱恒民．领域知识制导的数据挖掘技术及其在中药提取中的应用[D]. 南京：南京航空航天大学，2006
[133] Wang Shouhong. Nonlinear regression: a hybrid model [J]. Computers & Operations Research, 1999, 26(8): 799－817
[134] 刘江．数据挖掘在公安情报分析中的研究与应用[D]. 呼和浩特：内蒙古大学，2010
[135] Nesbitt K. V. Automated and perceptual data mining of stock market data[C]. Proceedings of the Eighth Australian and New Zealand Intelligent Information Systems Conference(ANZIIS 2003), 2003: 145－150
[136] 许泱．基于神经网络的股票市场预测研究[D]. 武汉：华中科技大学，2008
[137] 韩沙．基于.NET 平台的股票分析系统的设计与实现 [D]. 成都：电子科技大学，2012

[138] Ektefa M., Memar S., Sidi F., et al. Intrusion detection using data mining Techniques [C]. International Conference on Information Retrieval & Knowledge Management, 2010: 200－203
[139] Hu Yi, Panda B. A data mining approach for database intrusion detection[C]. Proceedings of the 2004 ACM Symposium on Applied Computing, 2004:711－716
[140] 施凤飞，胡飞，卢超. 数据挖掘和知识发现方法研究[J]. 电脑知识与技术，2010：281－283
[141] 苏亚丁. 基于决策树的数据挖掘技术在口腔诊疗中的应用[D]. 石家庄：河北科技大学，2010
[142] 吕安民，林宗坚. 数据挖掘和知识发现的技术方法[J]. 测绘科学，2000,(4)：36－39
[143] 许兆新. 基于元知识的数据挖掘系统研究[D]. 哈尔滨：哈尔滨工程大学，2003
[144] 安娜. 基于遗传算法的数据挖掘方法研究[D]. 西安：西安科技大学，2010
[145] 郑盼丽，戴牡红. 自动数据挖掘算法[J]. 计算机系统应用，2012,(11):218－221
[146] 杨铁建. 基于支持向量机的数据挖掘技术研究[D]. 西安：西安电子科技大学，2005
[147] 樊建聪. 使用贝叶斯方法的数据挖掘及应用研究[D]. 青岛：山东科技大学，2003
[148] 邓松林. 基于粗糙集的 Web 用户模式挖掘研究[D]. 重庆：重庆大学，2003
[149] 任宏旺. 基于粗糙集的数据挖掘模型的研究与应用[D]. 大连：大连海事大学，2003
[150] 梁本哲. 基于粗糙集理论的土地利用规划决策支持系统模型及其应用研究[D]. 北京：中国地质大学，2007
[151] Sokal, R. R., Sneath, P. H. A. Principles of numerical taxonomy [M]. San Francisco, W. H. Freeman, 1963:5－10
[152] 李欣宇. 科学数据挖掘系统中分类和聚类的应用研究[D]. 成都：电子科技大学，2006
[153] Huang Z. Extensions to the k-means algorithm for clustering large data sets with categorical values[J]. Data Mining and Knowledge Discovery, 1998, 2(3): 283－304

[154] 郭志强．基于可拓理论的关联规则应用研究[D]．大连:大连海事大学，2004
[155] Mannila H.，Toivonen H.，Verkamo A. I. Efficient algorithms for discovering association rules[C]. Knowledge Discovery in Databases (KDD'94)，AAAi Press，1994：181－192
[156] 易静．医院信息数据挖掘及实现技术的探索[D]．重庆：重庆医科大学，2007
[157] Yue Huang，Paul McCullagh，Norman Black，et al. Feature Selection and Classification Model Construction on Type 2 Diabetic Patient's Data[J]. Industrial Conference on Data Mining，2004：153－162
[158] 张颖．数据挖掘技术在银行 CRM 中的应用[J]．广西金融研究，2004,(2):24－26
[159] 冰峰，胡永祥，姚振强．基于 PMAC 的柔性导轨制孔设备控制系统研制[J]．航空制造技术，2013，4：78－83
[160] 付波，贠超，车洪磊，等．基于 PMAC 的智能药房上药控制系统设计[J]．工业控制计算机，2012,4：41－42
[161] 刘丽．SQL Server 数据库基础教程[M]．北京：机械工业出版社，2011：1－26
[162] 王明时．医院信息系统[M]．北京：科学出版社，2008:12－15
[163] 仪雅洁，曲景峰．浅析如何构建医院信息管理系统[J]．当代医学，2004,(5)：
[164] Li Liyi，Ma Mingna，Kou Baoquan，et al. Analysis and optimization of slotless electromagnetic linear launcher for space use[J]. IEEE Transactions on Plasma Science，2011,39(1)：127－132
[165] 王昭玉．一汽大众物流仓储中心货位优化研究[D]．长春：吉林大学，2013
[166] 邹晖华，胡吉全，杨艳芳．自动化立体仓库货位分配策略优化研究[J]．湖北工业大学学报，2008,(3):43－45
[167] 王洋，谢勇．基于 COI 的改进分类存储策略研究[J]．物流技术，2010：107－109,152
[168] 党伟超，曾建潮，白尚旺．自动化立体仓库货位分配概念数据模型的研究[J]．太原重型机械学院学报，2003,(4)：308 －311
[169] 吴森．物流中心货位指派方法分析与设计[D]．大连：大连海事大学，2008

[170] 晏建文．H 公司自动化立体仓库货位优化[D]．南昌：南昌大学，2013
[171] 王海宾．基于遗传算法的自动化立体仓库货位优化模型研究[J]．邢台职业技术学院学报，2010,(1)：41－43
[172] 贾煜亮．自动化立体仓库中货位实时分配优化问题研究[D]．北京：清华大学，2007
[173] 蒋蕊聪．自动化立体仓库[J]．中国储运，2007,(9)：74－75
[174] 杨震锋．自动化立体仓库的信息管理系统的设计与实现[D]．成都：电子科技大学，2013
[175] 陈夺．自动化立体仓库货位优化和堆垛机路径优化的研究[D]．沈阳：沈阳大学，2012
[176] 商允伟，裘聿皇，刘长有．自动化仓库货位分配优化问题研究[J]．计算机工程与应用，2004，40(26)：16－17
[177] 马永杰，蒋兆远，杨志民．基于遗传算法的自动化仓库的动态货位分配[J]．西南交通大学学报，2008，43(3)：425－421
[178] 姜秋霞，王中杰．混合蚁群算法的研究及其应用[J]．装备制造技术，2008,(2)：36－38
[179] 高尚．蚁群算法理论、应用及其与其它算法的混合[D]．南京：南京理工大学，2005
[180] 高尚，杨静宇．背包问题的混合粒子群优化算法[J]．中国工程科学，2006,(11)：94－98
[181] 陈志新，陈方玉，胡贵彦，等．基于混合粒子群算法的配送车辆复杂路径优化[J]．物流技术，2014,(7)：176－178
[182] 薛峰，陈刚，高尚．求解 0-1 整数规划的混合粒子群优化算法[J]．计算技术与自动化 ISTIC，2011，30(1)：86－89
[183] 高尚，杨静宇．武器-目标分配问题的粒子群优化算法[J]．系统工程与电子技术，2005,(7)：1250－1252
[184] 高尚，杨静宇．求解聚类问题的混合粒子群优化算法[J]．科学技术与工程，2005,(23)：1792－1795
[185] 吴钟鸣，卢军锋，智淑亚．自动化立体仓库货位优化研究[J]．装备制造技术，2011,(12)：23－25，48
[186] 陈月婷，何芳．基于改进粒子群算法的立体仓库货位分配优化[J]．计算机工程与应用，2008,(11)：229－231
[187] 陈爱国，周世俊．基于模糊逻辑的多目标优化问题遗传算法求解探讨[J]．河南科学，2006,(04)：482－484.

[188] 陈东,刘希玉．遗传算法在货位分配中的应用研究[J]. 电脑知识与技术(学术交流)，2007,(8)：505－506

[189] 胡恒，高鹰．多目标人工蜂群算法研究[J]. 福建电脑，2013,(10)：62－65

[190] 王辉，钱锋．基于拥挤度与变异的动态微粒群多目标优化算法[J]. 控制与决策，2008，23:1238－1242,1248

[191] 韩江洪，李正荣，魏振春．一种自适应粒子群优化算法及其仿真研究[J]. 系统仿真学报，2006，18(10)：2969－2971

[192] 司风琪，顾慧，叶亚兰,等．基于混沌粒子群算法的火电厂厂级负荷在线优化分配[J]. 中国电机工程学报，2011,(26)：103－108

[193] 王铁君，邬月春．基于混沌粒子群算法的物流配送路径优化[J]. 计算机工程与应用，2011，47(29)：218－221

[194] 张国平，王正欧，袁国林．求解一类组合优化问题的混沌搜索法[J]. 系统工程理论与实践，2001，21(5)：102－105

[195] 吴秋波，王允诚，赵秋亮，等．混沌惯性权值调整策略的粒子群优化算法[J]. 计算机工程与应用，2009，45(7)：49－51

[196] 黄美灵，赵之杰，浦立娜，等．基于自适应 Tent 混沌搜索的粒子群优化算法[J]. 计算机应用，2011，31(2)：485－489

[197] 黄为勇．一种采用完全 Logistic 混沌的 PSO-GA 优化方法[J]. 计算机应用研究 ISTIC PKU，2012，29(9)：3236－3239

[198] 黄为勇．基于支持向量机数据融合的矿井瓦斯预警技术研究[D]. 北京：中国矿业大学，2009

[199] 邱宁，刘庆生，曾佐勋,等．基于混沌-粒子群优化的磁法数据非线性反演方法[J]. 地球物理学进展，2010,(6)：2150－2155

[200] 胡志坤，桂卫华，彭小奇．基于混沌梯度的 BP 网络设计及应用[J]. 计算机工程与应用，2003,(19)：29－30

[201] 赵涛，熊信银，吴耀武．基于混沌优化算法的电力系统无功优化[J]. 继电器，2003,(3)：20－22

[202] 陈学工，陈婷，肖晓芳．混沌粒子群算法自动拟合理论变差函数[J]. 计算机工程与应用，2012，48(4)：37－39

[203] 马杰．带时间窗的关联物流运输调度问题的混沌粒子群算法研究[D]. 广州:广东工业大学，2012

[204] 赵志刚，常成．自适应混沌粒子群优化算法[J]. 计算机工程，2011，37(15)：128－130

[205] Forgy E. Clustering Analysis of Multivariate Data: Efficiency

vs. Interpretability of Classification[J]. Biometrics，1965，21：768
[206] 徐建军．医院信息系统中的数据挖掘技术研究[D]．杭州：浙江大学，2006
[207] 尹松，周永权，李陶深．数据聚类方法的研究与分析[J]．航空计算技术，2005,(1):63－66
[208] 严莉莉，王倩倩，孟杰，等．基于聚类的个性化元搜索引擎设计[J]．计算机技术与发展，2007,(4):186－188
[209] 韩利．基于聚类算法的基因微阵列数据分析[D]．镇江：江苏科技大学，2010
[210] 丁学钧，杨炎，杨克俭，等．基于属性的聚类算法在医生医疗质量评价系统中的应用研究[J]．计算机应用研究，2005,(3)：217－219
[211] 王寅同．居民健康档案数据聚类分析的研究[D]．长春：长春工业大学，2012.
[212] Chae Y. M.，Ho S. H.，Cho K. W.，et al. Data Mining Approach to Policy Analysis in a Health Insurance Domain[J]. International Journal Medical Informatics，2001,62(8):103－111
[213] 冯超．K-means 聚类算法的研究[D]．大连:大连理工大学，2007
[214] 张长博．聚类算法在网络学习学生模型构建中的应用研究[D]．天津:天津大学，2009
[215] 邓淑玲，石良武．聚类算法及其 SPSS 经济分析应用研究[C]. Proceedings of 2010 Third International Conference on Education Technology and Training(Volume 5)，2010：244－247
[216] 朱正国．基于 K-means 与 FCA 的煤炭资源关键词搜索算法研究[J]. 煤炭技术，2013,(5):183－184
[217] 吕巍，蒋波，陈洁．基于 K-means 算法的中国移动市场顾客行为细分策略研究[J]．管理学报，2005,(1)：80－84
[218] 史习云．改进的 k-means 聚类算法在图像检索中的应用研究[D]．南京：江苏大学，2010
[219] 佚名．处方管理办法[J]．中国实用乡村医生杂志，2007，14(6)
[220] 单明辉．改进的关联规则算法在采购数据挖掘中的应用[D]．上海：上海交通大学，2008
[221] 钱光超，贾瑞玉，张然，等．Apriori 算法的一种优化方法[J]．计算机工程，2008
[222] 辛燕，鞠时光．基于多维数据模型的交叉层关联规则挖掘[J]．小型微型计算机系统，2006,(4):107－112

[223] 王卫，屈洋．数据挖掘理念在医院病历随访系统中的应用[J]．计算机技术与发展 ISTIC，2010，20(7)：199－202
[224] 罗衡郴．基于电子病历的门诊用药分析[D]．上海：华东师范大学，2008
[225] 刘星沙，谭利球，熊拥军．关联规则挖掘算法及其应用研究[J]．计算机工程与科学，2007，(1)：83－85
[226] 夏惠芬，董卫民．基于关联规则的 Web 挖掘技术研究[J]．现代电子技术 ISTIC，2011，34(16)：100－102
[227] 邹立娣．数据挖掘技术在教学评价系统中的应用研究[D]．合肥：合肥工业大学，2009
[228] 史嘉陵．数据挖掘在数字图书馆个性化服务中的应用[J]．农业网络信息，2009，(4)：77－79
[229] 董俊龙．关联规则和聚类分析在方剂配伍规律研究中的应用[D]．沈阳：东北大学，2010
[230] 段西强．基于数据挖掘的数据库入侵检测研究[D]．南京：江苏大学，2009
[231] 李新征．基于关联规则挖掘的数据库入侵检测系统的研究与实现[D]．济南：山东大学，2009
[232] 安德智．改进的 Apriori 算法在 IDS 中的应用[J]．河北理工大学学报：自然科学版，2011，(1)：95－99
[233] 武园园．基于关联规则的医学图像智能分类研究[D]．南京：江苏大学，2007
[234] 王娟．基于事务数据表的关联规则挖掘技术研究[D]．天津：天津大学，2009
[235] 杨楠．基于关联规则 Apriori 算法的 Web 日志挖掘研究与实现[D]．成都：成都理工大学，2012
[236] 杨振．基于统计的用户网络行为分析和预测[D]．北京：北京邮电大学，2011
[237] 彭祚鹏．基于协议分析的网络信息还原及挖掘[D]．成都：成都理工大学，2008
[238] 高洁．基于数据挖掘技术的高校信息采集分析系统设计开发[D]．成都：电子科技大学，2011
[239] 王洪立．基于频繁模式树的关联规则算法研究[D]．哈尔滨：哈尔滨工程大学，2008
[240] 姚继军．基于数据挖掘的安全风险预警系统技术研究[D]．北京：中

国地质大学，2010
[241] 吉根林，杨明，宋余庆，等．最大频繁项目集的快速更新[J]．计算机学报，2005,(1):128－135
[242] 毛国君，段立娟，王实，等．数据挖掘原理与算法(第二版)[M]．北京：清华大学出版社，2007：68－69
[243] 蔡勇，鄢志辉．数据挖掘在网络入侵检测系统中的应用[J]．重庆电子工程职业学院学报，2010：164－166
[244] 贾宝刚．数据挖掘在网络入侵检测系统中的应用研究[D]．北京：中国石油大学，2010
[245] 王波静．基于聚类分析和关联规则的降雨分析与实现[D]．沈阳：东北大学，2008
[246] 彭仪普，熊拥军．关联规则挖掘 AprioriTid 算法的改进[J]．计算机应用，2005,(5)：979－981
[247] 刘莉，徐玉生，马志新．数据挖掘中数据预处理技术综述[J]．甘肃科学学报，2003,(1):117－119
[248] 关宏志，严海，王兆荣，等．停车产业化政策分析及建议——以北京市为例[J]．城市交通，2009，7(2)：7－12
[249] 李娟．巷道堆垛式自动化立体车库存取策略研究[D]．兰州：兰州交通大学，2010
[250] Onieva E. , Naranjo J. E. ,Garcia R. , et al. Automatic latera control for unmanned vehicles via genetic algorithms [J] . Applied Soft Computing Journal, 2011, 11(1) : 1303－1309
[251] Mariano A. P. , Costa C. B. , Rubens M. , et al. Analysis of the particle swarm algorithm in the optimization of a threephase slurry catalytic reactor [J]. Computers and Chemical Engineering, 2011, 35 (12): 2741－2749
[252] Linsker R. Neural network learning of optimal Kalman prediction and control [J]. Neural Networks, 2008, 21(9): 1328－1343
[253] Cortes P. , Onieva L. J. , Guadix J. A viral system algorithm to optimize the car dispatching in elevator group control systems of tall buildings[J]. Computers and Industrial Engineering, 2013, 64(1): 403－411
[254] 马昌威．基于改进蚁群算法的立体车库群控调度实现[J]．计算机测量与控制，2014,22(3)：764－768
[255] 徐格宁，程红玫．基于排队论的立体车库车辆存取调度原则优化

[J]. 起重运输机械，2008,(5)：51－55

[256] 李浩，郑均宜．堆垛式立体车库存取的优化[J]. 起重运输机械，2006：28－29

[257] 李辰寅，徐健，张淑梅，等．立体停车库调度算法的研究与实现[J]. 苏州科技学院学报(工程技术版)，2008，21(1)：63－66

[258] 方二喜，陈小平．基于遗传算法的立体车库车位调度研究[J]. 计算机与数字工程，2007,(12)：43－45

[259] 谭青，谢坚．电梯式立体车库能耗最优化控制决策[J]. 起重运输机械，2003,(2)：16－18

[260] 谭光兴，朱燕飞，毛宗源．基于 Hénon 映射的自适应克隆选择优化算法[J]. 计算机工程与应用，2006,(9)：73－76

[261] 郭林伟，张翔．巷道堆垛式立体车库高效停取车方案的研讨[J]. 机电技术，2013,(5):123－125

[262] 杨晓芬，肖华．自动化立体车库存取策略的比较分析[J]. 电气技术与自动化，2004，33(5)：

[263] 潘耀芳，王轩．智能化立体车库优化车辆存取策略研究[J]. 物流科技，2002，(6)：49－54

[264] Vis Iris F. A. Survey of research in the design and control of automated guided vehicle systems [J]. European Journal of Operational research，2006,17：677－709

[265] Bostel A. J. , Gan W. W. , Sogar V. K. , et al. Generation of optimal routes in a neural network based AGV controller[C]. //Second International Conference on Intelligent Systems Engineering, Hamburg:[s. n.],1994:165－170

[266] 孙志竣，竹剑英．含机器人的作业车间双资源智能优化调度[J]. 机器人，2002，24(7)：342－345

[267] 李岩，吴智铭，甘泉．柔性加工环境中机器和 AGV 的集成调度[J]. 中国机械工程学报，2002,(4)：447－451

[268] 金芳，方帆，王京林．基于排队论的 AGV 调度研究[J]. 仪器仪表学报，2004，25(4)：844－847

[269] 车红磊．自动化药房系统机构运动可靠性分析与路径规划研究[D]. 北京：北京航空航天大学，2014

[270] 尚华艳．物流配送中车辆路径问题研究[D]. 武汉：武汉理工大学，2005

[271] Glover F. , Luguna M. Bandwidth Packing, a Tabu search aproach

[J]. Management Science, 1993, 39(4): 492－500

[272] Augerat P., Belenguer J. M., Benavent E., et al. Separating capacity constraints in the CVRP using tabu search[J]. European Journal of Operational Research, 1998, 106: 546－557

[273] 商丽媛. 车辆路径问题遗传算法的设计与分析[D]. 南京：河海大学，2006

[274] 吴斌. 车辆路径问题的粒子群算法研究与应用[D]. 杭州：浙江工业大学，2008

[275] 陈亮，周晶晶. 求解 CVRP 的改进蚁群系统算法[J]. 军事交通学院学报，2014，16(5)：92－95

[276] 宋笔锋. 大型结构可靠性优化设计的大系统方法[J]. 力学进展，2000，30(1)：29－36

[277] 郭书祥. 基于非概率模型的结构可靠性优化设计[J]. 计算力学学报，2002，19(2)：198－201

[278] 郭书祥，昌震宙，张陵. 基于能度可靠性的结构优化设计方法[J]. 计算力学学报，2004，21(1)：21－25

[279] 臧冀原. 药房自动化仓储系统拣选路径规划研究[D]. 北京：北京航空航天大学，2013

[280] 方龙伟，贠超，鹿红超. 快速发药系统出药方式优化研究及仿真[J]. 机电工程，2013，30(6)：689－692

[281] 林家恒，李国峰，刘长有. 双伺服机分层旋转货架拣选路径优化的两级遗传算法[J]. 控制与决策，1997，(4)：332－336

[282] 林家恒，王钊，刘长有. 旋转货架存取路径的一种优化方法[A]. 1995 中国控制与决策学术年会论文集[C]. 长春：东北大学出版社，1995：412－415

[283] 李一吾. 多回转体智能存取系统的设计与研究[D]. 北京：北京航空航天大学，2011

[284] 赵雪峰. 自动化药房系统关键技术研究[D]. 北京：北京航空航天大学，2010

[285] 刘志雄. 调度问题中的粒子群优化方法及其应用研究[D]. 武汉：武汉理工大学，2005

[286] Hassini E., Vickson R. G. A two-carousel storage location problem [J]. Computers & Operations Research, 2003, 30(4), 527－539

[287] 樊明，郭艺，贠超，等. 基于自适应混合算法的智能存取系统动态路径规划[J]. 系统仿真学报，2013，25(7)：1543－1548

[288] 奚菁颖，王璐华，宋钟娟．浅析我院药品实时盘点模式的设计思路及操作方法[J]．中国药房，2011，22(21)：1958－1960
[289] 王会清，韩艳玲．基于多传感器与数据融合技术的研究[J]．计算机与现代化，2002,(9):64－67
[290] 简小刚，贾鸿盛，石来德．多传感器信息融合技术的研究进展[J]．中国工程机械学报，2009,(2)：227－232
[291] 臧大进，严宏凤，王跃才．多传感器信息融合技术综述[J]．工矿自动化，2005(6)：30－32
[292] 闻春红，王天真，葛泉波，等．基于有色过程噪声顺序滤波融合算法的舰船组合导航研究[A]．2008 年 MIS/S&A 学术交流会议论文集[C]．2008
[293] 文成林，吕冰，葛泉波．一种基于分步式滤波的数据融合算法[J]．电子学报，2004,(8)：1264－1267

致　谢

在这里，作者衷心地感谢所有为本书的完成做出贡献的人。

感谢我的博士导师负超教授。感谢高志慧老师、王伟老师给予的帮助。感谢臧冀原博士、张志强博士、宋德政博士、樊明博士、车洪磊博士、王刚博士、张进博士、金辉博士、李见卿硕士、李秀杰硕士、李一吾硕士、张晶硕士、付波硕士、方龙伟硕士、高园园硕士、尹强强硕士等在课题进行过程中以及本书写作过程中给予的支持和帮助。

在此，向他们表示最诚挚的感谢！

作者简介

熊军华，女，1973 年 10 月出生，汉族，河南罗山人，副教授。1996 年毕业于郑州工业大学电力系统及其自动化专业，获工学学士学位。1996－2000 年，在河南省某电厂从事电气技术工作。2004 年毕业于郑州大学电工理论与新技术专业，获得工学硕士学位。2015 年毕业于北京航空航天大学机械设计及理论专业，获工学博士。2016 年至今，在国网许继集团有限公司博士后工作站进行博士后研究。2004 至今，在华北水利水电大学电力学院从事教学研究工作，担任电气工程教研室主任职务。主要研究方向：电力系统及其自动化、电工理论与新技术、机械设计及理论。近年来先后在学术期刊发表论文 30 余篇，参编教材 7 部，主持并参与完成各类项目近 30 项，获河南省科技进步奖二等奖 1 项，三等奖 1 项，获河南省教育厅科技成果奖二等奖 1 项，其他省级、厅级奖励 6 项，获发明专利 3 项。